160

Sybil Evans
Sherry Suib Cohen

Non t'arrabbiare

TEA PRATICA

Sybil Evans
Sherry Suib Cohen

NON T'ARRABBIARE

Traduzione di
Claudio Carcano

TEA

TEA - Tascabili degli Editori Associati S.p.A., Milano
www.tealibri.it

Titolo originale
Hot Buttons

Prima edizione TEA Pratica giugno 2001
Seconda edizione TEA Pratica giugno 2006

INDICE

A Richard W. Shevlin,
che mi ha dato il suo incondizionato sostegno,
ha sfidato il mio pensiero e mi ha offerto l'occasione
di mettermi ogni giorno alla prova.

SYBIL EVANS

A Ben, un bambino tranquillo
che sta crescendo.

SHERRY SUIB COHEN

PREFAZIONE
Il Conflict Coach(SM)

L'articolo che stavo scrivendo sul tema delle relazioni interpersonali per un'importante rivista femminile mi lasciava alquanto perplessa. Dopo avere intervistato una coppia infuriata dopo l'altra, ero colpita dalla confusione di queste persone, da come non si rendessero assolutamente conto di quanto fossero dure e piene di rimprovero le loro parole. Non percepivo altro che la loro rabbia. Avevo bisogno di un esperto che spiegasse a me cosa stava accadendo e desse a loro la capacità di cambiare le loro vite.

Una collega mi passò un articolo di Sybil Evans sulla soluzione dei conflitti: l'arte d'insegnare a persone infuriate a chiarire le loro divergenze in maniera creativa. La mia collega si riferì a Sybil definendola *Conflict Coach,* un allenatore per la soluzione dei conflitti.

Trovai Evans di fronte a un nutrito gruppo di donne che si erano riunite per imparare ad affrontare la collera dei loro partner e delle altre persone irritanti presenti nelle loro vite. Era una vera forza. Facendole ridere, facendole sedere sul bordo della sedia piene di eccitamento, facendole annuire con la testa mentre assimilavano nuovi concetti, Sybil si muoveva all'interno di quel gruppo piena di energia e di passione. Quelle donne desideravano ardentemente salvare i loro rapporti, ed Evans forniva loro gli strumenti per riuscirci.

La volta successiva che la vidi, Sybil stava tenendo un seminario per uomini d'affari. Con lo stesso buonsenso e la consueta verve, offriva ai manager e ai loro subordinati valide tecniche per affrontare lo stress quotidiano sul lavoro. Ed ecco il suo segreto: in un gruppo o nell'altro, era sempre assolutamente affascinante. Mentre parlava dei sentimenti di collera che ci danneggiano, tutti noi cominciavamo a sperare seriamente di riuscire a disattivare i tasti dolenti delle nostre vite.

Dopo il seminario, la monopolizzai per alcuni minuti per farmi raccontare la sua storia. Ero curiosa. Come mai era finita a passare tutta la vita con gente infuriata?

« Sono cresciuta in una famiglia burrascosa », mi spiegò. « I miei genitori discutevano costantemente e, quando divorziarono, sognavo che si riconciliassero. Il mio sogno non si è mai realizzato, ma in qualità di messaggera e mediatrice sempre in mezzo a quelle due persone infuriate, ho cominciato a capire di essere brava ad aiutare gli altri a sbollire la collera. »

Ci volle un po' prima che si rendesse conto di quanto fosse brava. Si laureò in scienze sociali al Teachers College della Columbia University e divenne una nota educatrice in tre scuole superiori di New York. Gradatamente diventò assistente del preside e rapidamente scoprì i propri punti di forza nel gestire le miriadi di conflitti che nascevano tra studenti, insegnanti, genitori e amministratori, tutti di origini culturali differenti.

Ben presto capì che quello che funzionava nell'ambiente scolastico avrebbe funzionato anche nel resto del mondo. Sybil fu invitata a fungere da consulente per l'International Center for Cooperation and Conflict Resolution della sua università: il Teachers College della Columbia University. Poco dopo fondò una sua società di addestramento e consulenza, la Sybil Evans Associates. Cominciò a far conoscere le proprie capacità di risolvere conflitti in grandi aziende come l'AT&T, la Avon, la Campbell's Soup, la Consolidated Edison, la Lucent Technologies, la McGraw-Hill, e in altre organizzazioni tra cui il Memphis Diversity Institute, il Meridian Health System, il New Jersey Transit e la United States Tennis Association. Tutti le chiesero d'insegnare loro a placare reciprocamente gli animi nei rapporti personali e professionali.

Il Conflict Coach era nato.

Così ho scoperto che cos'era un Conflict Coach. Sybil Evans ci fornisce semplici ma affascinanti strumenti per addolcire la collera e far scomparire le nostre acredini. Sybil ci insegna a spegnere i tasti dolenti delle persone difficili in modo garbato, corretto e con senso dell'umorismo e a gestire la nostra rabbia evitando che sia lei a gestire noi. Ci aiuta a sollevarci al di sopra di un mondo di conflitti, malintesi e di persone fastidiose!

Una nota personale: mi sento un po' strana a scrivere quanto segue perché, come coautrice di questo libro, sono ovviamente parziale. Tuttavia, spero che crediate ugualmente a quanto dico.

Come giornalista, spesso mi occupo di relazioni e sono diventata molto sospettosa nei confronti dei consigli semplicistici e manipolativi forniti da esperti che promettono la luna. Questi consigli possono sembrare validi sulla carta, ma raramente funzionano perché le persone sono creature estremamente complicate e diverse le une dalle altre. Durante i numerosi mesi trascorsi con Sybil Evans per scrivere questo libro, ho sperimentato personalmente ogni singola tecnica che mi ha insegnato. Ero incantata nel vedere che, in quasi tutte le situazioni difficili, la collera sbolliva.

Sono diventata piuttosto famosa. La soluzione dei conflitti funziona. Sybil Evans mi ha conferito un potere effettivo. E ciò è confortante.

SHERRY SUIB COHEN

RINGRAZIAMENTI

Prima di tutto, vogliamo esprimere riconoscenza e gratitudine a una figura leggendaria dell'editoria: l'incomparabile Diane Reverand, editore e curatore della Cliff Street Books, HarperCollins-Publishers. La nostra eroina, straordinaria per lungimiranza, cuore e spirito.

Grazie di cuore da Sybil a Kent Beaty, Elizabeth Capen e Barbara Deane che, fin dall'inizio della mia vita da imprenditrice, hanno condiviso amorevolmente con me i loro insegnamenti, il loro talento e la loro generosità. Alla memoria di Donald Kapland e Simpson Sasserath, che mi hanno insegnato a guardare in alto. Al mio fratello più caro, Henry Mellman, e alla memoria di Helen e Murray Mellman.

La nostra gratitudine anche a coloro che sono stati grandi sostenitori di soluzione dei conflitti e che hanno contribuito alla realizzazione di questo libro con esempi, materiali, consigli, idee e il loro meraviglioso entusiasmo, e in particolare Richard Alpert, Barbara Appel, Marjorie Austrian, Lisa e Mike Baviello, Dana Boettinger, Leonard L. Burgess, Lolita Chandler, Lois ed Ed Cogen, Adam M. Cohen Esq. (della Kane Kessler, P.C.), Gay Norton Edelman, Wendy Edelson, Edward N. Gadsden Jr., Richard S. Gaskins, Bryan E. Gingrich, Blake Goldstein, Josh Goldstein, Don K. Jones, Sally Koslow, Liz MacGillivray, Alison Meisel, Karon R. Moore, Rory Mullett, Deborah R. Pierce, Leslie Saunders, Michael Shevlin, Teri Seidman, Liz Smith, Ellen Stoianoff, Barbara Wiggins, Frank Wilson e Carol A. Young. Un grazie particolare agli studenti e agli insegnanti di New York che hanno messo in dubbio i presupposti di Sybil e che sono stati una fonte costante di crescita.

Sentiti ringraziamenti alle straordinarie stelle della Harper-Collins: il geniale art director Joseph Montebello; la brava Mary

Ann Smith per la perfetta copertina; il creativo Richard Rhore, direttore marketing; la stimolante Pam Pfeifer, responsabile delle pubbliche relazioni; Leslie Cohen; e la stella più brillante di tutte, Larry Ashmead, vice presidente e direttore generale della HarperCollins, che rifornisce gli amici di libri, risate e delle storie migliori. Abbiamo inoltre apprezzato moltissimo l'opera di altri straordinari collaboratori, quali: Margaret Meacham; Keva Mosher, assistente all'editore; la meravigliosa Janet Dery, editor; e Douglas Didyoung, assistente editoriale.

Grazie agli incitamenti di Sherry: Larry, sempre Larry. E a Josh, Rebecca, Ben, Jennifer e Steven Goldstein, a Susan Gross e a Julia e ad Adam Cohen – mai noiosi, nemmeno per un istante.

E infine, tutto il nostro affetto a Connie Clausen che ha premuto così tanti tasti, morendo troppo presto – e senza nemmeno dire ciao.

I

CHE COS'È UN TASTO DOLENTE?

Viviamo in tempi burrascosi. Non ci stupiamo più quando sentiamo di un adolescente che si mette a sparare a scuola, di un automobilista che rompe la faccia a qualcuno solo perché gli ha soffiato il parcheggio o di una madre che scuote il suo neonato fino a causarne la morte perché non sopporta più di sentirlo piangere. Che queste persone siano tutte pazze? O che abbiano invece solo perso la testa per alcuni momenti perché non sapevano come spegnere i loro tasti dolenti?

Potremmo dire che un tasto dolente è una specie di grilletto emotivo. I tasti dolenti vengono premuti quando gli altri

- ci coprono d'insulti,
- non ci rispondono,
- si appropriano di qualcosa che ci appartiene,
- mettono in dubbio la nostra competenza,
- ci mancano di rispetto,
- ci forniscono consigli non richiesti,
- non ci apprezzano,
- sono condiscendenti nei nostri confronti.

Quando qualcuno preme uno dei nostri tasti dolenti, ecco che diamo in escandescenze. Basta solo questo: esplodiamo. Non tutte le esplosioni sono rumorose, e a volte nessuno si accorge dell'eruzione, ma esplodiamo ugualmente, dentro di noi. Non vi è successo questa settimana, questo mese? Sapete bene che è così. E l'episodio vi ha fatto male, così come ha arrecato un danno a chiunque fosse all'estremità opposta del filo lungo il quale avete convogliato la vostra collera.

Conseguenze di un tasto premuto

Quando uno dei nostri tasti dolenti viene premuto, ci sentiamo brutalizzati, anche se non c'è stata nessuna aggressione fisica. Oltre alla sensazione di essere stati calpestati, vediamo ostacolata la nostra capacità di valutare una situazione e di decidere come reagire nel modo migliore. Le emozioni che proviamo sono talmente violente da guidare le nostre azioni prima ancora di riuscire a calmarci abbastanza da pensare alla cosa giusta da fare. E quando ci lasciamo guidare dalle emozioni, commettiamo errori irrimediabili. Feriamo gli altri – e noi stessi – in maniera irreparabile.

Premere occasionalmente questi tasti non è un problema, sia per noi che per gli altri. Il brutto è che la collera che ne deriva si manifesta sempre più spesso. I nostri punti deboli sembrano affiorare sempre più. Il livello d'insulti che riusciamo a sopportare prima di esplodere progressivamente diminuisce.

Jennifer mi parla della « rabbia da televendita ». Il quattordicesimo piazzista della settimana le telefona mentre sta dando da mangiare alla sua bambina e snocciola la sua tiritera, quella che lui definisce una « chiamata di cortesia ». Quando Jennifer gli dice di non essere interessata, lui insiste. Quando lei lo avverte che deve veramente riattaccare, egli replica sgarbatamente e le sbatte giù il telefono in faccia. « E questa sarebbe una chiamata di cortesia? » domanda lei infuriata, rivolgendosi all'apparecchio muto. Il suo tasto dolente è stato premuto – con forza.

Marsha accenna alla sua « rabbia da cellulare »: « In treno, mentre vado al lavoro, vorrei dare un pugno alla donna che urla dentro il suo telefonino – ovviamente mentre io e gli altri passeggeri nello scompartimento cerchiamo di leggere il giornale in santa pace. Non la colpisco, ma il tizio seduto davanti a me, che si distende e con le scarpe sporche sfiora il mio sedile, mi manda in bestia. "Ma non vede cosa fa?" gli domando bruscamente. Quando lui se ne accorge e si profonde in scuse, non riesco a credere di essere stata così scortese ». Anche il tasto dolente di Marsha è stato premuto.

In palestra, chi monopolizza troppo a lungo l'unica pedana mobile che c'è riceve occhiate assassine dagli altri, al pari dell'incerto nuotatore che in piscina sferra involontariamente un calcio a chi sta facendosi una tranquilla nuotata: « rabbia da ginnastica ».

E potrei continuare. Succede ovunque. È come se fossimo al limite, come se la collera tracimasse dai nostri serbatoi di contenimento, come se i tasti dolenti del mondo intero fossero premuti tutti all'improvviso.

Possiamo dare la colpa al riscaldamento del globo?

Che cosa sta succedendo nel mondo? Nessuno in realtà sa perché ultimamente siamo tutti più rabbiosi. Forse è una questione di territorio: in un mondo sempre più piccolo, abbiamo la sensazione di dovere rivendicare il nostro spazio vitale per non perderlo. Forse è una questione di tempo: con scadenze sempre più strette e sempre meno tempo a disposizione, ci scagliamo contro chiunque minacci di farci ritardare. Forse sono le macchine a minacciarci: dovrebbe funzionare tutto e invece non funziona niente. Il computer si blocca – e il lavoro di un anno intero è registrato proprio nella sua memoria. Siamo appena entrati nel nuovo millennio e non riusciamo a sentire una voce umana quando telefoniamo a un'azienda: solo la registrazione di un menu di opzioni, nessuna delle quali ha a che vedere con il vero motivo della nostra chiamata.

Ma a prescindere dalle cause che stanno dietro a questo accumulo di rabbia, è chiaro che se un ragazzino armato si sente deriso, il suo tasto dolente viene premuto ed egli esplode; se un marito si sente dire dalla moglie di non sapere nemmeno quello che dice, il suo tasto dolente viene premuto ed egli dà in escandescenze; se un collega ignora esplicitamente tutte le nostre idee, il nostro tasto dolente viene premuto e noi scoppiamo.

Che cos'è che ci fa *dar fuori di matto*? Forse succede quando qualcuno ci dice di *calmarci*. O quando nostra madre ci dice cosa dobbiamo fare, quando il nostro capo ci strapazza o quando un amico si fa aspettare per venticinque minuti.

Ora riflettete. Quando è stata l'ultima volta che siete esplosi di rabbia e che avete perso la calma? Quando è successo che ve la siete presa con una commessa perché vi sentivate ignorati? Qual è stata l'ultima volta che avete offeso il vostro partner, vostro figlio, un genitore, un amico o un collega perché non siete riusciti a trovare un terreno comune su cui incontrarvi? Quando è stata l'ultima volta che siete scoppiati?

Qualunque sia stato il motivo che vi ha fatto perdere la calma, una cosa è chiara: in quella occasione il vostro tasto dolente è stato premuto, e con effetti tutt'altro che piacevoli.

E invece, quando è stata l'ultima volta che avete toccato il tasto di qualcun altro e nel farlo avete ferito voi stessi? Potreste avere detto proprio la cosa sbagliata al vostro migliore amico o a un vostro collega, che ora è furioso con voi. Potreste avere messo il dito nella piaga parlando con vostra figlia adolescente quando in realtà volevate esclusivamente aiutarla. Ma a prescindere dalle vostre buone intenzioni, lei è corsa a chiudersi in camera sua. Vi sentite disperati e anche il vostro tasto dolente è pericolosamente vicino a essere premuto.

I vostri tasti esplodono in maniera diversa dai miei?

Sì. Un tasto dolente premuto provoca effetti molto differenti: c'è la rabbia esplosiva e quella contenuta, la rabbia vendicativa e quella imbarazzata, la rabbia repressa e quella espressa – e tutte si manifestano in maniere diverse. Oltre a innescare colleriche esplosioni, i tasti premuti possono determinare la comparsa di altri comportamenti che odiamo in noi stessi. Alcune donne, per esempio, quando vengono punte sul vivo, adottano un atteggiamento infantile e sottomesso – «*D'accordo, lo faccio, lo faccio!*» – soffocando la collera che provano anziché darle libero sfogo. E quando succede, si sentono agitate e sulla difensiva. Sopprimono la collera, quando i loro tasti vengono premuti, anche coloro che evitano di confrontarsi con gli altri o che inseguono la tranquillità a tutti i costi. Costoro fingono di non essere stati feriti – ma interiormente ribollono di collera. La rabbia soffocata può covare sotto la cenere e riemergere nelle maniere peggiori. Feriti nel profondo, alcuni si ritirano in se stessi e interrompono ogni comunicazione quando i loro tasti vengono toccati.

A seconda di dove viviamo, reagiamo in maniera diversa quando qualcuno preme i nostri tasti: è la «rabbia regionale». Se vivete in una tranquilla località di provincia potreste reagire con mellifluo sarcasmo allo stesso insulto che farebbe imprecare lo stressato abitante di una grande città.

A prescindere dal luogo in cui viviamo, abbiamo tutti un tratto in comune: se qualcuno ci fraintende, ci insulta, ci ignora o ci irrita, proviamo rabbia a vari livelli. Sia che ci troviamo in un'amena cittadina o in una grande città, sappiamo che il nuovo millennio ci riserva una realtà piena di ansie. Non è un caso che nell'ultimo decennio un apposito locale per lo yoga o per la meditazione sia stato tanto spesso aggiunto sia nelle case d'abitazione che negli uffici.

C'è qualcosa di nuovo nell'aria, e lo percepiamo tutti: sappiano che i nostri rapporti sembrano essere diventati più fragili, che la violenza casuale è sempre in agguato, che i problemi dei tasti dolenti affiorano con sempre maggiore facilità.

Dietro ai tasti: che cosa determina lo scoppio?

Dietro un tasto premuto si nasconde una sensazione conflittuale. Quando qualcuno ci viene addosso, ci insulta o ci pesta i piedi, il nostro tasto viene premuto e questa azione produce un'accecante cortina fumogena di collera e di senso d'impotenza. E questa cortina, oltre a impedire *a noi* di vedere chiaramente, acceca e irrita tutti quelli che attraversano la nostra strada.

Chiariamo bene una cosa: il conflitto non è negativo, non lo è affatto. Se imbrigliato, il conflitto può anche rappresentare una provvidenziale fonte di energia. Non è un caso che alcune tra le più grandi amicizie, storie d'amore e invenzioni siano nate da determinati tipi di conflitto. Tuttavia, quei conflitti che ci impediscono di realizzare completamente i rapporti interpersonali, che innalzano invisibili barriere all'avanzamento professionale, che ci colpiscono e feriscono e finiscono col premere i nostri tasti dolenti fino a farci vedere rosso, quelli sono i conflitti che vogliamo bandire.

La nascita di un tasto dolente

I tasti dolenti nascono dalle nostre prime esperienze nell'affrontare un conflitto. Occorrono anni per sviluppare un modello di comportamento, e i modelli coltivati fin dall'infanzia vengono poi usati per tutta la vita come armi e come difese ogniqualvolta ci troviamo ad affrontare un problema.

Per fare un esempio, ecco quanto afferma Darlene in proposito: « Quando ero bambina, mio padre era molto autoritario. Alle sue sgridate, mi facevo piccola piccola e gli ubbidivo senza discutere ». Oggi, ogni volta che qualcuno alza la voce con lei, Darlene continua ad abbassare la testa. Il suo tasto dolente viene premuto dagli urli e dai modi sgarbati degli altri, e lei come reagisce? *Fa di tutto pur di ritrovare la tranquillità a ogni costo.*

Lucy, invece, spiega: « Durante la mia infanzia, i miei genitori litigavano continuamente. Mi ignoravano, perciò io correvo a chiudermi in camera mia per non sentire il suono delle loro voci ». Quando Lucy vede avvicinarsi una situazione conflittuale, cambia rapidamente strada perché *è una di quelle persone che preferiscono evitare il confronto.*

Ed ecco l'esperienza di Nancy in merito: « Da piccola, alle elementari i miei compagni erano tutti cattivi. Ho imparato presto che l'unico modo per sopravvivere era reagire ai loro attacchi. Appena mi ribellavo, loro si tiravano indietro ». I tasti dolenti di Nancy continuano a essere premuti al primo segno di conflittualità, cui lei reagisce esplodendo. *Nancy è una che scoppia.* Prima attacca, poi pensa, perché è questo il modo in cui ha imparato ad affrontare i conflitti.

È importante conoscere il proprio stile conflittuale: prima di riuscire a disattivare i nostri tasti dolenti, dobbiamo avere ben chiaro che cos'è che li attiva e il modo in cui è più probabile che reagiremo alla loro attivazione.

A prescindere dallo stile conflittuale, la maggior parte della gente si sente disperata quando è accecata dall'ira, intrappolata in vecchi modelli di comportamento rabbioso che sono così difficili da rompere. Francamente, non c'è niente di nuovo in questo: ci sono sempre stati la collera, le guerre, i nemici mortali e tasti dolenti universali a portata di mano. La novità semmai è che oggi succede sempre più spesso. La vita è incredibilmente complessa, le armi sono più facili da ottenere, i bambini più difficili da capire, i rapporti più intricati e complicati da mantenere e le emozioni molto più vicine alla superficie.

Questo libro non si propone di risolvere problemi cosmici, ma può insegnare come disattivare gli interruttori delle situazioni critiche. Ed è già abbastanza.

Comportarsi come al solito funziona?

No. Chiunque vi propini le seguenti frasi fatte quando si accorge che siete turbati molto probabilmente non fa che premere un altro dei vostri tasti dolenti:

- « Convinciti che non è la fine del mondo »;
- « Di sicuro chi ti ha fatto arrabbiare non intendeva turbarti »;
- « Calmati ».

Viviamo in un'epoca complessa e le banalità non funzionano più. Sapere come calmare chi ha perso il controllo vi cambierà la vita – ve l'assicuro.

Larry, un paio d'anni fa, ha usato il suo senso dell'umorismo per far ragionare un tassista pronto a spaccargli la testa con una chiave inglese, ma è stato fortunato. Oggi quel tassista potrebbe metterlo fuori combattimento. Larry si era fermato al rosso, ma quando il semaforo è scattato sul verde, una vecchietta ha cominciato faticosamente ad attraversare la strada proprio davanti alla sua auto. Dietro di lui, un tassista ha suonato il clacson, tenendolo premuto con insistenza. « È verde, idiota! » gli ha urlato dal finestrino. « Muoviti o ti rompo il naso! » Con calma Larry ha tolto le chiavi dal quadro, è sceso e ha raggiunto lentamente il taxi per offrirle al suo occupante: « Ecco qua, passaci sopra tu perché io proprio non ne ho il coraggio », gli ha detto con un sorriso. Il tassista non ha potuto fare a meno di ridere. Non si è scusato, ma il suo tasto era stato disattivato e così sia lui sia Larry sono andati per la loro strada con un aneddoto da raccontare. E il naso di Larry non ha subito danni. E oggi? Larry sarebbe un pazzo se adottasse lo stesso approccio. Il tassista potrebbe pensare che lo stia prendendo in giro e potrebbe reagire con violenza.

Scegliere di mitigare

Anche se i tempi sono più difficili, ci resta sempre la possibilità di scegliere. Spetta a noi. L'atteggiamento è una scelta. Se, quando gli altri premono i nostri tasti dolenti, scegliamo di reagire con rabbia cieca, non otterremo niente di positivo. Se invece capiamo perché le persone suscitano la nostra collera e di che cosa abbiamo bisogno per smorzarla, reagiremo in maniera diversa e troveremo una soluzione.

Sono molto felice che abbiate deciso di leggere questo libro. Chi dispone degli strumenti per spegnere collere improvvise, detiene il potere. E io ho intenzione di darvi questi strumenti.

La Formula dei Cinque Passi

Quelli che seguono sono gli strumenti più importanti che posso offrirvi. In tutto il libro, vi fornirò svariati approcci alla soluzione dei conflitti. Queste tecniche riflettono i principi di una formula di riferimento fondamentale: la « Formula dei Cinque Passi », al cui interno sono racchiusi molti dei segreti per spegnere i tasti dolenti. Non preoccupatevi di memorizzarla: a mano a mano che leggerete le varie situazioni in cui i tasti dolenti scattano, i Cinque Passi, o le loro varianti, diventeranno quasi una seconda natura per voi.

Processo base in cinque semplici passi

Il processo subisce sempre leggeri cambiamenti, a seconda dei giocatori in campo. Un confronto con un collega o con un bambino non evolverà mai come uno tra marito e moglie. Ecco un esempio di come sia possibile mitigare la collera e spegnere un tasto dolente all'interno del matrimonio.

SITUAZIONE CRITICA ALL'INTERNO DI UN MATRIMONIO

Non saltarmi alla gola!

Vostro marito varca la soglia di casa alle dieci di sera, mentre lo aspettavate per cena alle sei. Non ha telefonato per avvertire. Il vostro tasto dolente è stato premuto, a lungo e con forza. Siete sul piede di guerra ed egli si rende conto che sta per arrivargli addosso un uragano.

« So perfettamente quello che stai per dire. Non saltarmi alla gola, non mi assillare, ma lasciami in pace », sbraita. Che cos'è la prima cosa che fate?

Anziché mangiarlo vivo, muovete il primo passo del processo.

PASSO 1. OSSERVARE L'AZIONE

Uscite di scena. Solo per un momento fate un passo indietro nella vostra mente, puntate un riflettore sugli attori (nel caso specifico, voi e il coniuge) e osservate la scena che si sta svolgendo davanti a voi, proprio come il pubblico guarda una commedia. Questo vi consente di vedere il quadro completo più chiaramente che se ne faceste parte.

« Osservare la scena dall'esterno » è una metafora che consente di creare un atteggiamento mentale di distacco e obiettività. Quando uno dei vostri tasti viene premuto, il trucco consiste nel non liberare la collera ma nel metterla da parte per un istante. Guardare ciò che accade con distacco, anche solo per breve tempo, permette di ritrovare l'equilibrio e di reagire freddamente, senza lasciarsi condizionare dalla collera.

Fate un passo indietro e accomodatevi tra il pubblico.

Che cosa vedete sul palcoscenico? Un uomo sulla difensiva, preoccupato delle intenzioni omicide della moglie. Un uomo che attacca perché si sente in colpa. « Lasciami in pace! » urla alla moglie, che egli sa essere furiosa per averle mancato di riguardo. Il suo tasto dolente è lì che sporge per essere premuto, esattamente come è avvenuto per quello della moglie.

Ma in questo caso non premerete quel tasto perché il passo successivo è...

PASSO 2. CONFERMARE

Questa è una tecnica che si acquisisce facilmente per stemperare la collera altrui, e in ultima analisi la propria, confermando la validità del punto di vista dell'altro. Anche se vi sentite giustamente arrabbiati perché qualcuno ha premuto il vostro tasto dolente, scioglieté la tensione riconoscendo che l'altra persona deve avere avuto un valido motivo per farvi imbestialire. In pratica, dovete farle capire quanto segue: « Anche se sono convinta di essere io la vittima, penso che anche tu ti debba sentire frustrato e turbato per quanto è accaduto ».

Anche se vi sentite ingannate e sottovalutate, il fatto di confermare il punto di vista di vostro marito, gli fa comprendere che non lo considerate pazzo, cattivo o stupido per come si è comportato o per la reazione che ha avuto. Confermare e convalidare il punto di vista altrui fa sì che il vostro antagonista cominci a calmarsi.

Notate bene che mentre spegnete il suo tasto dolente, anche il vostro si disattiva gradualmente.

A poco a poco, vi convincete che la situazione potrebbe concludersi senza sfociare in un omicidio né in una catastrofe.

Ecco cosa potreste dire effettivamente a vostro marito per confermare il suo ragionamento: « Sembri davvero turbato e arrabbiato. Non ho nessuna intenzione di saltarti alla gola né di rimproverarti, ti prometto che non lo farò. So che dev'essere successo qualcosa che ti ha fatto fare tardi e ti ha impedito di avvisarmi. Parliamone, così potrò capire anch'io ».

Lo scopo qui è di convincere vostro marito che siete disposte ad ascoltarlo – ma veramente – senza giudicare. Il risultato finale? In questa fase, mirate a disarmare il coniuge. Disarmare gli altri significa privarli delle loro armi. Voi disarmate vostro marito – gli togliete la sua arma, il mettersi sulla difensiva –, confermando le sue azioni e dicendogli che, pur non sapendo perché si è comportato in quel modo, siete pronte ad ascoltarlo.

PASSO 3. OTTENERE MAGGIORI INFORMAZIONI

Una volta che la collera dell'altro si è stemperata, è probabile che sia più disposto a parlare. Ottenere ulteriori informazioni sulla situazione è essenziale.

Cercate di chiarire la situazione ponendo all'avversario domande non limitative. Gli interrogativi aperti a qualsiasi interpretazione forniscono l'opportunità di rispondere in vari modi anziché con un sintetico sì o no. Questo stimola la conversazione e fornisce informazioni.

Evitate di dire: « Non potevi trovare un momento per chiamarmi? Non lo sai che mi preoccupo? »

Queste non sono domande aperte e non forniscono informazioni utili.

Cercate invece di dire: « Che problemi hai dovuto affrontare oggi? Che cos'è che ti ha impedito di darmi un colpo di telefono? »

PASSO 4. SOSTENERE I PROPRI INTERESSI E LE PROPRIE ESIGENZE

Nella fase precedente, avete avviato una conversazione. Vostro marito è meno sulla difensiva perché voi non lo avete aggredito.

Potrebbe persino dirvi: « Naturalmente lo sapevo che ti saresti preoccupata, ma non ho avuto nemmeno un minuto per trovare un telefono. Quel cliente era un osso duro e ho faticato a convincerlo... Ho cercato un telefono, ma dappertutto c'erano lunghe code ».

Lui vi racconta la sua versione. Voi ascoltate attentamente.

Ricordate che non è un accordo unilaterale. Dopo avere espresso appieno il suo punto di vista, che voi avete ascoltato e capito, vostro marito sarà più disposto a sentire le vostre ragioni. Allora sarà il vostro turno di discutere dell'accaduto dalla vostra prospettiva.

Quando toccherà a voi parlare, cercate di estrapolare dalla sua spiegazione quegli elementi che si possono collegare ai vostri interessi, ai vostri obiettivi o alla vostra opinione.

« Mi dispiace che il tuo cliente ti abbia dato del filo da torcere. Sembra che nel tuo ufficio sia scoppiata la terza guerra mondiale. Capisco perfettamente la pressione cui sei stato sottoposto, tesoro. Davvero, credimi. Adesso però ascolta come ho vissuto io l'accaduto. »

Tocca a voi ora riaffermare i vostri interessi e le vostre esigenze e parlargli delle vostre preoccupazioni. Potreste dirgli: « Lascia che ti spieghi perché mi sono turbata quando non mi hai telefonato per avvertirmi che facevi tardi. Prima di tutto ho immaginato che fossi finito sotto un autobus. In secondo luogo, mi ha chiamato il tuo capo chiedendomi quando ti avrebbe trovato a casa e con mio grande imbarazzo io ho dovuto dirgli che non lo sapevo. Infine, se tu ti fossi fatto vivo, avrei potuto fare progetti per la serata ».

Gli fornite la vostra versione. Lui vi ascolterà con attenzione, perché voi lo avete ascoltato con attenzione.

PASSO 5. TROVARE UN PUNTO D'INTESA PER ARRIVARE A UNA SOLUZIONE

In questa fase del processo, i tasti dolenti di entrambi sono stati spenti. Ora avete bisogno d'individuare le questioni che preoccupano entrambi e le aree d'interesse comuni per risolvere il conflitto. È arrivato il momento di cambiare argomento di conversazione, di passare alla modalità di risoluzione dei problemi cercando un terreno comune. Potreste dire: « Siamo tutti e due preoccupati dello stato d'animo di entrambi, lo so. Vogliamo tutti e due fare la cosa giusta per il nostro matrimonio, no? Cerchiamo di accordarci su come gestire in futuro situazioni del genere, d'accordo? »

È arrivato il momento di cominciare a pensare alle possibili soluzioni.

Egli potrebbe dirvi: « Forse potrei evitare ogni problema e farti una telefonata anche solo per dirti che potrei far tardi ».

Voi potreste dirgli: « Magari per il nostro anniversario potremmo regalarci due telefoni cellulari ».

Alla fine, trovate un punto d'intesa: una soluzione considerata ragionevole da entrambi, anche se non perfetta.

Ecco fatto: la Formula dei Cinque Passi ha funzionato. Non è necessario usare tutti e cinque i passi per tutti i conflitti. A volte uno solo è sufficiente a disattivare un tasto dolente e ad avviare il dialogo. Per esempio, nella situazione che segue, si è dovuto ricorrere solo al Passo 3, ottenere maggiori informazioni.

Roma – Se mai riusciremo ad andarci

Sheila e Mac hanno in progetto una vacanza a Roma. A cena, Mac comincia a parlare a Sheila di un viaggio tutto compreso consigliatogli da un amico. Sheila lo interrompe per ricordargli che odia i viaggi di gruppo e gli espone la sua idea su come potrebbero risparmiare qualche soldo. Mentre parla, vede Mac accigliarsi e scuotere il capo. « Che cosa c'è? » gli domanda. « Perché questa reazione? » Mac non esita a risponderle: « Voglio che tu mi lasci finire di parlare. Voglio che mi ASCOLTI ».

Che cos'è accaduto? Sheila ha premuto il tasto dolente di Mac interrompendolo e giudicando prima del tempo i suoi suggerimenti. Adesso deve spegnere il suo tasto dolente se vuole evitare una lite.

Perciò gli domanda: « Che cos'è che ti intriga nella proposta del tuo amico? Perché pensi che un pacchetto del genere faccia al caso nostro? » (Passo 3: ottenere maggiori informazioni) e questo basta. Mac è ora in grado di raccontarle l'intera faccenda del viaggio tutto compreso, chiarendo così gran parte dei dubbi di Sheila. Infatti, i viaggi di gruppo non c'entrano affatto. Quando Mac è sicuro di essersi spiegato a dovere, domanda alla partner: « Adesso potresti spiegarmi meglio le tue idee su come potremmo risparmiare sulle spese di viaggio? » E lei non si fa pregare.

Missione compiuta: tasti dolenti disattivati.

Vincere/vincere: vincono tutti!

C'è un presupposto in cui credo e che mi sento in dovere di chiarire immediatamente. Sono convinta che in una situazione conflittuale tutte le persone coinvolte abbiano bisogno di sentirsi vincenti perché sia possibile trovare una soluzione. Vincere/vincere – e non: vincere/perdere, non scendere a compromessi/scendere a compromessi – ecco l'atteggiamento da adottare.

Per lo più l'arte di sapere disattivare i tasti dolenti altrui dipende dalla capacità di percepire se stessi come vincitori o vinti all'interno di un conflitto. Viviamo in una società in cui ci è stato insegnato che la cosa più importante è vincere, ma se qualcuno vince va da sé che ci dev'essere un altro che perde. Il problema è che i perdenti non lasciano mai che i propri tasti dolenti siano del tutto spenti, nemmeno se perdono sportivamente. Quando perdiamo, le nostre azioni sono guidate dal risentimento.

Venire a patti

Il comune buonsenso dice di scendere sempre a compromessi in caso di conflitto: ciascuno cede un po' e nessuno vince completamente. A volte quella del compromesso è l'unica strada praticabile. Occasionalmente è un sistema che funziona, ma il più delle volte no. Tendiamo a scendere a patti troppo presto, col risultato di sentirci insoddisfatti. Se solo scavassimo un poco di più sotto la superficie del conflitto troveremmo soluzioni più complete. Chi scende a compromessi spesso finisce col convincersi di avere fatto più concessioni dell'altro. Alla fine, gli accordi tendono a essere temporanei: nessuno s'impegna veramente al compromesso perché la soluzione è ben distante da quello che ciascuno avrebbe realmente voluto.

Collaborare

Ma esiste un'altra strada, quella della collaborazione, che fa sì che tutti vincano. Sono fermamente convinta che la collaborazione – nella quale andiamo oltre le nostre posizioni intransigenti per tenere conto delle esigenze, percezioni e preoccupazioni di tutte le persone coinvolte – porti a una condizione di vincitore/vincitore ben più soddisfacente dello scendere a compromessi o del perdere. In genere richiede più tempo, energia e buona volontà da parte di entrambi, ma alla fine la collaborazione è il modo migliore per lasciarsi alle spalle un conflitto con la sensazione di essere tutti vincitori.

Scoprire quello che l'altra persona pensa e vuole, e poi individuare un terreno comune nel quale le esigenze di entrambi s'incontrino, è la meta cui dobbiamo tendere, consci di essere partner e non avversari. Sarò onesta: non sempre funziona, ma esiste una tecnica infallibile? In effetti, quella del vincitore/vincitore è una soluzione che si rivela valida più spesso di qualsiasi altra nel disattivare definitivamente i tasti dolenti.

Ma che cosa significa in realtà vincere/vincere? Ecco un classico esempio che spiega come la collaborazione consenta di raggiungere un simile obiettivo.

La storia dell'arancia

Due bambini vogliono entrambi l'unica arancia rimasta in casa. Litigano per averla. Rifiutano l'unico compromesso – fare metà per uno – che alla fin fine non soddisferebbe nessuno dei due. Arriva la madre, consapevole sia dell'importanza della collaborazione che della soluzione vincitore/vincitore.

La madre sa che deve scoprire quali sono le loro esigenze, che deve cercare di essere giusta e che deve fornire loro qualche opzione affinché entrambi i figli sentano di uscire vincitori dal conflitto.

« *Perché* vuoi l'arancia? » domanda a uno dei due. « Ho sete. Voglio una spremuta », risponde lui. « E *tu*, perché la vuoi? » domanda all'altro. « Voglio la buccia per fare la glassa della mia torta », risponde quello.

La mamma dà la buccia all'uno e l'arancia intera sbucciata all'altro. Entrambi ne escono vincitori.

Certo, è una situazione facilmente risolvibile, ma il principio del vincere/vincere vale anche per conflitti più complessi, come è accaduto tra mio marito e me.

Richard ha la passione della fotografia, io quella del jazz. Per un lungo periodo abbiamo cercato entrambi di scendere a compromessi: io andavo in giro per la città con lui portando la borsa della macchina fotografica e degli obiettivi e lui mi accompagnava ai concerti. Nessuno dei due amava il compromesso e, quel che è peggio, abbiamo cominciato a irritarci l'una con l'altro. A me sembrava che la sua attrezzatura pesasse un quintale e lui trovava ogni scusa pur di non venire ai concerti. Volevamo passare del tempo insieme, ma eravamo arrivati a un punto morto.

Un giorno ho deciso di giocare d'astuzia. Gli ho suggerito di portarsi dietro la macchina fotografica in teatro e, alla fine dello spettacolo e con il permesso dei musicisti, di scattare lì delle fotografie. Che serata eccezionale! Finalmente aveva anche lui un motivo per essere lì: guardare i musicisti suonare e immaginare le inquadrature migliori. Siamo andati anche ai concerti successivi e Richard ha cominciato a dare alcune delle sue foto agli esecutori. Mi piaceva la soluzione che avevo trovato ed ero felice del contatto personale che ora avevamo con il jazz. Richard, miracolo dei miracoli, ha persino cominciato ad apprezzare il jazz.

Ecco cosa significa vincere/vincere. Abbiamo fuso i nostri interessi e abbiamo ottenuto entrambi ciò che volevamo, col risultato di crescere insieme. Questa soluzione è indubbiamente la base da cui partire per risolvere ogni tipo di conflitto di cui si parla in questo libro.

Gli sconosciuti e altri pericoli esterni

Certamente esistono vari tipi di conflitto. In questo libro ci concentreremo sui modi di limitare i sentimenti di collera sia in noi stessi che nelle altre persone con le quali abbiamo instaurato dei rapporti. Per queste arrabbiature esistono meravigliosi strumenti utili a disarmare la collera e a convincere gli altri ad ascoltare le nostre ragioni. Ma i mutevoli tasti dolenti degli sconosciuti sono in agguato ovunque e dobbiamo imparare ad affrontarli fin da subito. Che si tratti di una donna che vi fa innervosire al cinema o di uno svitato mai visto né conosciuto che turbate involontariamente, è indispensabile avere almeno un'idea di come sedare situazioni potenzialmente dirompenti con persone estranee. Poiché non avete alcun rapporto con queste persone, è praticamente impossibile usare tecniche sperimentate per risolvere un conflitto, ma si può ugualmente disattivare i tasti dolenti sparsi un po' ovunque con poche parole ben scelte.

2

TASTI DOLENTI OVUNQUE!

Il Dalai Lama conquista l'America

Dov'è che la collera ci colpisce con maggiore violenza? Ovunque.

È cominciato tutto con la rabbia da strada. Nei primi anni Novanta gli automobilisti si mandavano a quel paese molto più spesso che in passato, quando qualcuno non rispettava la distanza di sicurezza, non metteva la freccia, andava a due all'ora o, apriti cielo, impediva loro il sorpasso. Questi sono da sempre peccati automobilistici, ma prima nessuno s'infuriava come adesso, quando succedevano. Ben presto abbiamo cominciato a notare automobilisti che imprecavano senza ritegno vedendosi soffiare sotto al naso un parcheggio o quando quello davanti non partiva a razzo appena il semaforo scattava sul verde.

Poi imprecare non sembrò più sufficiente. La mia coautrice era in macchina con un'amica che a un certo punto suonò a una Volkswagen che bloccava la strada. Il guidatore scese dall'auto, le agitò sotto al naso un coltello a serramanico, le sputò addosso e infine infranse il parabrezza con un cric. Sfogata la rabbia, il tizio della Volkswagen risalì nella sua auto e ripartì.

In breve sono arrivati gli automobilisti che si prendevano a pugni per aver suonato il clacson o per avere l'uno battuto l'altro sul tempo al semaforo. Sui quotidiani hanno cominciato a comparire notizie di gente presa a bastonate o addirittura uccisa a revolverate per questioni di sorpasso.

La definizione « rabbia da strada » era nata.

Erano i tempi. Gli esperti sostenevano che le pubblicità delle auto e i film facevano sembrare tranquilla la guida aggressiva. Un maggior numero di auto sulle stesse strade, grossi ingorghi di traffico, meno spazio a disposizione e senso di territorialità governavano quei giorni. Sembrava, insomma, che le micce di tutti si fossero accorciate.

A metà degli anni Novanta la rabbia da strada si diffuse negli uffici, dove ai dipendenti veniva chiesto di essere creativi anche se chiusi dentro minuscoli cubicoli. Per avere un momento di privacy, bisognava uscire in strada con il cellulare. Era nata la « rabbia da cubicolo », dove i nervi sono quotidianamente sul punto di saltare e i tasti dolenti di chi lavora vengono premuti alla più piccola infrazione. La rabbia da cubicolo si è trasformata poi in « rabbia da volo », che a sua volta si è modificata in « rabbia da televendita »... e così via.

E il fenomeno non si arresta: un'intera società che ribolle di rabbia eterogenea che non sappiamo come controllare. La scorsa settimana ho sentito parlare di « rabbia da discesa », che si manifesterebbe quando gli sciatori si fermano ad aggiustare l'attacco proprio davanti ad altri discesisti o s'intrufolano nella fila dello skilift. E diffusissima è la « rabbia da Internet », quando il collegamento cade dopo che hai aspettato un secolo per entrare in un dato sito. Su un giornale ho letto di un nuovo genere di collera, la « rabbia da spiaggia », tipica di quando qualcuno, camminando, butta la sabbia sui teli altrui, tiene troppo alto il volume della radio o ti soffia l'onda giusta mentre fai surf.

Non stupisce che il Dalai Lama attiri folle imponenti ovunque si rechi a diffondere il suo messaggio di calma buddista. Viviamo in una società arrabbiata ed estremamente violenta e siamo in molti a desiderare un po' di pace.

Intolleranza

Mi sento in dovere di dire una parola sulla discriminazione, sull'intolleranza che può rivelarsi uno degli elementi scatenanti più pericolosi in assoluto. Questo capitolo non può che accennare alle miriadi di esempi di discriminazione in grado di generare collera. Basti pensare alla rabbia che proviamo quando vediamo qualcuno trattato sdegnosamente perché disabile o vestito in maniera diversa. Immaginate l'amarezza e la collera provate da chi in un grande magazzino viene seguito da un addetto alla vendita sospettoso o da chi non riesce a ottenere un prestito né a prendere un taxi per via del colore della pelle. Questi sono problemi enormi che richiedono cambiamenti altrettanto enormi, sia sociali sia legislativi, e che non possono essere affrontati adeguatamente nelle poche pagine che seguono, ma vi chiedo ugualmente di tenere ben presenti simili discriminazioni.

Quelle che seguono sono alcune delle forme di rabbia, di origine meno universale, che tutti noi abbiamo imparato a conoscere – se non ad amare – e che non sono altro che la punta di un iceberg.

Io me la batto

Vi sono alcuni tipi di collera verso i quali non si può reagire, a prescindere da quanto si sia esperti nel risolvere conflitti. Se un pazzo con gli occhi fuori dalle orbite e con la bava alla bocca ci sorpassa pericolosamente in auto, a nessuno viene in mente d'immedesimarsi in lui, né di verificare il suo punto di vista e nemmeno di puntualizzare le nostre diversità. Ben lungi dal fare una cosa del genere, cerchiamo il modo più semplice e rapido per tagliare la corda senza provocarlo ulteriormente. Chi ci dice che quell'uomo non sia armato? Non è possibile risolvere il problema, ma solo ignorarlo. In questo caso dobbiamo pensare esclusivamente alla nostra reazione, non all'altrui stupidità. In confronti tanto minacciosi, la reazione civile consiste nel considerare quanti più punti a nostro favore abbiamo – nel gettare la spugna – di un automobilista con il fumo che gli esce dalle orecchie. Lo lasciamo vincere, gli permettiamo di godersi il suo patetico, piccolo trionfo.

Ecco alcuni basilari suggerimenti:

- Gli sconosciuti reagiscono meglio quando lasciate intendere di sapere che non intendono offendere, che il loro irritante comportamento è solamente «casuale». Permettete loro di salvare la faccia.
- Non date mai la colpa agli sconosciuti, né dite loro che sono cattivi o che sbagliano perché così facendo scatenereste la loro furia. Se possibile, invece, mostrate di capire la loro situazione.
- Conservate sempre la vostra dignità, la vostra distinzione. Ci tenete a vivere in una società civile e il mondo, che si muove rapidamente nella direzione opposta, ha bisogno di qualcuno

che punti i piedi. Raramente l'amabilità fallisce del tutto, tranne forse che con le vendite telefoniche.

UN SUGGERIMENTO

Che cosa spinge i tasti degli altri?

Qualcuno farebbe meglio a essere preparato alla collera.
ROBERT FROST

La rabbia da strada

Che cos'è? La rabbia da strada è la furiosa reazione che si manifesta quando un altro automobilista sembra prendersela con noi, irritarci o comunque guidare in modo da mettere in pericolo la nostra sicurezza.

Comportamento da rabbia da strada	**Come affrontarla**
• Un altro automobilista non vi dà strada, vi manda a quel paese o mostra in altri modi un comportamento veramente irritante.	Siate remissivi e fate finta di niente. Fate strada a quell'idiota e lasciate che esca dalla vostra vita. Io conosco una persona che tiene sul sedile del passeggero l'enorme foto del sedere di un cavallo da mostrare in occasioni del genere, ma voi non cercate d'imitarla. E non tirate nemmeno fuori cartelli con sopra scritto STUPIDO, FESSO, DATTI UNA MOSSA O FAI MARCIA INDIETRO – a prescindere da chi sostiene che l'umorismo o le tattiche difensive inteneriscano il cuore degli automobilisti fuori di testa. La comunicazione con automobilisti dallo sguardo allucinato può essere male interpretata e potreste finire uccisi.
• Siete voi a fare qualcosa di sbagliato: senza farlo apposta tagliate la strada a un altro, frenate bruscamente senza preavviso o parcheggiate in doppia fila bloccando un'altra macchina.	La contrizione è l'*unica* via praticabile. Non mettetevi sulla difensiva, non spiegate che avevate un buon motivo per parcheggiare in doppia fila. Considerate quanto segue: David Givens, direttore del Centro per gli studi non verbali di

Spokane, ha ideato il gesto della « Mano aperta col pollice piegato »: mostrate il palmo aperto e agitate lentamente la mano tenendo le dita leggermente allargate con il pollice piegato al centro del palmo. Givens sostiene che questo è un perfetto segnale visivo per neutralizzare la rabbia da strada poiché è un gesto usato in tutto il mondo per segnalare contrizione e impotenza. *L'AAA (American Automobile Association) comunica che il modo migliore per evitare di essere presi di mira da un automobilista aggressivo consiste nel seguire queste regole:*

- non guardare negli occhi automobilisti aggressivi;
- non fare gesti osceni;
- mantenere sempre la distanza di sicurezza;
- usare il clacson con moderazione;
- non bloccare la corsia di sorpasso;
- non impedire la svolta a sinistra;
- non occupare più di un parcheggio (le ruote non devono oltrepassare la linea);
- non rubare il parcheggio a un altro automobilista;
- evitare di toccare con la portiera l'auto vicina;
- non disturbare gli altri tenendo alto il volume della musica;
- per guidare lentamente, rimanere nella corsia di destra;
- non usare il telefono mentre si guida;
- non fermarsi in mezzo alla strada per parlare con altri – accostare sempre.

La rabbia da cinema

Che cos'è? La rabbia da cinema è il risultato del comportamento inadeguato in luoghi pubblici di qualcuno che rovina il divertimento degli altri. Comportandosi in un luogo pubblico come se fossero nel loro soggiorno, queste persone mangiano rumorosamente, parlano a ruota libera o tossiscono in continuazione.

Comportamento da rabbia da cinema *Al cinema, la coppia che vi siede accanto...*	**Come affrontarla**
• mangia rumorosamente, parla ad alta voce o accartoccia sacchetti e involucri;	Appena lo spettacolo ha inizio, dite sorridendo ma con fermezza: « So che non intendete disturbare gli altri, ma l'acustica qui non è un gran che e le vostre voci (il rumore che fate) sono più alte di quello che pensate. Potreste fare più piano? »
• tossisce, tira su col naso o produce altri disgustosi rumori;	Siate sempre pronti, soprattutto in periodi influenzali, con un pacchetto nuovo di fazzoletti di carta o di caramelle per la tosse – nuovo perché a nessuno piace dividerli con uno sconosciuto. È un piccolo investimento capace di fare la differenza tra un'esperienza stressante e la gradevole visione di un film. Dite: « Vedo che ha una brutta tosse (o un brutto raffreddore). La prego, usi pure questi. Sono ancora chiusi ».
• si sbaciucchia.	« Mi dispiace molto interrompervi. Capisco che vi volete bene ed è piacevole vedervi così affettuosi. Tuttavia, vi dispiace abbracciarvi in un altro momento perché è un atteggiamento che distrae notevolmente? Grazie mille. »
• Spettatori che arrivano in ritardo e vi chiedono di cambiare posto per sistemarsi...	« Oh, vorrei accontentarvi, ma siamo venuti prima apposta per scegliere questi posti. Non voglio sembrare scortese, ma sono costretto a rifiutare. Mi spiace molto. »

• o che, nella peggiore delle ipotesi, impilano i soprabiti sui posti vicini per « occuparli » per gli amici.	Prima dovete chiedere: « È occupato questo posto? » Se la risposta è: « Sì, da mio marito », dovete cercarvi un altro posto. Se la risposta è: « Lo sto tenendo per degli amici », avete ogni diritto di replicare: « Visto che il film sta per cominciare e io sono qui mentre i suoi amici no, mi sembra giusto che siano loro a cercarsi altri posti. Grazie ». E vi accomodate.

La rabbia da acquisti

Che cos'è? La rabbia da acquisti in genere è causata dagli addetti alla vendita che nei negozi dovrebbero essere al servizio dei clienti ma in realtà non lo sono. Naturalmente ci si può arrabbiare anche quando i capi sono erroneamente etichettati o quando un altro cliente ci strappa di mano un articolo, ma la classica rabbia da shopping si manifesta maggiormente quando veniamo ignorati o trattati in malo modo da commessi e commesse.

Comportamento da rabbia da acquisti	**Come affrontarla**
• Addetti alla vendita insistenti che vogliono guadagnare sulle provvigioni e non vi lasciano un istante da soli.	Dite: « Grazie per la sua offerta di aiuto, ma preferisco dare un'occhiata da solo e chiamarla se ne avrò bisogno ».
• Addetti alla vendita che in un negozio di lusso non vi prestano attenzione o fingono di non vedervi.	Qui conta l'atteggiamento. Anche se non siete vestiti elegantemente, raddrizzate le spalle, guardate negli occhi la persona in questione e ditele sorridendo: « Potrebbe aiutarmi? Sono certo che non era sua intenzione ignorarmi, ma in effetti sto aspettando da un po' di essere servito ».
• Addetti alla vendita che telefonano facendovi aspettare.	Aspettate che la telefonata finisca, poi dite sorridendo: « Forse era una telefonata importante, ma resta il fatto che mi ha fatto aspettare. Spero che adesso potrò avere tutta la sua attenzione. Lo apprezzerei molto ».

La rabbia da esperti

Che cos'è? Quando, intimiditi da medici, avvocati, commercialisti o altri professionisti, ci dimentichiamo di chiedere loro di spiegarsi meglio. A causa del nervosismo che proviamo, non ascoltiamo nemmeno la metà di quello che dicono. Poiché abbiamo bisogno del loro consiglio, ascoltiamo passivamente cose che non capiamo. Poi ci arrabbiamo con loro per quella che consideriamo arroganza e con noi stessi per non avere avuto il coraggio di chiedere delle spiegazioni.

Comportamento da rabbia da esperti	Come affrontarla
• Il vostro medico ha formulato una diagnosi e suggerito la cura, ma voi eravate così preoccupati per la vostra salute da non capire gran parte di quello che ha detto.	Portatevi dietro un blocco per appunti o un registratore. Preparate una serie di domande in anticipo – ve ne verranno in mente altre ascoltando l'esperto parlare. Se non capite qualcosa, chiedete chiarimenti. Dite: « Sarebbe meglio se mi spiegasse quello che ha detto con parole più semplici, così potrò capire meglio ». Quando il colloquio sta per finire, domandate: « C'è dell'altro che dovrei sapere? » A casa, riascoltando la cassetta registrata o rileggendo gli appunti che avete preso capirete quello che vi è sfuggito durante il colloquio.
• Il vostro avvocato vi manda il suo onorario. Perché la parcella è così alta? Il legale vi comunica che l'esame dei documenti precedente al processo è fissato per la prossima settimana. Di che cosa si tratta? Vi rendete conto di non avere la minima idea della situazione della vostra causa.	La terminologia legale vi ha steso. Se c'è qualche espressione di cui non capite il significato, chiedete spiegazioni. Prendete nota di tutto, o registrate il colloquio. Inoltre, prima di assumere un avvocato, ponetegli queste tre domande: 1. Quali spese sono comprese nell'anticipo richiesto, e quali no? 2. Quali sono le leggi interessate dal mio caso e quante possibilità ho di vincere? 3. Quanto ci vorrà prima che il mio caso sia discusso in tribunale?

• L'esperto vi fa fare troppa anticamera.	Dite: « Capisco che per lei sia difficile rispettare l'orario degli appuntamenti, visto che spesso ha casi urgenti, ma per me è un vero problema aspettare così a lungo. Che cosa si può fare per evitare questo problema in futuro? Forse potrei chiamarla un'ora prima dell'appuntamento per sapere se è in ritardo? »
• Preferite sentire anche il parere di un altro specialista. Il vostro medico però si sente molto offeso.	Cambiate medico. Non sto scherzando. Nessun medico che si rispetti si sente insultato quando un paziente chiede un altro consulto. Il vostro non deve essere sicuro di se stesso.
• La vostra assicurazione medica ha rifiutato la richiesta d'indennizzo per il pagamento di determinate prestazioni sanitarie.	Potete appellarvi contro la decisione. Per prima cosa parlate con il vostro medico, chiedetegli un consiglio. Poi contattate l'ufficio rapporti con i clienti dell'assicurazione (o il vostro difensore civico) e chiedete che le ragioni del rifiuto vengano messe per iscritto. Scoprite esattamente cosa dovete fare per ricorrere in appello e in quale ordine. Generalmente dovrete scrivere una lettera nella quale spiegate perché l'assicurazione ha sbagliato a rifiutare la richiesta e perché la procedura in discussione è indispensabile alla vostra salute.

La rabbia da volo

Che cos'è? Da molti anni, i passeggeri degli aerei subiscono ritardi e cancellazioni dei voli, non vengono informati su inconvenienti vari, perdono coincidenze e bagagli, ricevono informazioni sbagliate, fanno code chilometriche, hanno a disposizione spazi sempre più angusti, si sorbiscono i maleducati che abbassano completamente lo schienale e lo tengono abbassato anche quando viene servito il pasto, rumori molesti, odori... e un'infinita lista di orrori d'alta quota. Ce n'è abbastanza da far ribollire il sangue nelle vene.

Comportamento da rabbia da volo	**Come affrontarla**
• Il passeggero davanti a voi reclina il sedile arrivandovi quasi in grembo.	Se una richiesta gentile non basta, questa otterrà sicuramente un risultato positivo. Dite: « Sento che sto per vomitare. Le spiace non venire così indietro? »
• Il cibo è immangiabile.	Le linee aeree spendono sempre meno per il cibo. Se per voi è un problema, portatevi dei panini o telefonate ventiquattro ore prima alla compagnia aerea e ordinate un pasto particolare: kosher, vegetariano, a basso contenuto di calorie, di sale o di grassi.
• Siete in aeroporto e sentite che il vostro volo subisce un forte ritardo o è stato cancellato.	Non ingrossate la fila di chi chiede informazioni o si lamenta. Tirate fuori il vostro fedele telefonino e chiamate la linea aerea per avere informazioni più precise o per prenotare un posto sul volo successivo: così facendo sarete in anticipo di qualche ora rispetto a quelli che aspettano in fila.
• Dovete prendere un volo interno, ma le code sono interminabili.	Andate al banco dei voli internazionali e gentilmente chiedete se potete fare il check in per una destinazione nazionale. Quasi sempre la risposta è sì.
• Siete reduci da un viaggio veramente terribile... e ancora non sapete che il vostro bagaglio è andato perso.	Non diventate matti, vendicatevi. Sbollite la rabbia pensando alla lettera che scriverete al responsabile relazioni esterne della linea aerea. Fatevi dare il nome telefonando al vostro vettore. Otterrete quasi sicuramente delle scuse, insieme a qualche miglio gratuito, a volte a un intero volo per due persone.

La rabbia da cubicolo

Che cos'è? Oggi, negli Stati Uniti, il 58 per cento degli impiegati della nazione lavora in cubicoli: minuscole stazioni di lavoro delimitate da tre o quattro sottilissime pareti divisorie. E a mano a mano che la dimensione dei cubicoli da lavoro diminuisce, la rabbia da cubicolo aumenta. In molte grandi aziende, persino il cubicolo viene rimpianto perché sostituito da spazi ancora più angusti denominati gusci.

Comportamento da rabbia da cubicolo	**Come affrontarla**
• La collega nel cubicolo accanto continua a sospirare e scambiarsi paroline dolci al telefono con il suo ragazzo e a sbattere contro la parete divisoria scivolando avanti e indietro sulla sua sedia girevole.	Dovete dire: « Senti, Sue, sono molto presa per questo progetto, come tutti del resto. Forse non te ne sei accorta, ma con la sedia sbatti contro la parete divisoria e questo m'innervosisce. Le pareti qui sono talmente sottili che sento ogni parola di quello che dici ». È sufficiente. Potete permettervi di essere generose e di non elencare tutti i comportamenti che trovate irritanti. La collega capirà l'antifona. Dopo un paio d'ore, sporgetevi nel suo cubicolo e ringraziatela per la sua comprensione.
• Lo spazio è talmente limitato da risultare opprimente, temete di mettervi a urlare.	Sfruttate tutta la pausa pranzo. Secondo un nuovo studio, solo il 17 per cento degli impiegati usa tutto l'intervallo del pranzo, che invece può rivelarsi l'ideale per sbollire la rabbia da cubicolo. Avete bisogno di dedicarvi un po' di tempo. E di uscire di lì. Cambiare ambiente anche solo per pochi minuti distoglie l'attenzione dalla scena lavorativa e aiuta a essere più produttivi e tranquilli al ritorno.
• Una collega non fa che chiedervi qualunque cosa in prestito. E non la smette più. Sbuca ogni momento per domandarvi una matita, una tazza per il caffè, un dischetto da computer, ecc.	Uno dei motivi per cui i cubicoli ci fanno infuriare tanto è che la nostra privacy viene perennemente violata. Non abbiamo uno spazio, degli strumenti e nemmeno un'atmosfera che possiamo considerare nostri. Perciò, diventiamo ipersensibili alle invasioni. Tentare non nuoce: investite qualche soldo nell'acquisto di una tazza da caffè (magari con sopra il

	nome della persona che v'infastidisce), di una confezione di dischetti o di una scatola di matite e consegnatela alla collega in questione dicendo: « Ti ho fatto un regalino, Sally. Spero che ti bastino per un po' ». Prestate molta attenzione alle parole che usate affinché non vengano interpretate come sarcastiche. Sorridete calorosamente e vedrete che capirà.

La rabbia da coda

Che cos'è? A prescindere dalla coda che scegliamo, l'altra si muove sempre più velocemente. E la collera aumenta perché ci sentiamo presi in trappola. Quando la fila allo sportello della banca è mortalmente lenta, quando qualcuno ci s'intrufola davanti alla cassa del cinema, quando una donna con un carrello pieno ci precede alla cassa veloce del supermercato, allora siamo candidati alla rabbia da coda.

Comportamento da rabbia da coda	**Come affrontarla**
• Qualcuno vi dice: « Ho una fretta terribile, le spiace se le passo davanti? Ho solo queste poche cose ».	Replicate sorridendo: « Sono sicura che lei ha molta fretta, ma ce l'ho anch'io. Cerchi di capire ».
• Ci sono troppi clienti e troppo poche casse aperte.	Chiedete di parlare al direttore del negozio o della banca e domandategli di aprirne altre. Quasi sempre sarete soddisfatti.
• Qualcuno s'intrufola nella coda (in aeroporto, al cinema, al supermercato).	Non fategliela passare liscia, ma permettetegli di salvare la faccia. Dite: « Forse non se n'è accorto, ma la fila comincia qui. Grazie per la sua comprensione ».

La rabbia da telefono

Che cos'è? La rabbia da telefono è il risultato dei fastidi dovuti al telefono, che ci innervosiscono e sono la rovina della società civile. Non si contano coloro i quali si lamentano per le offese ricevute da addetti alle vendite telefoniche, da chi usa il telefonino fuori luogo e dai menu vocali automatici.

Comportamento da rabbia da telefono	**Come affrontarla**
• Un irritante venditore telefonico vuole vendervi qualcosa a ogni costo.	Gentilmente, ma con fermezza, spiegate che le vendite telefoniche non v'interessano e che perciò state per mettere giù. « Spero che capisca. Mi rendo conto che il suo è un lavoro difficile. » Poi riagganciate.
• Chi vi ha chiamato per una colletta, vi fa sentire in colpa oltre che infastidirvi.	Dite: « Per quest'anno abbiamo già deciso come fare beneficenza, ma grazie ugualmente e buon lavoro ».
• State cercando di contattare una persona, o un reparto, telefonicamente. Vi risponde un menu automatico (prema il numero... se vuole...), ma nessuna delle indicazioni fornite vi è d'aiuto.	L'automazione sfrenata è fonte delle maggiori lamentele. Appena sentite il messaggio registrato, premete lo zero per parlare con l'operatore, ancora prima di sentire la litania delle scelte. Questo in genere vi consente di ottenere l'aiuto di un essere umano. Molte aziende non citano nemmeno questa possibilità perché preferiscono non incoraggiare l'uso di un operatore in carne e ossa, che chiaramente costa di più. *Oppure.* Quando la voce registrata dice: « Se state usando un telefono a disco, componete... », premete il numero annunciato anche se avete un telefono a tastiera. Così sarete messi in contatto con una persona cui esporre la vostra richiesta. Se tutto il resto fallisce, premete il numero corrispondente all'opzione che presumibilmente potrebbe farvi parlare con un essere umano. Poi tutto dipende dalla gentilezza di chi risponde. Dite: « Sto disperatamente cercando di parlare con il reparto radiologia. Può passarmelo lei direttamente o dirmi l'interno? » Un dato statistico poco conosciuto: il 12 per cento delle persone che riescono finalmente a parlare con

una persona in carne e ossa dicono di non ricordare più il motivo della chiamata.

- Qualcuno vi mette in attesa. Un'attesa che dura in eterno.

Prima di telefonare, prendete delle precauzioni: tenete un giornale a portata di mano, compilate la lista delle cose da fare, decidete chi invitare alla festa, svuotate la lavapiatti, meditate. A volte bisogna stare al loro gioco, ma almeno avrete sempre il controllo di quello che state facendo mentre aspettate. Così facendo vi arrabbierete di meno.

- I maleducati del telefonino. Il problema è talmente endemico da meritare ampio spazio in questa sede.

- Situazione. Un uomo d'affari ha scatenato l'ira di altri clienti al ristorante rifiutando di spegnere il cellulare. Ne è nata una rissa nella quale è stato bastonato a morte. « Parlava a voce altissima », ha commentato un testimone.
- Situazione. In un teatro di Broadway, lo spettacolo *Morte di un commesso viaggiatore* è stato interrotto per tre volte in una settimana dal suono dei cellulari. Infuriato, a un certo punto l'attore principale è uscito dal suo personaggio e si è rivolto al pubblico dicendo: « Spegnete quel dannato telefonino! »
- Situazione. La scorsa settimana il cellulare di una donna si è messo a suonare a un funerale. Lei ha risposto e ha continuato a parlare per tutto il servizio funebre!

Bastonare a morte qualcuno mi pare una reazione un po' esagerata, ma non tutti saranno del mio avviso. La rabbia da telefonino sta prendendo il sopravvento nel mondo. Quando ci sentiamo in trappola – costretti ad ascoltare il tizio che in treno fa una telefonata dopo l'altra mentre noi vorremmo leggere, quando la nostra cena viene

disturbata dallo strumento da cui siamo fuggiti uscendo dall'ufficio – arriviamo a pensare che le bastonate siano una reazione ragionevole.
Ma non è così. Ecco cosa fare: non fissate chi sta telefonando lanciando occhiate di disapprovazione, come invece molti fanno. Se qualcuno fa o riceve troppe telefonate in un luogo pubblico come al ristorante, in autobus, al cinema o in biblioteca, dite: « Vedo che è una persona molto indaffarata, ma le sarei grato se spegnesse il telefonino e lo usasse altrove, dove non disturba il mio pasto (la mia privacy, la mia lettura ecc.) ». Terminate sempre la vostra richiesta con un sincero grazie. Se la persona rifiuta, avete tutto il diritto di chiedere l'intervento di un responsabile del locale in cui vi trovate. Molti di quelli che usano il telefonino, che ci crediate o no, non si rendono conto che non è necessario urlare nel microfono. Dite: « Scusi, le dispiace abbassare la voce? »

- E se è il vostro telefono a squillare?

In sostanza: nei luoghi pubblici come ristoranti e teatri, a meno che non siate un medico di fronte a un'emergenza, la buona educazione prevede che il telefono venga spento. Se siete un medico, è decisamente più appropriato attivare la suoneria a vibrazione o portare un cercapersone in modo da non arrecare disturbo agli altri – e rispondere alla chiamata all'esterno. Se vi trovate nella sala d'attesa di un aeroporto o su un mezzo pubblico, limitate le telefonate a tre minuti e parlate a bassa voce per non attirarvi la collera dei vicini.
La questione infiamma talmente gli animi che in commercio si trovano già dispositivi in grado di disabilitare i cellulari per mezzo di

segnali radio che bloccano le comunicazioni tra l'apparecchio e il ripetitore. La collera degli impotenti ascoltatori potrebbe incoraggiare ristoranti e teatri a installarli.

La rabbia da ristorante

Che cos'è? Ci infuriamo quando la cena, che abbiamo tanto atteso come un piacere, diventa una lotta per avere un servizio cortese e del buon cibo. Ci arrabbiamo quando camerieri autoritari o scioccamente amichevoli ci tolgono il piacere di mangiare fuori.

Comportamento da rabbia da ristorante	**Come affrontarla**
• Non viene tenuto conto della prenotazione.	Per evitare problemi, confermate telefonicamente la prenotazione. Se anche così non vi tengono il tavolo, vuol dire che il servizio è pessimo. In questo caso, potete dire al maître che scriverete una lettera al direttore di un importante quotidiano spiegando l'accaduto e che avreste apprezzato molto se avessero cercato di sistemarvi ugualmente. La cattiva pubblicità suona come un anatema per i ristoranti. Vedrete che salterà fuori un buon tavolo.
• Non siete soddisfatti del cibo che vi viene servito.	Ci arrabbiamo sempre con noi stessi quando mangiamo qualcosa che non ci va solo per non « fare storie ». Bene, non fate storie, ma dite tranquillamente ed educatamente al cameriere: « Senta, mi dispiace, perché non vedevo l'ora di gustarmi questo bel piatto, ma adesso che è arrivato è freddo ». Spiegate chiaramente al cameriere qual è la vostra lamentela e chiedete che sostituisca il piatto. Il cuoco non ne rimarrà scioccato: sono cose che succedono tutti i giorni.

- Vi sistemano a un tavolo vicino alla cucina, al bagno o in un altro punto poco piacevole quando ci sono altri tavoli liberi.

Dite: « Preferirei un tavolo migliore, magari quello, o quell'altro ». Se vi dicono che sono riservati, domandate tra quanto se ne libererà uno soddisfacente. Insistendo con fermezza ma gentilmente, chiarite quali sono le vostre esigenze. In genere otterrete il tavolo che volete se siete disposti ad attendere qualche minuto. In caso contrario, vi resta ancora una scelta: rimanere o andarvene. L'unica scelta insostenibile è preoccuparsi, arrabbiarsi e odiare l'esperienza.

- Mai visto un servizio peggiore! A seguito di una vostra richiesta il cameriere non vi porta il pane o l'acqua. Vi porta un vino di qualità inferiore rispetto a quello che avete ordinato. Forse pensa che due donne sole siano per forza delle sprovvedute. È lento, a volte arrogante e altre volte distante.

Intervenite immediatamente per risolvere il problema. Con estrema cortesia, ditegli: « O lei è molto occupato o è reduce da una giornata pesante. Solo così si spiega perché ci ignora ». Poi specificate le vostre lamentele. Se il resto del pasto non procede meglio, non lasciate nessuna mancia. Così attirerete la sua attenzione.

La rabbia da bar

Che cos'è? Sebbene si supponga che i bar e i caffè siano luoghi piacevoli dove gustare una bevanda e fare due chiacchiere, in realtà possono essere fonti di collera montante. Forse perché non vi sono regole, forse perché sono attività dove il servizio è ridotto, troppe persone ne escono con i nervi tesi anziché col sorriso sulle labbra.

Comportamento da rabbia da bar

- Qualcuno fa la guardia a una tazza di caffè ormai vuota e si fa i fatti propri mentre voi aspettate che si liberi un tavolo.

Come affrontarla

Se la persona in questione sta scrivendo una lettera o facendo i compiti in un caffè affollato, o non si è accorta della vostra presenza o semplicemente non sa che i bar non sono estensioni della scuola o dell'ufficio, in tal caso, parlatele direttamente dicendo: « Vorrei bere una tazza di caffè in santa pace ma non ci sono altri tavoli liberi. Userà questo ancora per molto? » In questo modo l'avete avvertita ed è probabile che in breve sgomberi il campo. Non è detto che dobbiate piacere a tutti.

La rabbia da palestra

Che cos'è? Tutti ormai pensano a tenersi in allenamento fisico e la palestra (o la piscina) è un posto particolarmente intimo. Chi la frequenta non indossa pressoché niente, suda e soffre insieme agli altri e l'atmosfera è la più adatta per covare rabbia e risentimenti vari.

Comportamento da rabbia da palestra (piscina)

- Una nuotatrice vi sferra violentemente un calcio mentre vi sorpassa nella vostra corsia.

Come affrontarla

Non conosce le regole, o se ne infischia. Avrebbe dovuto toccarvi delicatamente un piede per manifestare le sue intenzioni. Informate il bagnino, che dovrebbe segnarla sul suo « libro nero »: dopo un certo numero d'infrazioni sarebbe opportuno che la direzione la allontanasse dalla piscina.

Comportamento da rabbia da palestra (piscina)

- La donna che si allena al vostro fianco lascia le manopole della cyclette bagnate di sudore.
- Il tizio che vi sta accanto, al termine del suo esercizio non mette a posto i pesi e voi non riuscite nemmeno a sollevarli.
- Il vostro vicino di armadietto monopolizza la pedana mobile.
- Qualcuno sulla pedana mobile guarda la tv o ascolta la radio a volume talmente alto che vorreste morire.

Come affrontarla

Le reazioni proposte valgono per *tutti* i comportamenti indicati qui a sinistra: ogni palestra che si rispetti ha delle regole. Se la direzione non ha esposto cartelli come questo che segue, chiedete gentilmente che provveda a farlo. In caso di rifiuto, passate all'azione: organizzate una petizione firmata dai vari soci in cui paventate la minaccia di non rinnovare l'iscrizione nel caso in cui non vengano fatte rispettare precise norme:

- si prega di asciugare il sudore dalle macchine al termine degli esercizi;
- si prega di rimettere a posto i pesi dopo l'uso;

- si prega di non usare la pedana mobile per più di trenta minuti se qualcuno sta aspettando;
- si prega di usare gli auricolari per ascoltare la tv e la radio.

E se qualcuno non presta attenzione ai cartelli? In genere la gente si comporta in maniera ragionevole. Dite: « Evidentemente questa macchina è molto gettonata, ma so che ci sono dei limiti di utilizzo (indicate il cartello). Mi può dire quando pensa che finirà, così subentro io? Grazie ».

Un pericolo in agguato

Perché è così importante? Perché dovremmo preoccuparci di risolvere i conflitti quando sono gli altri a renderci furiosi? Perché non limitarsi a cambiare strada?

Come già detto, è opportuno tirarsi indietro di fronte a situazioni isolate nelle quali sconosciuti ostili possono rappresentare un effettivo pericolo per il nostro benessere. Tuttavia, nel caso dei rapporti interpersonali con persone conosciute, un conflitto irrisolto può premere un vostro tasto dolente e farvi arrabbiare. Farvi arrabbiare molto. Ma può anche provocare qualcosa di peggio.

Può farvi ammalare, e gravemente.

3

TASTI DOLENTI: PERICOLI PER LA SALUTE!

Quando i miei tasti dolenti vengono premuti, io mi arrabbio. Proprio così... mi arrabbio... e parecchio. Non proprio da morire. Be', forse non subito. Ma se vi fate prendere dalla rabbia e dalla frustrazione regolarmente – diciamo da due a quattro volte o più alla settimana – ci sono buone probabilità che finiate con l'ammalarvi. E non sto esagerando.

Combatti o fuggi

La reazione naturale che ha aiutato l'uomo primitivo a sopravvivere allo stress – la *sindrome combatti o fuggi* – può danneggiarci notevolmente in tempi più moderni. Quando i tasti dolenti dei nostri antenati venivano schiacciati e loro dovevano difendersi o fuggire per salvarsi, ormoni quali l'adrenalina e il cortisolo, che preparano il corpo a reagire allo stress, venivano rilasciati nel sangue per fornire la carica di energia necessaria. I corpi si predisponevano ad affrontare la sfida (battersi) o raccoglievano le forze per allontanarsi dal pericolo (fuggire). Il meccanismo funzionava a meraviglia nel caso del cavernicolo inseguito da un cinghiale selvatico, ma oggigiorno questi animali non costituiscono certamente più il nostro principale problema. È la rabbia più che la paura a mettere in circolo quegli ormoni, la stessa rabbia che è in grado di distruggere la nostra salute.

Poiché ai nostri tempi i livelli di stress tendono a rimanere quasi costantemente elevati e la reazione combatti o fuggi scatta ogni volta che i tasti dolenti vengono toccati, quanto più spesso questi sono attivati tanto maggiore sarà il problema cui andiamo incontro. « Mi farai ammalare », ci diceva la mamma ogni volta che la facevamo arrabbiare. Ebbene, ci si ammala veramente a causa dei tasti dolenti.

Ma cosa vuol dire stare male dalla collera? Cercate di ricordare l'ultima volta che vostro marito, vostro figlio o una commessa sgarbata ha toccato un vostro tasto dolente:

- avete avuto le palpitazioni?
- vi si è stretto lo stomaco?
- avete sentito un sapore amaro in bocca?
- i muscoli si sono irrigiditi?
- siete diventati tutti rossi in viso?
- avevate le mani fredde e sudate?
- vi è scoppiato il mal di testa o il mal di schiena subito dopo – o vi sono venuti i brufoli o un'eruzione cutanea?

Se avete risposto affermativamente a qualcuna di queste domande, significa che il vostro corpo reagiva allo stress causato dall'arrabbiatura. E questo è esattamente il tipo di stress che nuoce alla salute.

Corpo e spirito

« Il corpo e lo spirito sono gemelli », ha scritto il poeta Algernon Swinburne. Quello che avviene nella mente e nello spirito si trasmette anche allo stomaco e al cuore, credetemi. Esattamente che cosa succede nel vostro organismo quando un perfetto sconosciuto vi fa un brutto gesto superandovi azzardatamente in autostrada?

Il battito cardiaco aumenta e la pressione sale, a volte addirittura ai suoi massimi livelli. Un studio recente, condotto dalla Ochsner Clinic di New Orleans, riporta che elevati livelli di ostilità erano presenti in numerose vittime di attacco cardiaco e che questi pazienti ostili avevano inoltre livelli superiori al normale di peso corporeo, colesterolo, ansia e depressione. Un certo numero di maleducati che vi fanno un brutto gesto è sufficiente a causarvi una bella cardiopatia, malattia che miete una vittima ogni venti secondi. Ma a quanto ne sappiamo, non sono solo gli estranei a farci infuriare.

Discutere con il partner che rispettiamo o con un parente che amiamo, ma che sanno esattamente dov'è situato il nostro punto più debole, è il modo più comune e sicuro di subire un rialzo di pressione. Amiamo i nostri figli, ma nessuno riesce a farci infuriare più di loro. Questi specifici tasti, una volta premuti, riescono sempre ad accelerare in maniera anomala il battito cardiaco.

Ricerche su larga scala hanno inoltre dimostrato che anche l'ambiente di lavoro può danneggiare la salute. Lo stress derivante dai conflitti sul lavoro spesso produce raffreddori e tossi e persino problemi alla muscolatura e alle ossa.

Quando un tasto dolente viene premuto, il corpo diviene immediatamente teso, rigido, sovraffaticato. Il cervello legge la parola RABBIA scritta a lettere di fuoco. A mano a mano che provate questa collera, il sangue, che trasporta ossigeno e sostanze nutritive, viene dirottato su organi quali il cervello e i muscoli, che ora necessitano di più energia per funzionare a causa dello stress prodotto dall'arrabbiatura. Poiché allo stomaco e alla pelle arriva una quantità minore di sangue, il primo sembra annodarsi su se stesso e la seconda si riempie di sfoghi. Lo stress indotto da sensazioni di rabbia impotente può influire negativamente anche su memoria, creatività e addirittura qualità del sonno. Lo stress aumenta il ritmo della respirazione – tutti sanno che più si è arrabbiati, più si respira affannosamente.

Anche il sistema immunitario – e la sensibilità alle malattie infettive – spesso viene compromesso. Ieri qualcuno vi ha fatto uscire dai gangheri e oggi avete cominciato a starnutire? Non stupitevi. Gli esperti ci dicono che durante episodi di rabbia stressante, le infezioni batteriche aumentano e diventiamo più esposti a infezioni virali delle vie respiratorie superiori come l'influenza.

I conflitti matrimoniali fanno ben più che ferire i sentimenti e spezzare metaforicamente i cuori. Infatti restringono i vasi sanguigni e favoriscono l'ipertensione, l'aterosclerosi e le cardio-coronaropatie acute, secondo studi recenti. E qui salta fuori il killer: via via che le coppie manifestano comportamenti conflittuali negativi – inclusi il sarcasmo, la disapprovazione, il malanimo e il rigetto – i livelli degli agenti immunitari che tengono a bada virus e tumori si abbassano drasticamente.

Non potrebbe darsi che a essere tanto micidiale non sia la rabbia in sé ma il modo in cui la esterniamo durante i conflitti?

Nelle donne, la fragilità ossea è una conseguenza comune della collera stressante perché arrabbiature e depressioni possono effettivamente diminuire la percentuale di minerali presenti nello scheletro. E parlando di depressione, la grande maggioranza di questi disturbi oggi è causata dalla rabbia rivolta verso l'interno, verso se stessi, dalla collera scatenata quotidianamente dalla pressione dei tasti dolenti.

I tasti dolenti, oltre a peggiorare lo stato di salute, possono addirittura influire negativamente sulla vita sessuale: provate a comportavi appassionatamente quando invece siete infuriati.

Infine, i tasti dolenti una volta premuti possono danneggiare il corpo direttamente, ma anche innescare comportamenti dannosi alla salute quali l'abuso di alcol e droghe. Se proprio non c'è verso di sciogliere la rabbia o la tensione che state esprimendo o soffocando, perché non provare con un bicchiere, una pillola, una sigaretta? E perché non due o anche tre?

Dunque, sarebbe opportuno contenere la collera, giusto? Non dovremmo reagire quando gli altri schiacciano i nostri tasti, vero? Niente di più sbagliato. La ricerca indica che sia «chi esprime sia chi soffoca a livelli estremi la collera» ha maggiori probabilità di sviluppare problemi di salute di chi impara a dare moderatamente sfogo ai propri sentimenti. Il modo in cui non esterniamo la nostra collera può danneggiarci: la rabbia inespressa accresce enormemente le probabilità di contrarre cardiopatie perché la collera fa innalzare la pressione sanguigna.

Nel prossimo capitolo, cominceremo a vedere come disattivare i tasti dolenti ed esprimere i sentimenti in maniera accettabile per gli altri ma anche soddisfacente per noi stessi, al fine di preservare sia la sanità mentale che la salute. A questo punto, dovete porvi le seguenti domande: sto per ammalarmi a causa della collera? La mia salute è facilmente minacciata dai tasti dolenti? Provate a fare l'esercizio di autovalutazione che segue per stabilire fino a che punto i vostri tasti dolenti affiorino in superficie.

Valutate ogni esperienza su una scala da 1 a 5, come indicato. Poi confrontate i risultati con i dati presentati nel paragrafo seguente.

SIETE ESPOSTI AI TASTI DOLENTI? UN ESERCIZIO

Ecco quello che provo:

QUASI MAI	RARAMENTE	A VOLTE	PIUTTOSTO SPESSO	SEMPRE
0-1	2	3	4	5

Durante la giornata

Quando riattacco il telefono, provo frustrazione ___
Per strada, nei negozi, alle feste mi dà fastidio interagire con gli sconosciuti ___
La mia famiglia non mi capisce ___
Mi scopro sul punto di piangere ___
Sul lavoro i colleghi sono gelosi di me ___
Mi sembra di non potermi esprimere senza che qualcuno si arrabbi con me ___
Impotenza o frustrazione, ecco cosa provo ___
Ho paura ___
Niente sembra più funzionare ___
Gli altri dicono che sono ipersensibile ___
Ho la sensazione di essere aggredito ___
La gente mi accusa di cose di cui non ho colpa ___
Quelli che mi circondano non si curano di me ___
La gente cerca di sfruttami ___

Accuso questi sintomi fisici

Vivo nell'ansia ___
Il cuore mi batte troppo velocemente ___
Anche quando non sto facendo sforzi, comincio a iperventilare e a respirare affannosamente ___
Ho lo stomaco annodato ___
Prendo regolarmente dei calmanti ___
Ho mal di schiena ___
Mi mancano le forze ___
Mi vengono i crampi ___
Ho spesso gas intestinali ___
Soffro di stitichezza o di emorroidi ___
Il mio medico dice che ho un problema cardiaco ___
Mi capitano spesso incidenti ___
Soffro di emicrania ___
Ho eruzioni cutanee ___
Ho un «groppo» alla gola ___

Ho notato che

Mi mangio le unghie ___
Mi viene voglia di fare del male a quelli che mi fanno arrabbiare (ma naturalmente non lo faccio) ___

Faccio *veramente* del male a quelli che mi fanno arrabbiare ___
Non riesco a dormire ___
Non sono dell'umore giusto per fare sesso ___
Mi trovo a reagire urlando quando qualcuno mi dà una lavata di capo ___
Bevo, fumo o assumo farmaci ___
La memoria mi fa qualche scherzo ___
Perdo la calma ___
In preda alla frustrazione, indulgo in azioni ripetitive (picchiettare col piede sul pavimento o con le dita su qualsiasi superficie) ___
Mi viene da piangere ___
Sospiro ___
Digrigno i denti ___
La gente è così stupida ___
Mi scopro a stringere i pugni ___
La gente è così irrispettosa ___
Litigo con chi mi sta vicino ___
La gente vuole cambiarmi ___
Immagino di commettere un omicidio ___
Non c'è nessuno che non mi dia sui nervi ___
Sono arrabbiato, molto arrabbiato ___

Ora sommate tutti i punteggi assegnati alle varie domande.

Avete totalizzato da 170 a 249 punti?

Siete particolarmente esposti ai tasti dolenti, che nel vostro caso sono in agguato proprio sotto la superficie e pulsano in attesa che qualcuno li prema. Siete enormemente vulnerabili e pronti a essere insultati o criticati e troppo spesso vi scoprite tremanti di rabbia; il che pone in serio pericolo la vostra salute fisica, ma anche quella emotiva viene intaccata dalla collera che provate davanti a persone che non vi capiscono o non vi rispettano.

Dovete sfuggire al conflitto che minaccia di farvi ammalare. Il punteggio che avete totalizzato vi suggerisce d'imparare a disattivare i vostri tasti dolenti e a incanalare altrove l'energia negativa che producete quando qualcuno fa o dice qualcosa che vi fa infuriare. Anziché diventare ostili, aggressivi o mettervi sulla difensiva, potete deviare la collera e usarne l'energia per risolvere il conflitto.

Questo punteggio rientra nella zona di pericolo e dovrebbe dunque costituire un segnale d'avvertimento. La vostra salute è minacciata dai vostri tasti dolenti.

Avete totalizzato da 90 a 169 punti?

Siete parzialmente esposti ai tasti dolenti: diciamo che siete al limite. Potete facilmente imparare come spegnerli, ma

- ora come ora, trovate ancora difficile accettare critiche,
- spesso avete difficoltà a evitare che una discussione non sfoci in un litigio,
- passate troppo tempo a pensare a quello che avreste potuto dire o fare. Giusto?

Dunque nella vostra vita vi sono ancora troppi confronti irritanti che assorbono gran parte del vostro prezioso tempo, oltre che farvi venire mal di stomaco e di testa. Non fatevi del male da soli, non lasciate che questi nervi scoperti danneggino la vostra salute. Imparate invece a gestire conversazioni e rapporti difficili. Continuate a leggere.

Avete totalizzato da 40 a 89 punti?

Un risultato niente male. La vostra salute non è direttamente minacciata dalla eventuale pressione dei tasti dolenti perché siete abbastanza bravi a chiarire i malintesi. Se mai in passato vi siete sentiti impotenti, sofferenti o depressi perché qualcuno aveva premuto i vostri tasti dolenti, adesso non vi capita più. Tuttavia, avete ancora del lavoro da fare e lo sentite. Sfortunatamente, c'è ancora qualcuno che sa come farvi uscire dai gangheri, vi capita ancora di scattare più facilmente di quanto vorreste e sembrate irritare gli altri più di quanto intendiate fare. Le buone notizie? La vostra salute non è realmente a rischio. Ma continuate a leggere per diventare ancora più esperti nel disinnescare i vostri e gli altrui tasti dolenti.

Avete totalizzato meno di 40 punti?

Non siete esposti ai tasti dolenti. In effetti, avreste potuto scriverlo voi questo libro. I conflitti quotidiani nella vostra vita in genere vengono risolti prima che abbiano la possibilità di nuocere alla vostra salute. Sapete come esprimere i vostri sentimenti e le vostre esigenze in modo da non minacciare gli altri e nemmeno la vostra idea di benessere. Infatti, la vostra calma spesso aiuta gli esagitati cronici a trovare un po' di tranquillità nelle loro vite.

Ma avete risposto sinceramente? Siete sicuri che le vostre risposte rispecchino fedelmente i vostri sentimenti più profondi? Questo punteggio è fin troppo bello per essere vero.

Ascoltare ciò che non viene detto

Cominciamo a vedere in che modo i tasti dolenti sono collegati alla salute. La gente che non ci apprezza o che nemmeno si rende conto della nostra esistenza può disturbare il nostro equilibrio, ma anche noi possiamo premere i tasti dolenti delle persone che amiamo veramente e danneggiare la loro salute, sebbene sia l'ultima cosa che vorremmo fare. Non è necessario che sia un nemico o uno sconosciuto a scatenare in noi una collera violenta: ci riesce anche nostra figlia, nostro marito o la nostra migliore amica. Non a caso, il tipico esempio di pressione di un tasto dolente si manifesta quando nessuno è cattivo e vuole fare del male agli altri. È un fatto della vita.

Adesso voglio che leggiate il caso di Anne Coren, divorziata e dirigente del marketing in una società di telecomunicazioni, e di Karen, sua figlia quindicenne, e che pensiate a come disinnescare i loro tasti dolenti.

Ascoltami, anche se non sto parlando!

Quando vogliamo bene a un'altra persona, dobbiamo ascoltare anche ciò che non viene detto.

ANNE: Ieri a scuola ho visto la tua insegnante d'inglese e abbiamo parlato di te. Mi ha detto che ti lamenti per l'asma e che vai spesso in infermeria perché hai mal di testa. Mi ha detto anche che il tuo rendimento scolastico è alquanto scarso. Io le ho spiegato che non si deve preoccupare, che stai bene. Ma non è così, vero? Pensavo che ti andasse tutto bene. Perché non mi hai parlato dei tuoi problemi scolastici e non mi hai detto che ti senti così male?

KAREN (infuriata e ad alta voce): Proprio non mi piace che tu parli di me con la mia insegnante quando io non sono presente, e non ho certo tempo da perdere a pensare a sciocchezze come quanti mal di testa ho alla settimana. E comunque – anche se è inutile che te lo dica – qualcun altro avrebbe notato che sua figlia fa fatica a respirare per via dell'asma. Che razza di madre sei? Senti, non interferire nella mia vita: è meglio.

ANNE: Adesso calmati. Cosa gridi a fare? Non sono affatto sciocchezze e non si tratta solo della tua vita. Sono tua madre e ho il diritto di sapere se ti senti male. Ma Karen, io non ti ho mai vista respirare a fatica. Tu, piuttosto, hai mai notato qualcosa di me, come il fatto che mi faccio in quattro per te? Ti preoccupi forse di tua madre tanto da pensare alla mia ulcera e a come potrebbe aggravarsi secondo quanto ha detto il medico? E del tuo rendimento cosa mi dici? Io davo per scontato che andassi bene a scuola, visto che non avevo notizie contrarie. Ascolta, cara, cerca di calmarti e smettiamola di discutere. Ti aiuterò. Vedrai che, dopo aver fatto colazione, ci sentiremo meglio tutte e due.

KAREN: Non voglio le tue moine e non dirmi di calmarmi! Io non starò meglio dopo colazione e tu non troverai il tempo di aiutarmi con i miei problemi: sei sempre lì che ti lamenti di quanto sei stressata.

ANNE: Questo è un colpo basso. Non troviamo forse il tempo per parlare insieme? Non credi che una mamma debba preoccuparsi della salute della sua bambina?

KAREN: Non sono una bambina. So perfettamente quando devo preoccuparmi della mia salute. È vero, dopo cena parliamo per una ventina di minuti, ma ogni volta tu sei distratta e non fai che sbirciare l'orologio, non pensi che a finire al più presto. Sai una cosa? Le odio queste nostre chiacchierate.

ANNE: Sei ingiusta a dire questo! Sei tu che cerchi ogni occasione per criticarmi. Sei sempre così permalosa, anche quando faccio di tutto per compiacerti... Perché devi essere così sgradevole?

KAREN (sbattendosi alle spalle la porta di camera sua): Lascia perdere. Voglio stare sola. Resta fuori dalla mia vita.

ANALISI

Che cosa è accaduto in questo caso

La madre di Karen sembra sempre distante e distratta e la figlia sente di essere all'ultimo posto nella sua lista delle priorità. Karen, nascondendo il fatto di non essere la brava studentessa che la madre pensa che sia, è stata colpita sul suo tasto dolente: si è sentita tradita dalla madre perché ha parlato con l'insegnante d'inglese a sua insaputa. Inoltre si sente abbandonata perché la madre non ha nemmeno notato le sue difficoltà respiratorie. I suoi tasti dolenti sono stati premuti a fondo dal modo in cui Anne sembra evitare i problemi. Infatti, lo stress di Karen è talmente alto da mettere in pericolo la sua salute. La ragazza esprime la propria angoscia esplodendo. E un carattere reattivo come il suo è un vero problema per chi, come Anne, preferisce evitare il confronto.

Dal canto suo, Karen preme il tasto dolente della madre perché la costringe ad affrontare argomenti sgradevoli – ecco il motivo per cui Anne prende sottogamba i mal di testa della figlia (con una buona colazione passa tutto). La malattia terrorizza Anne, che vuole solo allontanarla. Il tasto dolente di Anne è stato premuto anche perché la ragazza non ha mai fatto caso ai suoi malesseri. Anne finge che i problemi della figlia non esistano. La prima volta che si è resa conto dell'esistenza di un problema è stato quando l'insegnante, senza mezzi termini, l'ha messa di fronte al fatto che Karen si sente male e prende dei brutti voti. Nulla di tutto questo è mai stato detto tra madre e figlia.

Che fare?

Ascoltare quello che l'altra ha da dire o, meglio, ascoltare ciò che non viene detto. Entrambe devono riconoscere e moderare i differenti modi in cui ciascuna di loro esprime il dolore di essere ferita. Per cominciare, Karen deve limitare gli scatti perché fanno imbestialire la madre, la quale fa di tutto per non reagire. Anne deve affrontare determinate questioni, perché evitandole non farebbe che aumentare lo stress e peggiorare le condizioni di salute della figlia, che invece reagisce fin troppo.

Sia la madre sia la figlia hanno premuto i tasti dolenti dell'altra, ma il passo più difficile tocca ad Anne: è lei che deve fare la prima mossa perché tra le due è lei la persona adulta. Naturalmente, Anne si sente ferita perché ama veramente e profondamente la figlia, ma si sente anche arrabbiata perché è stata fraintesa. Ciò nonostante, è Anne che deve usare la Formula dei Cinque Passi per risolvere il conflitto con la figlia. E così fa.

La Formula dei Cinque Passi all'opera

PASSO 1. OSSERVARE L'AZIONE

Anne dice a se stessa: « Non reagirò agli scatti di Karen. Non intendo nemmeno peggiorare la situazione mettendomi sulla difensiva. Prima di tutto, ho bisogno di guardare cosa sta succedendo, d'immaginarci su un palcoscenico come se io fossi il pubblico. È necessario che possa prendere fiato e che osservi la scena dall'esterno per un momento.

« Che cosa vedo? Una porta chiusa furiosamente, dietro la quale c'è una ragazzina che sembra arrabbiata da molto tempo. Ce l'ha con me. Pensa che io parli alle sue spalle. Crede che io non sia qui per lei. Dice che mi vuole fuori dalla sua vita, ma io non ci credo. »

PASSO 2. CONFERMARE

Anne bussa alla porta di Karen e quando questa viene socchiusa dice: « Karen, ho capito che sei molto arrabbiata. Sono pronta ad ascoltarti. Forse pensi che sono un'ipocrita, ma so che è venuto il momento di sapere cos'è che ti infastidisce. Sono pronta a mettere da parte il mio lavoro e qualsiasi altro pensiero della mia vita per ascoltarti, perché hai diritto di essere ascoltata. So che hai un sacco di motivi per essere arrabbiata con me, e voglio sapere quali sono. Voglio scoprire cosa c'è dietro questa tua rabbia. Capisco che devo fidarmi di più del tuo giudizio. Continuo a pensare a te come alla mia piccolina ma sbaglio, ormai sei quasi una donna ».

PASSO 3. OTTENERE MAGGIORI INFORMAZIONI (CON DOMANDE APERTE)

ANNE: Quando parliamo, che cosa faccio che ti infastidisce?

KAREN: Tanto per cominciare, da come ti comporti si capisce che non mi stai ascoltando. Continui a guardare l'orologio come se non vedessi l'ora di scappare via e mi chiedi di ripetere delle cose che ti ho appena detto.

ANNE: E questo che effetto ti fa?

KAREN: Mi fa venire voglia di sbattere le porte! Ti odio veramente quando non mi presti attenzione o fai la condiscendente. Mi fai sentire come se ti dessi fastidio.

ANNE: Dev'essere una sensazione terribile, davvero terribile. E in che modo pensi che influisca su di te?

KAREN: Tu cosa accidenti credi? Mi sveglio al mattino che ho mal di testa e non riesco a respirare. E tu non te ne sei nemmeno accorta perché sei sempre fuori per le tue riunioni; fai sempre finta che sia tutto a posto. Be', non è così. E sai un'altra cosa? Credo che non ce la farò nemmeno a scuola.

Nota. Anne e Karen continuano su questo tono, con Anne che pone domande aperte per cogliere il punto di vista della figlia. Così facendo mostra di accettare e tenere in considerazione la prospettiva di Karen. Qualunque cosa Karen dica, Anne mostra la propria comprensione e non difende mai il proprio punto di vista, per ora.

PASSO 4. SOSTENERE I PROPRI INTERESSI E LE PROPRIE ESIGENZE

ANNE: Significa molto per me vedere che ti confidi. Voglio ripristinare i buoni rapporti e starti vicina. Adesso posso dirti quello che ho io nel cuore? (Karen annuisce.)

Innanzitutto ho bisogno che tu non ti rivolti contro di me urlando così forte: mi fa sentire impotente e mi fa impazzire. Mi dispiace che gli impegni di lavoro abbiano interferito nel nostro rapporto, ma devo lavorare se vogliamo tirare avanti. Voglio che questo tu lo capisca. Poi devi dirmi quando non ti senti bene, così possiamo trovare il modo di aiutarti. È stato imbarazzante venire a sapere dalla tua insegnante cose su mia figlia che io non sapevo. Perciò tienimi al corrente.

Dal canto mio, da questo momento comincerò a considerarti una persona adulta. E cambierò anche il mio modo di rapportarmi quando siamo insieme. Mi concentrerò di più su di te, te lo prometto.

KAREN: Giusto, meno male che ci sei arrivata. Quanto tempo è che cerco di farti capire che non sono più una bambina piccola? Ed è chiaro che capisco che hai delle responsabilità legate al lavoro. Pensi che non lo sappia? Ma se quando sei con me, ci sei veramente, allora mi sento meglio.

Nota. Ora è Anne che fa affidamento sul punto di vista di Karen con l'espressione delle proprie necessità affinché i bisogni di entrambe diventino un obiettivo comune. E comincia a funzionare. Karen ha socchiuso la propria porta. Per ora è abbastanza, poi l'aprirà di più.

Questo approccio salvaguarderà la salute di entrambe.

PASSO 5. TROVARE UN PUNTO D'INTESA PER ARRIVARE A UNA SOLUZIONE

ANNE: Sembra che dobbiamo tutte e due rispettare maggiormente il giudizio dell'altra e condividere gli aspetti che ci infastidiscono.

KAREN: Questa è la prima volta da secoli che mi ascolti veramente – e che mi lasci finire di parlare. L'altra settimana, quando ti ho detto che mi sentivo uno schifo, mi hai detto che mi sarei sentita meglio dopo una buona colazione.

ANNE: Sono stata arrogante, lo ammetto. Ma cosa ne dici di scendere nel particolare, adesso. Esattamente, cosa vuoi che faccia?

KAREN: Be'... la nostra stupida chiacchierata serale per me non serve a niente. Mi piacerebbe di più passare un pomeriggio con te a fare compere o ad andare semplicemente in giro. Facciamo qualcosa insieme invece di metterci a parlare a un orario stabilito. Penso proprio che potremmo condividere di più in questo modo. E a me piacerebbe passare del tempo con te.

ANNE: Perfetto, ci sto. Cosa ne dici di sabato? E adesso ascolta quello che piacerebbe a me: la promessa che quando non stai bene o hai dei problemi a scuola sarò la prima a saperlo. No, aspetta, la prima forse no. Diciamo la terza. E se non te la senti di parlare, puoi scrivermi un biglietto e infilarlo sotto la mia porta. In ogni caso, ho bisogno che tu non mi escluda dalla tua vita.

KAREN: Cercherò di farlo.

La Formula dei Cinque Passi funziona. Potrebbe non essere perfetta. Può darsi che dobbiate modificarla per adeguarla alla vostra specifica situazione, ma vi assicuro che è un approccio dall'efficacia veramente universale per risolvere i conflitti.

Presupposti sbagliati

Un altro modo per spegnere i tasti dolenti consiste nell'essere consapevoli del fatto che la maggior parte di noi dà eccessivamente per scontato di conoscere le ragioni degli altri – e che i nostri presupposti spesso sono completamente sbagliati. Il genere di stress che ci può fare ammalare facilmente ci aggredisce quando gli altri ci attribuiscono sentimenti che in realtà sono falsi. I presupposti sono convinzioni che diamo per scontate. Ma le convinzioni altrui non sempre sono come noi presumiamo che siano. E quando si fanno dei presupposti sbagliati è garantito che si premono anche dei tasti dolenti.

Ascoltate a questo proposito la storia di Alan e Kristina. Alan e Kristina sono sposati da tre anni. Kristina ha iniziato un'attività in proprio allestendo il suo ufficio in casa. All'inizio Alan le ha fornito utili consigli su come ridurre i costi grazie all'impiego dei computer e dei sistemi di telecomunicazione, ma ultimamente sembra riluttante a lasciarsi coinvolgere dai problemi di lavoro della moglie.

Alan sta tornando a casa dall'ufficio.

Lui pensa	**Lei pensa**
Vorrei che la smettesse di scocciarmi continuamente con i problemi del computer. Scommetto che è già in agguato dietro alla porta per chiedermi consiglio su qualcosa, mentre io sono sfinito.	Ogni volta che gli chiedo qualcosa sul computer mi aggredisce. Tutte le volte che uso lo scanner mi viene mal di testa perché lui m'innervosisce.
Lui dice	**Lei dice**
Per fortuna ho trovato da sedere in treno. Sono veramente distrutto. Che cosa c'è per cena, tesoro?	Lo scanner oggi mi ha dato dei problemi. Per cena? Quell'avanzo di pollo di ieri.
No, ancora pollo! Non mi va più di mangiarlo. E comincio ad averne abbastanza anche dei tuoi continui problemi.	Smettila di urlare! Quando fai così mi scoppia la testa. Sei sempre così di cattivo umore: mi salti addosso ancora prima che ti abbia spiegato cos'è successo.
So già cos'è successo. È sempre la solita storia, e ormai la odio.	E io non sopporto quello che dici tu.

Che cosa è successo in questo caso

Quando ci si fraintende e si fanno presupposizioni negative gli uni sugli altri, si finisce col creare scompiglio nei rapporti. Il conflitto tende a innescarsi quando agiamo e parliamo sulla base di presupposti sbagliati. Alan presupponeva che Kristina lo avrebbe assillato con i suoi problemi con il computer, perciò non si è dato nemmeno la pena di ascoltarla. Lei stava per dire che l'avevano aiutata e che aveva risolto tutto! Per di più, la prima cosa che Alan ha fatto è stata chiederle che cosa gli aveva preparato per cena, senza esprimere il benché minimo interesse per la sua giornata. Da parte sua, Kristina dava per scontato che il marito sarebbe tornato a casa stanco – e giustamente, anche se non ha dato il dovuto peso a questo presupposto corretto. Infatti si è convinta che a causa della stanchezza lui sarebbe stato impaziente nei suoi confronti. Non era necessariamente detto, ma alla fine così è stato.

I nostri presupposti su quello che l'altro sta per dire o per fare spesso si trasformano in realtà, anche quando in origine sono sbagliate. Kristina pensava che Alan l'avrebbe esclusa e non l'avrebbe aiutata affatto. Non ascoltandolo quando accennava alla sua stanchezza o quando si augurava di trovare una buona cenetta, ha agito in modo tale che necessariamente avrebbe premuto uno dei tasti dolenti del marito. Inconsciamente Kristina sperava in una profezia che si autorealizzasse – non si aspettava che egli la considerasse o che ascoltasse come aveva passato la giornata – e ha avuto ciò che voleva.

Era inevitabile che ciascuno attivasse i tasti dolenti dell'altro. Se nel loro comportamento non si modifica qualcosa, la salute di entrambi sarà compromessa dalla frustrazione che provano. Bisogna disattivare quei tasti dolenti. Ma come? Facendo marcia indietro per tempo. Cerchiamo di riscrivere la storia in modo che nessun tasto dolente venga premuto.

Alan avrebbe dovuto

- Ascoltare Kristina e astenersi dal fare presupposizioni. Egli non sa esattamente cosa le sia successo – potrebbe essersi già fatta aiutare con lo scanner da un vicino.
- Interessarsi a come ha trascorso la giornata – senza dare per scontate le sue richieste nei suoi confronti.

- Non pensare che lei sia sempre disponibile a preparare la cena – anche se per lavoro si occupa di catering. Il matrimonio è un affare « metà per uno ». Visto che lei ha avuto una giornataccia, egli avrebbe potuto suggerire di uscire a cena, una soluzione valida anche per lui, che non intende mangiare il pollo avanzato.
- Trovare un momento per parlare con calma di quello che prova realmente rispetto al fatto di dovere aiutarla con il computer – ed elaborare insieme una soluzione. Perché non farsi aiutare da uno studente col pallino dell'informatica, per esempio?
- Non schiacciare i suoi tasti dolenti in maniera irrispettosa: « So già cos'è successo. È sempre la solita storia, e ormai la odio ». Questo è un modo di parlare rabbioso, non certo rispettoso di chi abbiamo di fronte.
- Rendersi conto che premere i tasti dolenti altrui fa ammalare davvero gli altri. Sua moglie soffre veramente di emicrania.

Kristina avrebbe dovuto

- Assumersi la responsabilità della propria attività e rivolgersi altrove per farsi aiutare con il computer, senza infastidire il marito.
- Non spingere i tasti dolenti di Alan non ascoltandolo. Lui le ha detto chiaramente di essere stanco e affamato.
- Non dare per scontato che Alan fosse irrispettoso nei suoi confronti.
- Non essere sicura che Alan fosse disposto ad ascoltare i suoi problemi nell'istante in cui varcava la soglia di casa.
- Non pensare di essere invulnerabile allo stress: al contrario dovrebbe evitare lo stress che le scatena i mal di testa. Per esempio, visto che sa istintivamente che cos'è che il marito non vuole (essere assillato con i problemi del computer), perché tormentarlo e farsi venire un altro attacco?

Trasformare falsi presupposti in approcci migliori

Ecco un esempio di presupposto falso. La mamma dice alla figlia adolescente Amy: « Quale dei tuoi amici ti ha messo in testa questa idea assurda? Sei troppo giovane per andare a fare trekking in Irlanda solo con un'altra persona ».

Il presupposto è sbagliato perché si dà il caso che l'idea sia solo di Amy. Nessuno gliel'ha suggerita. La madre, esponendo alla figlia ciò che presume, spinge i suoi tasti dolenti per svariati motivi. Prima di tutto perché il presupposto falso fa capire ad Amy che sua madre è convinta che lei frequenti cattive compagnie. Questo la fa arrabbiare perché la costringere a difendere il modo in cui si sceglie le amicizie. In secondo luogo, il presupposto sbagliato dice ad Amy che la madre la considera una ragazza priva di personalità, che non è capace di avere idee proprie. Amy s'infuria all'idea che la madre la ritenga così poco intelligente. Un presupposto falso, dunque, in grado di causare molti danni.

Un approccio migliore da parte della madre sarebbe stato dire: « Spiegami perché t'interessa fare una simile esperienza e se pensi che non comporti dei pericoli o eccessivi disagi ». Dopo avere confermato il punto di vista della figlia e riconosciuto l'originalità dell'idea – è venuta in mente ad Amy, non a qualche suo amico –, dopo avere ammesso che ha una certa sua validità (Passo 2 della Formula dei Cinque Passi) e dopo avere ottenuto maggiori informazioni (Passo 3), la madre può sostenere i propri interessi (Passo 4) e spiegare perché ritiene che non sia una buona idea. Poi entrambe potrebbero trovare più facilmente un terreno d'intesa comune (Passo 5).

Riflettiamo sui presupposti – o meglio, sui presupposti *sbagliati* – per un istante. Leggete l'esercizio che segue e cercate di capire come si fa a trasformare un presupposto falso in una forma di comunicazione maggiormente produttiva.

Presupposto sbagliato	**Perché è sbagliato**	**Approccio migliore**
Voi dite		
So cosa stai pensando.	Non è possibile che sappiate cosa le passa per la mente.	Dimmi cosa stai pensando.
È colpa tua.	È più probabile che sia colpa di entrambi.	Vediamo cos'è successo e come possiamo rimediare.
Non sai quello che stai facendo.	Forse lui sa esattamente quello che sta facendo, ma voi non avete la pazienza di ascoltarlo.	Puoi spiegarmi perché ti comporti così? Io cercherò di capirti.

Preferiresti essere solo.	Come fate a sapere davvero cosa preferisce?	Se vuoi rimanere solo, ti capisco perfettamente.
Ti piace cogliermi in fallo.	Dovreste accettare una reazione onesta.	Fai bene a richiamarmi quando sei sicuro che sbaglio qualcosa.

La rabbia salta fuori. A prescindere da quanto ci vuole

La rabbia va in suppurazione, come una perniciosa infezione. A volte l'infezione ci impiega ore, settimane o mesi a scoppiare. A volte i primi sintomi si manifestano quasi immediatamente e se non interveniamo in qualche modo, ci si ammala. Ascoltiamo l'esperienza di Marge.

La storia del succo d'arancia cattivo

Uscita per acquistare il giornale, Marge viene attirata dalla minuscola confezione, vista nella vetrina di un negozio di specialità, sulla cui etichetta è scritto « squisito succo d'arancia appena spremuto ». Entra, scopre con sua sorpresa che costa una follia, ma cede all'impulso e la compera. Tornata a casa, si siede al tavolo in cucina, apre la confezione e – indovinate – scopre che il succo fa schifo. Come se fosse scaduto da mesi.

Rabbia da succo d'arancia! Potrebbe sembrare buffo, ma Marge ce l'ha a morte con il negoziante che non porta alcun rispetto per i clienti e vende loro un succo andato a male. Ed è anche infuriata con se stessa perché ci è cascata e perché si è rovinata la colazione. Riluttante all'idea di tornare al negozio – non è vicino – decide di buttare il succo nel lavandino.

Per un paio di giorni continua a digrignare i denti. Le viene mal di testa. Il terzo giorno, pensa di avere dimenticato l'accaduto. Ma quando passa davanti al negozio, viene assalita dal malumore, senza nemmeno sapere perché. Ma il perché in realtà lo sa benissimo.

« Certo che lo so », si dice entrando a grandi passi nel negozio e chiedendo di parlare con il proprietario. Gli espone i fatti, con calma ma con fermezza. Quando il proprietario sente quello che è accaduto, si scusa immediatamente e, con grande stupore di Marge, si offre di rimborsarla. E le regala anche una calla.

Addio denti stretti. Addio mal di testa. Addio malumore.

Ecco un po' di cibo per il cervello:

UN SUGGERIMENTO

Quando la rabbia monta, pensate alle conseguenze.
CONFUCIO

4

CHE COS'È CHE SPINGE I VOSTRI TASTI?

Conoscete il vostro stile conflittuale? Un quiz

In effetti ciascuno di noi ha un suo proprio stile conflittuale: il modo in cui il più delle volte affrontiamo un confronto. È uno stile studiato: cominciamo a studiarlo fin dall'infanzia. Crescendo, poi, il carattere in formazione ha determinato il modo in cui affrontiamo i conflitti personali e di lavoro.

Adesso, da adulti, se il nostro stile infastidisce le persone presenti nella nostra vita, facciamo attenzione. E se i loro stili si scontrano con il nostro, di certo salteranno fuori ovunque tasti dolenti pronti a esplodere.

Per esempio, è possibile che estroversi e introversi si arrabbino tra loro se costretti a confrontarsi. Le persone attente ai dettagli premono i tasti di quelli che vogliono avere solo il quadro della situazione. Chi fa pesare la propria età, la propria istruzione o la propria forza può dare sui nervi a chi invece non ama vantarsi dei risultati ottenuti o delle qualità che possiede. Quelli che muoiono dalla voglia di ricevere risposte dirette, mentre il partner non fa che replicare « Forse, può darsi », devono aspettarsi guai in vista. Succede così: le persone con stili di comunicazione differenti, e che reagiscono in maniera diversa ai conflitti, possono darsi rispettivamente sui nervi.

Ma così come apprendiamo uno stile conflittuale in tenera età, possiamo anche modificarlo se ci accorgiamo che non funziona. Poi possiamo cominciare a trasformare il conflitto in collaborazione.

Il primo passo consiste nell'imparare a conoscersi meglio. È necessario individuare con precisione le strategie che usiamo istintivamente nell'affrontare i conflitti per capire come mai i nostri tasti dolenti vengono premuti lasciandoci infuriati e disperati. Da lì, poi, il passo è breve per renderci conto di come evitare di spingere i tasti altrui.

Fate il quiz che segue e individuate il vostro stile conflittuale personale. Che cos'è che spinge i vostri tasti?

Scegliete la risposta più vicina alle vostre reazioni (siate assolutamente onesti con voi stessi!)

1. Dite a vostro figlio che non può usare l'auto perché ha fatto tardi per tre volte di seguito. Vostro marito non tiene conto della vostra decisione ed è sul punto di consegnargli le chiavi. Come reagite?

A. Sorridete e fate finta di non essere stata contraddetta da vostro marito.

B. Digrignate i denti e puntate i piedi. « Non vai da nessuna parte con la macchina », dite a vostro figlio a denti stretti lanciando un'occhiata di fuoco a vostro marito.

C. Vi dite d'accordo, ma con calma chiedete a vostro figlio di promettere di tornare a casa prima questa volta.

D. Informate vostro figlio che non vi opporrete alla decisione presa da vostro marito solo se lui accetta di partecipare a una riunione di famiglia in cui stabilire norme di comportamento ben precise. Poi parlate a quattr'occhi con il coniuge dell'importanza di far fronte comune davanti ai figli.

E. Non riuscite a trattenervi: scoppiate a piangere per l'ingiustizia subita. Si suppone che i mariti sostengano le mogli. Uscite dalla stanza in preda all'angoscia.

2. Fate il redattore in uno studio pubblicitario e siete stati assunti per il vostro entusiasmo. Durante una riunione, v'infervorate positivamente per una ben precisa idea e il vostro capo vi richiama: « Calmati, non è un comportamento appropriato ». Voi come reagite?

A. Vi date una calmata e tenete la bocca chiusa per il resto della riunione.

B. Replicate entusiasticamente: « Il motivo per cui qui non funziona niente è che siete tutti così dannatamente passivi. Tiriamo fuori un po' di energia, su! »

C. Vi scusate con gli altri con un ampio sorriso e ammettete che forse siete stati eccessivamente esuberanti.

D. Al termine della riunione, domandate discretamente al vostro capo di spiegarvi esattamente cosa intendeva dire con « comportamento non appropriato » e cosa consiglia di fare per rendere quegli incontri più produttivi.

E. Sbattete giù la penna sul tavolo, sospirate rumorosamente e alzate gli occhi al cielo.

3. Una collega è particolarmente manipolatrice e diffonde false notizie sul vostro rendimento. Come reagite?

A. Ignorate la situazione e vi scordate dell'accaduto: forse siete troppo sensibili e vi siete immaginati tutto.

B. La affrontate direttamente per dirgliene quattro: « Ti conviene smettere di parlare male di me. In caso contrario non esiterò un istante a raccontare io qualcosa su di te che potrebbe danneggiarti sul serio ».

C. Cercate di fare pace dimostrandovi più amichevoli nei suoi confronti. (Una risposta gentile allontana la collera).

D. Le dite: « Vorrei parlare con te di quello che vai dicendo in giro sul mio conto perché potrebbe rovinare la nostra collaborazione ».

E. La avvicinate ma vi lasciate prendere dal nervosismo e dall'emozione nel dirle che vi sta facendo indispettire.

4. Completate le frasi che seguono. La vostra migliore amica vi dice: « Non sopporto più che arrivi sempre in ritardo. Non riesco a credere che tu sia tanto irrispettosa ed egoista ». Al che potreste replicare qualcosa del genere:

A. « Scusami. Ma che bella la tua spilla. »

B. « Sei arrogante e fuori luogo e visto che hai tirato in ballo la questione, la più grande egoista sei proprio *tu*!

C. « Chi se ne frega! »

D. « Ci conviene chiarire subito. Per il futuro, vediamo di trovare una formula che soddisfi entrambe. »

E. « Come puoi dire una simile cattiveria? Sono allibita. »

5. Lucy, la vostra collega, non fa che masticare gomma e fare palloncini. Il reparto vi piace, ma il rumore che lei produce vi fa impazzire. Potreste reagire in uno dei seguenti modi:

A. Chiedete al vostro capo di spostarvi. Cambiare reparto non è un grosso problema: siete flessibili.
B. Masticate furiosamente gomme anche voi per dimostrarle quanto sia fastidiosa la sua abitudine. Ritagliate articoli che parlano del consumo di gomme da masticare e di come rovinino i denti e glieli piazzate sulla scrivania. Vi lamentate con la direzione.
C. Vi abituate.
D. Pranzate con lei per parlare del problema. Le spiegate che quel suo masticare continuo v'infastidisce, ma che non trovate giusto chiederle di smettere. Dite: « Non potremmo venirci incontro? Perché non mastichi la gomma solo una decina di minuti ogni ora? »
E. Dite a Lucy che avete i nervi a pezzi e che se continua così crollerete.

6. La vostra collega dice: « Io propongo nuovi modi per svolgere il lavoro e tu insisti a fare a modo tuo. Perché sei così poco flessibile? » Voi rispondete:

A. « Non intendevo esserlo. A proposito, il tuo rapporto della scorsa settimana era grandioso! »
B. « Vuoi che lavori a modo tuo o come si deve? Quello che suggerisci non funziona, ecco tutto. »
C. « Scusa. D'ora in poi farò come dici tu. »
D. « Non ti va bene proprio niente del mio approccio? Non potremmo trovare una via di mezzo tra il mio modo di lavorare e il tuo? »
E. « Accidenti! Quando decidi di calpestare i sentimenti altrui non ti ferma proprio niente!!! »

7. Segnate la risposta che meglio descrive la vostra reazione al conflitto. *Siate sinceri*.

A. Evito le situazioni in cui la gente si arrabbia.
B. In genere riesco a sopraffare o a intimidire la persona con cui discuto. Francamente, la cosa non mi dispiace.
C. Ritengo che l'armonia in un rapporto sia più importante di riuscire a ottenere ciò che voglio.
D. Trovo che i conflitti mi diano l'opportunità d'imparare di più sugli altri.
E. Quando sono in disaccordo con qualcuno, tutto il mio cor-

po reagisce impulsivamente. Mi sembra importante che l'altro sappia quello che sento dentro di me, nel profondo.

8. Ecco quello che in genere penso o faccio quando scatta l'ostilità sul lavoro:

A. Cerco di controllare i miei sentimenti in modo che nessuno sappia ciò che provo in cuor mio. Comunque, le occasioni di ostilità sono rare dove lavoro.
B. Faccio quello che va fatto per impormi. È più importante essere rispettati che amati.
C. Sono tentato di cedere per appianare le cose. Uscire dai gangheri è segno di cattiva educazione.
D. Mi piacciono i confronti chiari, perciò ascolto il punto di vista altrui e cerco di trovare una soluzione che soddisfi tutti.
E. Dico quello che ho da dire anche se perdo la calma. Sono fatto così: prendere o lasciare.

9. Segnate le *due* affermazioni che vi sembrano più vere:

1. Raggiungo il più rapidamente possibile un accordo in modo da non dovere avere a che fare con la collera.
2. Gli umili erediteranno la terra.
3. Difficilmente esprimo le mie opinioni in situazione difficili.
4. Pianifico spesso per tempo, cercando di anticipare varie opzioni per affrontare i problemi.
5. Farsi prendere dalla foga non è una tattica cattiva. La quiete segue sempre la tempesta.
6. Riesco sempre a trovare qualche buon motivo per rimandare i conflitti, e spesso il problema si risolve da solo.
7. I compromessi indeboliscono le ragioni di entrambi. Preferisco farmi un nemico piuttosto che cedere.
8. Preferisco perdere la discussione che perdere la calma.
9. Sono brava a mettermi nei panni dell'altro, anche se solo per un istante.
10. Se non ti esprimi vigorosamente, nessuno ti prende sul serio.

10. Contrassegnate il personaggio nel quale più vi identificate:

A. Heidi
B. Alexis (il personaggio interpretato da Joan Collins in *Dynasty*)

C. Margie Simpson
D. Margaret Thatcher
E. Francesca (di *La tata*)

11. Vostro marito preferisce evitare le effusioni in pubblico. L'altra sera, a cena con amici, l'avete preso per mano ma lui si è subito tirato indietro, mortificato. Come reagite?

A. Cercate di dimenticare l'episodio.
B. Vi seccate notevolmente. Probabilmente non farete l'amore con lui per una settimana, o troverete un altro modo per fargliela pagare.
C. Lo accettate. È il suo modo di fare, non potete fare nulla per cambiarlo e, comunque, lui vi mantiene.
D. Al momento opportuno, gli domandate: « Che cosa provi quando ti prendo la mano al ristorante? Imbarazzo? Che cosa pensi che provi io nel vedermi respingere? »
E. Diventate tutta un tremito, quello che lui odia maggiormente.

Punteggio e analisi

PUNTEGGIO

Se alla domanda 9 avete risposto 1 o 6, segnate una A; se avete risposto 2 o 7, segnate una B; se avete risposto 3 o 8, segnate una C; se avete risposto 4 o 9, segnate una D; se avete risposto 5 o 10, segnate una E.

Ora calcolate quante lettere avete segnato e scrivetelo qui:

A ___
B ___
C ___
D ___
E ___

ANALISI

Nel leggere l'analisi dei vari profili, tenete presente che in realtà nessuno corrisponde esattamente a un'unica categoria. Infatti potreste risultare una combinazione di tipi o persino mostrare stili differenti in situazioni differenti.

Comunque, abbiamo tutti uno stile predominante nell'affrontare i conflitti e le risposte fornite indicano qual è il vostro, almeno nella maggior parte dei casi.

SE AVETE SCELTO **PIÙ RISPOSTE A**, SIETE PERSONE CHE PREFERISCONO EVITARE I CONFLITTI

In questo caso, ciò che desiderate maggiormente quando un conflitto turba la vostra esistenza è *allontanarlo*, e uno dei modi che avete escogitato per riuscirci è negare a priori la sua esistenza. E quando proprio non potete fingere che non esista? Poiché siete convinti che perdereste in ogni caso, fuggite a gambe levate dalle situazioni conflittuali. Ma se pur scappando non riuscite a nascondervi? In tal caso, rimandate il tutto: ficcate l'intero problema nel cassetto.

Queste persone considerano il conflitto qualcosa di temibile e non un momento normale, naturale della vita e partono dal presupposto che qualsiasi situazione precaria sfoci automaticamente in un risultato negativo. Una donna del genere si sottrae ai confronti diretti per evitare il fallimento, perché ha paura di perdere. Davanti a una situazione conflittuale, quelli come lei sono convinti che alla fine ne usciranno sminuiti in qualche modo.

Ecco qual è il vostro segreto: vorreste realmente far valere il vostro punto di vista, essere più sicuri di voi e affrontare la verità, ma qualcosa vi blocca. Sapete di non essere il vostro migliore amico e questo vi fa sentire in colpa.

Date un'occhiata qui.

Una mamma rinunciataria: « Sono in lotta con mio figlio, ma non voglio rovinargli le vacanze, perciò aspetterò che torni per parlargli ».

Un superiore rinunciatario: « Siamo come una famiglia felice. Qui non ci sono conflitti né differenze ». (Ma i dipendenti raccontano una storia ben diversa.)

Un adulto rinunciatario (a proposito della madre autoritaria): « So che è sbagliato ignorare mia madre ora che soffre e invecchia, ma mio fratello se la cava meglio di me in certe cose ».

Una fidanzata rinunciataria: « Alle feste lui flirta con le altre, ma io so che non si spingerebbe mai più in là ».

Una sorella rinunciataria: « Devo parlare a mia sorella del suo problema con l'alcol, ma preferisco rimandare al mese prossimo, quando avrò più tempo ».

Volete sapere quando i vostri tasti dolenti vengono toccati? Quando qualcuno vi dice: « Abbiamo un problema e dobbiamo affrontarlo subito ». (Le persone che rientrano in questa categoria odiano essere coinvolte in questo modo.)

SE AVETE SCELTO **PIÙ RISPOSTE B**, AFFRONTATE I CONFLITTI A MUSO DURO

In questo caso, siete dei duri, delle persone aggressive, provocatorie. Quelli come voi vogliono demolire i loro avversari. Avete imparato a considerare il conflitto una sorta di *io vinco, tu perdi*. Non fate prigionieri, non offrite possibilità. Perché? Perché vi siete convinti che passando subito all'attacco quando siete nei guai, avrete il coltello dalla parte del manico. Siete sinceramente convinti di avere ragione e di riuscire a convincere il vostro antagonista. Cercate di manovrare il conflitto in modo da vincere sull'avversario urlando, sbattendo porte, lottando o insultando.

Il più delle volte vi trovate a pensare al perché l'altro sbaglia anziché a perché voi siete nel giusto.

Riconoscete effettivamente l'esistenza di qualche problema. Gli altri sembrano offendersi per l'impazienza che dimostrate. La donna che lavora tende sempre a sembrare forte prima che i colleghi la considerino debole. Così facendo vi fate un sacco di nemici, ma non importa. In ogni caso, non comprometterete i vostri standard.

Ecco il segreto: spesso dirottate la collera. Date una lavata di capo a qualcuno in ufficio perché vostro marito vi ha criticato.

Ecco un altro segreto: vi sentite costantemente traditi dalla vita. Ecco perché andate avanti come schiacciasassi: è l'unico modo per ottenere una certa autorità.

In chi vi riconoscete?

Una mamma aggressiva (alla figlia): « Indossa le perle che ti ho regalato; tutti gli altri gioielli che hai hanno un'aria così tremendamente volgare ».

Un'amica aggressiva: « Sei davvero stupida a uscire con un tipo così ».

Un superiore aggressivo: « Se non prepara il rapporto entro domani, qui ha chiuso ».

Una fidanzata aggressiva: « Non m'interessa se è una tua compagna di corso e non voglio sentire altre ridicole scuse. Se vai a pranzo un'altra volta con lei, dimentica pure il mio numero di telefono ».

Un collega aggressivo: « Non vedi che non ti dà retta nessuno? Il tuo modo di lavorare non funziona. Fai come dico io ».

Volete sapere quando i vostri tasti dolenti vengono toccati? Quando qualcuno vi dice: « Non riesco a fare mente locale. Non potremmo lasciare perdere per il momento? » (L'aggressivo non tollera l'indecisione.)

SE AVETE SCELTO **PIÙ RISPOSTE C**, VOLETE LA PACE A TUTTI I COSTI

Se siete una persona che vuole la pace a ogni costo, ricercate essenzialmente l'armonia. Fate qualsiasi cosa per sedare i conflitti. Vi convincete che non è giusto criticare l'operato altrui. Non amate i confronti né le discussioni: non siete stati educati a farne. Le persone per bene non litigano.

Raramente esprimete le vostre esigenze perché vedete bene come si arrabbiano quelli che non le condividono. Potreste rimanere feriti in una situazione conflittuale. Potreste addirittura perdere la vostra dignità. Il fatto è che non vi piace urlare, e nemmeno discutere ad alta voce.

La verità? Spesso vi sentite frustrati. Se osaste dire quello che volete veramente, forse gli altri si arrabbierebbero. A volte vi prendereste a calci perché non avete abbastanza fiducia in voi stessi, ma considerate più importante piacere che imporsi.

Ecco il vostro segreto: sembra che i martiri non piacciano praticamente a nessuno. Il vostro approccio morbido e modesto fa uscire dai gangheri gli altri – anche se vi sembra un'ingiustizia bella e buona.

In chi vi riconoscete?

Un amico che vuole la pace a tutti i costi: « Va bene, d'accordo. Hai vinto tu ».

Un dipendente che vuole la pace a tutti i costi: « Mi rendo conto che non può darmi un aumento. Lo capisco perfettamente ».

Una madre che vuole la pace a tutti i costi: « Ma certo che puoi farti il piercing alle orecchie, anche se hai solo dieci anni e a me non piacciono. Qualsiasi cosa purché tu che non mi faccia una scenata in casa».

Una moglie che vuole la pace a tutti i costi: «D'accordo, passeremo le feste ancora con i tuoi anche se mia madre è sola ed è tanto che non la vedo. Non vale la pena di discutere».

Volete sapere quando i vostri tasti dolenti vengono toccati? Quando qualcuno vi dice: «Difendi i tuoi diritti e lotta per ottenere ciò che vuoi». (Chi vuole la pace a tutti i costi trova veramente penoso farsi rispettare e molto più sicuro tirarsi indietro.)

SE AVETE SCELTO **PIÙ RISPOSTE D**, I PROBLEMI VI PIACE RISOLVERLI

Se i problemi voi li risolvete, le discussioni non vi intimidiscono e nemmeno le facce scure vi fanno paura. Avete imparato che mostrando un piglio relativamente deciso, in genere riuscite a trovare qualcosa in comune anche con chi ha opinioni diverse dalle vostre. Sapete che, impegnandovi, anche i problemi a prima vista insormontabili alla fine di solito si risolvono.

Un bello scontro, senza colpi bassi, stimola la vostra creatività e la vostra immaginazione. Di solito elimina i malintesi. Quando tutti mettono in tavola le carte, una soluzione si trova.

Vi interessa davvero sapere cosa passa per la mente degli altri – che cosa si agita nel profondo e cioè non solo il motivo *apparente* del loro disagio.

Sapete che le cose non sono sempre bianche o nere: di fatto, solitamente sono di un bel colore grigio. Se non riuscite a trovare la soluzione perfetta, siete disposti a qualche piccola concessione.

Ecco il vostro segreto: siete grandi e creativi ascoltatori. Sapete quello che pochi sanno: se mostri interesse per le esigenze degli altri, loro sono maggiormente interessati a conoscere le tue.

In chi vi riconoscete?

Un'amante che risolve i problemi: «Credo di capire perché non vuoi usare il preservativo. È chiaro che per te è importante farlo senza, ma io devo proteggere me stessa e so che anche tu puoi capirlo. A questo punto ritengo che dovremo ricorrere a un altro metodo di controllo delle nascite. Hai qualche idea?»

Un amico che risolve i problemi: «Quando sei arrivato in ritardo all'appuntamento per il pranzo abbiamo perso il tavolo, siamo stati meno insieme e, quel che è peggio, mi ha dato fastidio il tuo disinteresse nei miei confronti. Sai una cosa? Non mi va proprio di arrabbiarmi con te. Come possiamo risolvere la questione? »

Un dipendente che risolve i problemi: « So che questo progetto per lei ha la massima priorità, ma questo pomeriggio devo assistere alla recita scolastica di mia figlia. Per non rimanere indietro, ci lavorerò domani sera fino a tardi ».

Una moglie che risolve i problemi: « Tu non hai voglia della pasta e io sì. Andiamo fuori a cena, così tu potrai mangiarti il pollo e io un primo ».

Volete sapere quando i vostri tasti dolenti vengono toccati? Quando qualcuno vi dice: « Non ha senso discuterne – non è detto che si debba rimanere amici per sempre ». (Voi vi sentite frustrati perché siete convinti che le differenze *possano* essere discusse razionalmente.)

SE AVETE SCELTO **PIÙ RISPOSTE E**, DI FRONTE A UN CONFLITTO SIETE I TIPI CHE ESPLODONO

Chi esplode davanti a un conflitto ha un carattere altamente drammatico. È emotivo e mostra chiaramente quello che prova. Sa perfettamente che esternare le emozioni attira l'attenzione degli altri. Comunque, il conflitto in effetti produce in voi una reazione fisica – il cuore batte più forte, le mani sudano – che in qualche modo si vede. Davanti a un problema, vi mettete facilmente a urlare, buttate all'aria tutto e battete i piedi – anche se non avete più undici anni.

A volte progettate la scena madre, ma il più delle volte l'esplosione avviene da sola, senza che possiate farci nulla. Poco male: dovete essere emotivi per far valere il vostro punto di vista. È stato così fin da sempre. Forse anche vostra madre era come voi.

Alcuni pensano che non sappiate controllarvi, ma questa è proprio la vostra arma segreta: non è così. Potete controllare le vostre emozioni e limitarle a vostro piacimento.

In ultima analisi, siete convinti che se gli altri vedono il vostro dolore o la vostra passione, si rendono conto di ciò che provate, possono capirvi meglio. In tutta sincerità, non sopportare i tipi di ghiaccio, quelli così freddi e distaccati che anche in un conflitto non mostrano nessun sentimento. Voi *non siete* così.

Qual è il vostro segreto? A volte, nel profondo, vi sentite così dannatamente falsi.

In chi vi riconoscete?

Una mamma che esplode: vostra figlia adolescente non vuole andare al college prestigioso che avete scelto per lei. Sostiene di non essere abbastanza intelligente. Con gli occhi umidi, urlate: « Che cosa c'è che non va? Sei intelligente come chiunque altro. Se continui così mi farai morire ».

Una moglie che esplode: « Che cosa vuol dire che dobbiamo trasferirci? Non posso stare senza le mie amiche e non m'importa un accidente della tua promozione! Dovrai passare sul mio cadavere ». (E sbattete giù la cornetta.)

Una collega che esplode: dovete fare una presentazione insieme e lei propone un approccio banale e noioso. Voi avete già scritto un testo vincente. « La tua è una proposta ridicola: così non convinceremo nessuno! Non posso proprio tollerarlo. Lo fai apposta per farmi dispetto. »

Volete sapere quando i vostri tasti dolenti vengono toccati? Quando qualcuno vi dice: « Abbassa la voce » o « Calmati ». (Avete bisogno di esprimere le vostre emozioni.)

Correre ai ripari

E adesso, che fare di tutte queste informazioni?

Il semplice fatto di capire a quale categoria appartenete dovrebbe rendervi più consapevoli delle vostre reazioni in uno scontro emotivo. Essere capaci di prevedere il proprio comportamento aiuta a calmarsi perché nel farlo si fa un passo indietro, ci si osserva dall'esterno, come se si assistesse a uno spettacolo. Questo è il primo passo verso l'apertura di un dialogo costruttivo con la persona che provoca in voi collera.

Che cosa succede se vi capita di affrontare una persona appartenente a una delle tipologie sopra descritte e avete bisogno di correre ai ripari? Per ottenere cambiamenti duraturi, dovrete ricorrere alle tecniche descritte più avanti, ma per disattivare temporaneamente i tasti dolenti provate quanto segue.

Che cosa fate se v'imbattete in...

UNO CHE EVITA I CONFLITTI?

Chi evita i conflitti si è tolto dall'azione per uno di questi due motivi: o è convinto e compiaciuto di saperne di più, *oppure* è talmente preoccupato di perdere in qualsiasi caso da fingere che non esista nessuno scontro. Una persona del genere va affrontata con calma, suggerendo l'esistenza di una situazione che richiede attenzione. Questo la incoraggia ad affrontare il conflitto senza provare eccessiva ansia. Quando chi evita i conflitti viene aiutato a esprimere i propri sentimenti, questi ultimi spesso affiorano in superficie e danno avvio al dialogo, che è proprio quello che serve.

UNO CHE I CONFLITTI LI AFFRONTA A MUSO DURO?

Non tiratevi indietro, non mettetevi a urlare, ma agite con fermezza. Ecco il trucco: imitate sottilmente il suo diseguale, vigoroso linguaggio corporeo, ma senza scimmiottarlo né prendervi gioco di lui. Dopo avere adottato la sua forma di espressione più veemente, calmatevi gradualmente, muovetevi con minor forza, parlate meno vivacemente. Poi osservate se il « duro » vi segue sul vostro terreno più calmo, come avviene quasi sempre. A questo punto informatelo, pacatamente ma con fermezza, che ci saranno conseguenze negative per entrambi se il problema non viene risolto. Così facendo l'altro si renderà conto che le sue tecniche danneggiano sia lui che voi.

UNO CHE VUOLE LA PACE A TUTTI I COSTI?

Parlate con calma e trovate un modo gentile per scoprire quello che vuole veramente. Il trucco qui sta nell'evitare di farlo passare per « martire », in modo che non possa provare verso di voi del rancore in un secondo momento. Invece, domandategli che cosa pensa che succederà a causa del vostro disaccordo. Al fine di evitare lo scontro, tipi così accettano troppo facilmente il vostro punto di vista, ma poi probabilmente ci ripensano, perciò accertatevi di porre le domande giuste per scoprire cos'hanno in mente. Chiarendo apertamente quali sono le rispettive esigenze, eviterete musi lunghi, borbottamenti e rabbia inespressa.

UNO CHE I PROBLEMI LI RISOLVE?

Avete fatto tombola. Ringraziate la vostra buona stella.

UNO DI QUELLI CHE DAVANTI A UN CONFLITTO ESPLODONO?

Lasciategli tranquillamente sbollire la collera: mantenendo voi la calma, probabilmente si tranquillizzerà prima. Sia con il linguaggio del corpo che con l'espressione del viso, fategli capire che state ascoltando le sue drammatiche esternazioni, e che non le considerate false. Ascoltate le sue lamentele – dureranno a lungo – ma concentratevi suoi vostri obiettivi, su quello che avete in mente, anziché sul suo comportamento. Evitate le frasi di biasimo o di riprovazione che potrebbero accentuare lo scoppio d'ira.

Alla fine, approfittando di una pausa, domandategli tranquillamente se ha qualcos'altro da dirvi. Se ha finito, chiedetegli se potete dire la vostra. L'altro ascolterà, ormai decisamente più calmo. Successivamente, potrete iniziare a parlare per trovare una soluzione.

5

I TASTI DOLENTI E L'INTIMITÀ

Potendo soddisfare un unico desiderio, la maggior parte di noi vorrebbe essere amata. Essere capaci di rivelare apertamente se stessi alla persona amata, con tutti i nostri difetti, e continuare ugualmente a essere abbracciati e accettati: che cosa c'è di più bello? A prescindere dall'essere sposati, single o partner dello stesso sesso, abbiamo bisogno di un rapporto, desideriamo fortemente stare vicini, agogniamo quella intimità che dà il batticuore.

Ma, « mi ami talmente che vorresti infilarmi nella tua tasca... dove io morirei, soffocato », ha detto D. H. Lawrence. E aveva ragione. Non potete mettere la persona che amate nella vostra tasca per tenerla sempre con voi, nemmeno in nome dell'intimità. Non funziona, perché essere intimi non significa fondersi l'uno nell'altro. Gli amanti non si possiedono l'un l'altro, né dovrebbero fondersi fino a divenire un tutt'uno. Intimità non vuol dire che due persone diventano un unico essere, anche se sono in perfetta sintonia sessuale, spirituale e intellettuale.

Infatti, l'intimità più profonda si ha quando i partner conservano la loro totale individualità e condividono le loro diversità.

Sappiatelo: c'è un inconveniente. Se siete una coppia intima, aspettatevi qualche scontro. È inevitabile. Due persone diverse che si amano, che dividono il loro tempo, i loro segreti e le loro vite, prima o poi finiranno per toccare qualche tasto dolente. Ogni coppia intima ogni tanto deve affrontare dei conflitti, che potenzialmente sono più terribili di quelli tra acerrimi nemici.

Ferite sempre la persona che amate

Perché è così doloroso lottare con chi amiamo? Scontrarsi con loro fa male perché abbiamo investito molto gli uni negli altri.

Quando la persona del cuore preme uno dei nostri tasti dolenti è fatta. Vi arrabbiate con chi vi propone una televendita? Sì, ma per una decina di minuti. Vi infuriate con il vostro innamorato? Ebbene, sappiate che rimarrete scossi per dieci ore, se non per dieci mesi. La nostra fidanzata mette infallibilmente il dito nella piaga più scoperta che abbiamo e da quell'istante noi innestiamo il pilota automatico e seguiamo le trite modalità delle reazioni astiose. Tra amanti, i tasti dolenti sono nervi scoperti, emozioni che scorrono a fior di pelle. Ecco perché:

Gli innamorati dispongono di cartine stradali con le quali arrivare ai rispettivi tasti dolenti. Quando siamo arrabbiati e vogliamo farla pagare a qualcuno, chi meglio di un partner del quale sappiamo esattamente dove si trovano i tasti dolenti? In quel caso, siamo capaci di ripescare questioni ancora brucianti che riguardano avvenimenti di un anno o addirittura di dieci anni prima. Arriviamo a essere ignobilmente parziali. Siamo capaci delle critiche più ingiuste, di dire e fare cose che, è garantito, scateneranno una reazione violenta. E lo sappiamo perfettamente.

Nessuno è il capo di nessuno. Potrete essere abilissimi a risolvere i problemi in ambito lavorativo, ma a casa, con il vostro partner, siete anche voi parte del problema. Se siete a capo del vostro ufficio, potete costringere i dipendenti a ubbidirvi. Se siete dei dipendenti, seguite le indicazioni del vostro superiore. Ma non potete obbligare il partner a fare ciò che volete, non potete trasformarlo nel vostro capo e nemmeno convincervi – come fareste con un collega o con un subordinato – che quello che dice è una sciocchezza e che pertanto non va presa sul serio.

Avete entrambi aspettative irragionevoli. Scontrarsi con la persona amata fa particolarmente male perché le aspettative sono altissime, molto maggiori di quelle che abbiamo nei confronti del mondo esterno. Si suppone che fidanzati o coniugi siano assolutamente leali, sempre disposti ad ascoltare, pronti a cogliere le più piccole sfumature dei nostri sentimenti, ad accudirci e a darci ragione, giusto? Quando il nostro amore non fa ciò che ci aspettiamo, è difficile non toccare un suo tasto dolente per ripicca.

Indossate delle maschere. Nel caso delle persone amate, gli scontri più banali degenerano facilmente in rabbia omicida perché la vicinanza impedisce di arrivare subito al nocciolo della questione. Ironicamente, più vicini siamo, più tendiamo a mascherare il problema e così le questioni cruciali spesso rimangono in profondità. A volte è difficile dire apertamente qual è il vero motivo di una discussione: valori, visioni condivise del futuro o un problema effettivo.

UN SUGGERIMENTO

Provate a pensare, quando vi arrabbiate con qualcuno, come cambierebbero i vostri sentimenti se lui dovesse morire durante la disputa.

WILLIAM SHENSTONE

Lei lo critica perché lui non abbassa mai la tavoletta del water. Lui replica con una battuta pungente su come lei lo svilisca davanti agli amici. In realtà sono entrambi seccati perché non fanno l'amore da un mese. Ma se l'argomento non viene nemmeno sfiorato, che possibilità hanno di risolvere questo conflitto?

Gli esercizi qui proposti potrebbero sembrare semplici, ma invece aiutano a fare proprio questo: a scavare più in profondità. Un risultato, poi, si ottiene sempre.

L'ingrediente chiave dell'intimità

Fare sesso è bello? In effetti, il sesso fatto bene è bello... ma, pensateci un momento: la simmetria d'idee è bella? Assolutamente no.

Se c'è qualcuno che s'intende della chimica che regola un rapporto intimo quello è il dottor John Gottman, dell'Università di Washington a Seattle, che da tre decenni è un pioniere in questo campo e ha ottenuto entusiasmanti risultati dai suoi studi su larga scala sulle coppie. E sapete qual è quella che il dottor Gottman considera una delle sue scoperte più importanti? Ecco qua: una relazione duratura, sostiene Gottman, non dipende dalla capacità della coppia di evitare i conflitti ma dalla bravura dei due a risolverli.

Non potrei essere più d'accordo. Tendiamo a pensare che quanto minore è il numero degli scontri, tanto più felice sarà la coppia. Ebbene, ci sbagliamo. L'elemento principale dell'intimità più profonda è la capacità di disattivare i tasti dolenti dell'altro. E, dicono gli esperti, è persino possibile prevedere se la coppia avrà una vita lunga e felice semplicemente osservando il modo in cui affronta i problemi. I partner che toccano costantemente i rispettivi tasti dolenti, quelli che infallibilmente si saltano alla gola ogni volta che discutono, sono destinati a fallire.

Fin dal primo giorno di un nuovo seminario, generalmente sono in grado di dire quali coppie impareranno a risolvere i conflitti e vivranno a lungo e felicemente e quali invece finiranno col dividersi. Potreste essere gli amanti più ricchi d'immaginazione erotica, ma se vi accusate e vi criticate a vicenda, o se vi mettete sulla difensiva al primo segnale di conflitto, vuol dire che siete nei guai. I partner che non si gettano fango addosso quando sono furiosi, quelli che non devono vincere su tutta la linea, quelli che si comportano da amici, quelli che riescono a far ridere l'altro e che sanno mantenere la calma anche durante una discussione accesa – questi sono i soli che possono contare sulla più profonda intimità per tutta la loro vita.

Fermiamoci un istante a considerare quali sono le peggiori offese che i partner, che si gettano fango addosso, si lanciano l'un l'altro. Ebbene, che cosa vi fa saltare i nervi? In quali aree vi sentite maggiormente vulnerabili? Il primo passo per disattivare i propri tasti dolenti consiste nell'individuare i punti sensibili che in molti casi nascono nell'infanzia. Se vostro padre era molto sarcastico con vostra madre, potreste avere qualche nodo non risolto che vi fa scattare quando qualcuno vi tratta sarcasticamente. Se a scuola i compagni vi parlavano dietro, la vista del partner che sussurra qualcosa all'orecchio di un'altra persona potrebbe farvi esplodere. Se la vostra migliore amica giudicava sempre le vostre azioni e le vostre scelte, sentire il partner darvi della stupida per aver fatto qualcosa potrebbe darvi molto fastidio.

Ecco nove « molle » in grado di farci esplodere di rabbia.

Le nove principali «molle» che fanno scattare nella sfera dell'intimità

«Molla»	Come agisce	Un esempio	Che cosa potete dire (per calmare la collera, evitare una risposta difensiva e instaurare un dialogo)
1. Incolpare l'altro	Si evita di assumersi la responsabilità di determinate azioni e si punta un dito accusatore su qualcun altro.	«Mi hai dato le indicazioni sbagliate e ci hai fatto fare tardi.»	«Devo stare più attento. La prossima volta, quando cerco la strada da prendere, dimmi che cosa devo chiedere.»
2. Fare il «so tutto io»	Un partner così vi rende furiosi perché ha la risposta giusta (L'UNICA) a tutto. Deve avere l'ultima parola, deve essere meglio di voi.	«Credimi: ti stai sbagliando. È una cosa che ho fatto un milione di volte.»	«Il tuo sistema funziona per te. Secondo me ci sono altre opzioni che mi piacerebbe farti presente.»
3. Svillaneggiare l'altro	Quando svillaneggiate qualcuno, gli mancate di rispetto e lo disprezzate. Potete svillaneggiare qualcuno insultandolo, ma l'atto d'ignorarlo è l'offesa peggiore. Mi correggo: sbattere il telefono in faccia a qualcuno è l'offesa peggiore di tutte.	«Sei un chiacchierone: parli, parli e non dici niente.»	«Non stai esagerando? Comunque ti ascolto, così vediamo cosa succede.»
4. Essere sarcastico	È un modo sottile e insidioso di attaccare l'altro, che spesso si riflette nel tono oltre che nelle parole.	«Grandioso, parla la signorina Perfettini.»	«Mi sento a terra quando sei sgarbato con me. Forse non sarò perfetta, ma ammettilo che sveglia lo sono, eccome.»

5. Negare	« Non ho mai detto questo, non ho mai fatto niente del genere, non ero nemmeno lì, tu non mi hai detto proprio niente. » Negare implica che il partner sia stupido, non ascolti o sia indifferente alle vostre esigenze.	« Non ti ho mai detto che andava bene che mi chiamassi in ufficio. »	« Forse ho frainteso. Perché non stabiliamo dove e quando ti posso rintracciare durante il giorno? »
6. Giudicare	I giudizi negativi denigrano le scelte e le opinioni altrui.	« È l'idea più stupida che abbia mai sentito. »	« Che cosa c'è che non va? Cerca di essere specifico e costruttivo. »
7. Essere condi-scendente	Un partner condiscendente umilia con il suo atteggiamento di superiorità.	« Sì, cara, vedo che ti sforzi di capire questo concetto complicato, ma è chiaro che non ce la fai perché non riesci a vedere il quadro completo. »	« Sì, ci sto provando: è complicato, ma non così tanto. Forse il mio punto di vista è diverso dal tuo e io colgo qualcosa che a te sfugge. »
8. Psicoana-lizzare l'altro	Vi fa impazzire di rabbia quando il partner agisce come se conoscesse le vostre motivazioni più profonde e intime. Ciò implica che sa come funziona la vostra testa.	« A te e a tua madre piace fare le martiri. »	« Non sono d'accordo. Spiegami perché hai questa sensazione. »
9. Insultare	Chi insulta il partner lo svilisce paragonandolo a qualcosa di spregevole o terribile.	« Con quel vestito sembri una mongolfiera. »	« È stato un commento vera-mente cattivo. Sono sicura che non intendevi ferirmi così profondamente. »

Le «cattiverie»

Quando due persone sono molto unite, sanno perfettamente che cosa irrita maggiormente l'altra. Attaccare senza pietà è la specialità degli intimi che godono nel toccare tasti dolenti, e lo fanno mediante le «cattiverie», cioè quelle battute dette apposta per ferire. Le frecciatine a volte sono la risposta di un partner che è stato attaccato. Se avete premuto uno dei tasti dolenti del partner (e a volte nemmeno ce ne accorgiamo), aspettatevi che ricambi con una «cattiveria». Svolgete l'esercizio che segue per scoprire quante volte avete fatto o ricevuto una «cattiveria» del genere.

Quante «cattiverie» avete detto oggi? (Siate sinceri!)

Ordinando: Devi... Non puoi non... Farai come ho detto...

Minacciando: Se non fai così, allora... Farai meglio a darmi retta, altrimenti...

Pregando: È tuo dovere fare... Sarebbe opportuno... In quanto padre, dovresti...

Facendo il predicozzo: Ecco perché sbagli... Ti rendi conto che...

Fornendo risposte: Io farei così... È meglio se... Non sono fatti miei, ma...

Giudicando: Non hai giudizio... Hai i capelli troppo lunghi... Come hai potuto...

Scusando: Non è così tragico... Non intendeva sicuramente...

Diagnosticando: Hai bisogno dello psichiatra... Cerchi di attirare l'attenzione...

Insultando: Sei uno smidollato, uno stupido, un imbecille, una nullità...

Pronosticando: Entro sera ti sentirai meglio... Lo so cosa stai pensando...

Pretendendo che l'altro cambi: Perché non sei... Perché non puoi... Perché non fai...

Due tasti premuti sono troppi. Aspettatevi una frecciatina in risposta.

Le «cattiverie» abbondano nei conflitti tra intimi. Howard Markman, un medico del Center for Marital and Family Studies dell'Università di Denver, ha scoperto in un'innovativa ricerca sulla coppia che « è sufficiente una sola frecciatina a distruggere venti atti gentili fatti al partner ». Una frase sgarbata, un tasto premuto possono spazzare via mesi di tenerezza.

Un esempio di « cattiveria »?

« Charlie, sei un gran bugiardo. »

Se siete Charlie, il vostro tasto dolente viene così premuto.

Charlie è stato insultato dalla sua ragazza, che lo ha definito un bugiardo. Naturalmente, è probabile che egli abbia mosso le acque per primo, toccando uno dei tasti dolenti di lei, ma anziché reagire con una battutina, Charlie può far sbollire la collera di lei e salvare la situazione. Come?

IMMEDESIMANDOSI

« Mi rendo perfettamente conto di quanto tu possa essere arrabbiata. Dev'essere terribile per te pensare che ti ho mentito. Ti fa perdere tutta la fiducia che hai in me! »

Quando v'immedesimate, non concordate con chi ha pronunciato la « cattiveria » ma riconoscete i suoi sentimenti e dimostrate il vostro interesse. L'immedesimazione è un ottimo sistema per disattivare i tasti dolenti, in quanto avvia il dialogo. Così facendo non pensiamo per un istante ai nostri sentimenti e ci mettiamo nei panni dell'altro quel poco che basta per sentire quello che sta provando. Che cosa ci potrebbe essere di più calmante?

FACENDO DOMANDE

« Che cosa ho detto per farti pensare che mento? Puoi spiegarmi meglio perché sei convinta che ti ho mentito? »

Porre domande ottiene due risultati: vi consente di sondare più in profondità i sentimenti del partner e, non meno importante, vi concede del tempo, il tempo per calmarvi.

PARAFRASANDO

« Sei turbata perché hai l'impressione che non sia sincero. »

Parafrasare ottiene due risultati: prima di tutto, ripetendo quanto ha detto il partner, vi assicurate di avere capito bene. Secondariamente, riaffermate ciò che l'altro aveva da dire e così facendo dimostrate la vostra attenzione (altro sistema per disattivare i tasti dolenti). Non è difficile, cominciate con il pronome *tu*, descrivete ciò che pensate vi sia stato detto, ma senza difendervi né scusarvi.

« Cattiverie » silenziose

Percepite la collera del vostro partner, ma lui non parla. Le « cattiverie » silenziose possono corrodere un rapporto ancor più velocemente di quelle espresse. Vivete accanto a un maestro della « cattiveria » silenziosa? Il dottor John Gottman ha analizzato attentamente una serie di filmati di vita di coppia e ha scoperto due atteggiamenti particolarmente insidiosi: mostrare disprezzo e mostrare disgusto.

DISPREZZO

L'espressione del viso che indica il disprezzo è: angoli della bocca rivolti verso un lato (generalmente il sinistro) e occhi alzati al cielo. Nel linguaggio del corpo il disprezzo viene espresso dal partner quando si studia le unghie o si toglie i pelucchi dalla giacca mentre vi dice: « Vai avanti. ti ascolto ». Ma non è vero. Così facendo mostra solo disprezzo.

DISGUSTO

Per indicare il disgusto con l'espressione del viso sogghigniamo o arricciamo le labbra, come se il partner puzzasse.

Gottman ha rilevato che quando un partner lancia abitualmente segnali di disprezzo o disgusto, non solo nell'altro insorgono problemi di salute ma aumentano le probabilità che i due alla fine si separino.

Non sono ammesse « cattiverie » di sorta (né espresse né silenziose).

La soluzione dei conflitti e perché coloro che si amano hanno bisogno di conoscerla

Possiamo vivere senza punzecchiarci a vicenda quando siamo infuriati? Indubbiamente. È possibile sfogarsi e lamentarsi in maniera costruttiva e condividere rimostranze, critiche e irritazioni con i nostri partner, ma senza frecciatine. Dobbiamo scavare in profondità per portare alla luce i veri problemi e poi avviare un dialogo, per risolverli.

Conflitto equivale a disaccordo. Quando voi e il vostro partner vi scontrate, o dite o fate qualcosa che fa veramente infuriare l'altro, state male. Il conflitto è anche il peperoncino della vita, l'iniezione di sensualità, l'avance seducente che trasforma una relazione noiosa in un'unione felice. Potete scommettere che Masters & Johnson, o Tom Cruise e Nicole Kidman, hanno ottenuto i migliori risultati in ambito lavorativo proprio attraverso i conflitti. Nessuno in realtà vuole stare con un partner amorfo: immaginate che noia! Se siete creature senzienti, se respirate, allora avrete dei conflitti. È naturale. E non c'è modo di evitarlo.

Nonostante non sia possibile evitare gli scontri, si può imparare a non stuzzicarsi a vicenda. Se due innamorati capiscono come sviluppare un conflitto in modo da renderlo costruttivo per entrambi, in tal caso lo trasformano in un dono, in una motivazione a cambiare – e qualsiasi relazione intima prospera nel cambiamento. Lo scontro può essere l'occasione per aumentare l'intimità e sperimentare una nuova vivacità, anziché una sensazione d'impotenza.

La soluzione dei conflitti è una tecnica che si acquisisce e che ci insegna a trasformare la rabbia in energia e in una maggiore intimità. Per riuscirci, è necessario sapere tre cose:

La soluzione dei conflitti passa attraverso il dialogo. Fin da bambini, ci è stato inculcato che « le azioni contano più delle parole », ma in questo caso è certo il contrario. Le azioni contano, ma le parole hanno un peso maggiore. Lo scrittore Robert Fulghum ha sottolineato che quella vecchia filastrocca per bambini, diffusa nei paesi di lingua anglosassone – « Sassi e bastoni possono rompermi le ossa, ma le parole non potranno mai ferirmi » –, è assolutamente sbagliata. Le parole possono ferire, e gravemente. La soluzione dei conflitti è l'arte di usare le capacità di dialogo e di ascolto per appianare le divergenze.

La soluzione dei conflitti raramente ha a che fare con il vincere o il perdere, o con chi ha ragione e chi torto. Qui si tratta di accettare l'altro e riconoscerne le diversità, apprezzandole.

La soluzione dei conflitti non è possibile se cercate di evitare il conflitto stesso. Considerate il conflitto da tutti i punti vista, minimizzatelo, fate finta che non vi dia fastidio: evitare il conflitto non fa che accrescere la rabbia che sentite fino a farvi esplodere. A quel punto al vostro partner non resta che sfiorare il tasto dolente sotto il quale cova la vostra frustrazione, perché si scateni una guerra.

E allora, come disattivare i tasti dolenti?

Modificate il comportamento. Abituati alle deleterie modalità di comunicazione vostre e del partner, tendete a reagire nella stessa maniera controproducente ogni volta che nasce uno scontro. E peggiorate la situazione.

Se le vecchie abitudini vi hanno fruttato solo tensioni e tasti premuti ovunque, dovete smetterla d'interagire nel solito modo con gli altri e tentare nuovi approcci. Cambiare i vecchi modelli comunicativi non sarà facile. Se siete di mente aperta e disposti a sperimentare nuove forme di comunicazione, allora la soluzione dei conflitti funzionerà: con me non ha mai fallito, finora. Dopo qualche tempo, il nuovo approccio diventerà una seconda natura e scoprirete che è facile vivere e amare in pace.

Prendiamo, per esempio, Marilyn e Art.

Lo scatto di nervi

Marilyn e Art sono seduti in soggiorno. Lui comincia a esporle un'idea, riguardante il lavoro, che lei è certa di avere già sentito. Annoiata, fa roteare gli occhi, nel modo tipico in cui reagisce quando Art si ripete. Questo fa arrabbiare Art e lo rende stizzoso, tanto che sbatte con forza il pugno sul divano. Lei lo accusa di «comportarsi come un animale» e ha uno scatto di nervi. Arrgh!

Usando un approccio diverso, ecco come la situazione può evolversi.

Prevenire lo scatto di nervi

Marilyn e Art sono seduti in soggiorno. Lui comincia a esporle un'idea, riguardante il lavoro, che lei pensa di avere già sentito. Annoiata, fa roteare gli occhi. Come al solito, Art si agita e sbatte il pugno sul divano. Ma Marilyn gli dice: «Sei turbato. Che cosa vuoi che faccia?» E Art risponde: «Voglio che la smetti di roteare gli occhi e di dare per scontato di avere già sentito questa mia idea, perché non è così, cara». Lei ride e lo ascolta. In realtà lui non gliene aveva mai parlato. E lo scatto di nervi è stato evitato.

A volte è semplice, altre volte richiede un po' più di lavoro, ma gli esercizi riportati in questo libro vi insegneranno a prevenire gli scatti d'ira. In questo capitolo, alcuni esercizi sono stati ideati pensando alle coppie sposate e altri ai single, ma non lasciatevi spaventare da queste classificazioni. Gli esercizi per i single possono essere una carta vincente anche per i coniugi, persino per quelli che hanno anni di matrimonio alle spalle. Siate aperti e pensate positivo. Non lasciate che l'età o il tempo trascorso insieme vi dissuadano dal modificare il vostro comportamento. Una volta, nel corso di un seminario, una coppia di settantenni mi ha detto: «Alla nostra età, come facciamo a cambiare le abitudini di una vita?»

«Fatelo e basta», ho risposto io. Mi hanno dato retta. Mai rimanere ancorati alle proprie abitudini.

Ne vale la pena?

Volete che sia sincera? Forse no.

Io ho due criteri. Il primo è questo: se il vostro partner non è una brava persona, se in cuor vostro sapete che è egoista, che non pensa a voi e che non è fidato (e che sarà sempre così), in effetti non vale la pena di fare tutta la fatica d'imparare a risolvere i conflitti. Lasciate perdere.

Il secondo criterio è: dopo avere provato a fare gli esercizi qui proposti e dopo avere lasciato passare qualche mese, se non c'è nessun cambiamento positivo, se non rilevate nessun miglioramento nel modo in cui entrambi affrontate il conflitto, mollate tutto. Ci dev'essere un segno che il partner è disposto a cambiare le vecchie e distruttive abitudini che lo fanno andare in giro con i pugni stretti. Se avete a che fare con una persona più dura della pietra, non avrete certo voi il potere di trasformare la vostra relazione.

Se voi e il vostro partner non riuscite a soddisfare i criteri qui esposti, la soluzione dei conflitti non funzionerà.

E se siete voi gli unici disposti a impegnarvi?

Datemi retta: per il momento va bene così. È sufficiente riuscire una sola volta a risolvere con successo un confronto astioso con il partner, per entusiasmare entrambi e capire che si può fare qualcosa. Può sembrare strano, ma basta uno solo dei due a dare il calcio d'inizio. In questa prima fase non è necessario agire insieme. Gli esperti confermano che in un rapporto conflittuale una sola persona può tranquillamente aprire la strada, operare una trasformazione sbalorditiva che produce successivi cambiamenti e alla fine ricostruisce l'intero rapporto. Anche se uno solo dei due imbocca la strada della soluzione dei conflitti, l'altro quasi invariabilmente lo segue.

Tradizionalmente, il compito di «porre rimedio» alle sofferenze d'amore spetta alla donna (diciamolo: in genere siamo più brave noi), ma questo non vuol dire che la responsabilità di risanare una situazione negativa spetti solo alle lettrici. Entrambi i partner possono muoversi per primi.

La realtà dei fatti è questa: in cuor vostro sapete di essere il partner più maturo; dentro di voi siete convinti di essere più flessibile dell'altro? Bene, forse non sarà giusto, ma non è questo quello che conta. Forse non funzionerà sempre, ma spetta a voi – che leggete questo libro – fare il primo passo per far entrare la soluzione dei conflitti nella vita di entrambi.

UN SUGGERIMENTO

Non c'è mai una sola risposta esatta; l'idea è di mantenere aperto il dialogo finché le ragioni di entrambi non sono state ascoltate e capite.

Disattivare i tasti dolenti

Non ricordo dove l'ho letto, ma resta comunque un consiglio valido: «Prima di parlare, rifletti». Il partner potrebbe avere detto qualcosa di squallido, ingiusto o gratuito che vi ha ferito profondamente, ma aspettate un momento a replicare con una risposta sgarbata capace solo di toccare uno dei suoi tasti dolenti – dopo di che sarebbe guerra aperta.

Dunque, come si fa a incoraggiare la persona che amiamo, ma che ci irrita, a darsi una calmata?

Prima di parlare di altre strategie atte a smorzare la collera del partner, vediamo quanto siano divenute abili alcune persone ad allontanare la collera. Più vi eserciterete, più il compito diventerà facile.

Ecco dunque le esperienze di Lola e Bert, Tom e Mary, Ivana e Donald, Eric e Sandy, Jessica e Jerry, Walt e Joyce.

LOLA: Sei un caso senza speranza.

BERT: Cosa c'è che ti va bene di quello che faccio?

TOM: Mi fai troppe domande, a volte sei troppo curiosa.

MARY: Mi stupisce che la pensi così – credevo che volessimo condividere tutto delle nostre vite. Tu invece che idea hai in proposito?

IVANA: Sei talmente evasivo. Non so più se posso fidarmi di te.

DONALD: Mi spiace, non intendevo essere evasivo. Dimmi cosa vorresti che facessi.

ERIC: Non ho mai detto che avrei acquistato io il regalo per tua madre.

SANDY: Forse non mi sono spiegata bene, ma speravo proprio che lo facessi tu.

JESSICA: Dici che ti piacciono i bambini, ma appena accenno alla possibilità di averne uno nostro cambi subito discorso.

JERRY: Non so bene cosa voglio. Ecco perché ricevi messaggi contrastanti da me.

WALT: Credevo avessimo deciso di uscire con altri, ma se telefoni a casa di sera e non mi trovi, Dio ce ne scampi!

JOYCE: Reagisco così perché ti voglio bene e sono un po' gelosa, a prescindere da quello che abbiamo deciso. La prossima volta sarò più comprensiva.

Le strategie fondamentali

Avete già letto della Formula dei Cinque Passi, uno strumento fondamentale per risolvere i conflitti. Qui invece troverete alcune strategie fondamentali utilissime per ridurre la rabbia che minaccia i rapporti intimi. Le tecniche che seguono riassumono tutto ciò che sappiamo sulla soluzione dei conflitti, cioè che: dobbiamo scavare in profondità per scoprire le più intime divergenze tra noi, per poi parlarne in modo da essere più vicini.

Cominciamo.

Strategia 1. La meravigliosa metafora

Che effetto vi fa un conflitto? Prima di applicare gli strumenti del caso, scoprite come vi rapportate effettivamente con le situazioni conflittuali. Lo scontro vi spaventa, vi paralizza o pensate di potere imparare a trasformarlo in un'opportunità?

Ora vi chiedo di pensare al conflitto come a una metafora. Le metafore sono dei paragoni: un ottimo sistema per scoprire i nostri stessi tasti dolenti, perché quando si mettono a confronto due cose in modi inverosimili, si portano alla luce sentimenti segreti. Date un'occhiata all'elenco sotto riportato. Pensate a come il conflitto si applica a queste parole. Poi descrivete il conflitto usando ciascuna di queste parole come punto di partenza. Iniziate sempre la frase con: « Il conflitto è... »

Per esempio, supponete che vi fornisca la parola *ponte*. Potreste scrivere: « Il conflitto è un ponte perché ci sono due persone alle estremità opposte di ampi golfi da attraversare ». Poi, potreste scrivere ancora: « Il conflitto è un ponte perché le persone possono non essere d'accordo, ma poi s'incontrano a metà strada ». Oppure potreste dire: « Il conflitto è un ponte perché chi è arrabbiato può imparare ad avvicinarsi agli altri in sicurezza ».

Ora pensate a quello che il conflitto significa per voi con riferimento alle parole riportate in elenco. E costruite sempre una frase con questa struttura: « Il conflitto è... perché... »

- sinfonia
- isola deserta
- maschera
- incontro di boxe
- alba
- rompicapo
- ballo
- sogno
- pianta piena di spine
- tempesta
- statua.

Controllate le risposte fornite per vedere se sono principalmente negative o positive. Se il conflitto vi terrorizza, se la lite vi spaventa, potreste avere detto qualcosa tipo: « Il conflitto è una tempesta perché infuria, incontrollabile e spaventoso, e in una tempesta si può perdere tutto ». Una risposta negativa.

Ma se vi rendete conto che il conflitto può portare al cambiamento e costituire una sfida, potreste avere detto: « Il conflitto è una tempesta perché riempie di energia, stimola e ripulisce tutto ». Una risposta positiva. Visto che differenza?

Contate le risposte negative e quelle positive per avere un'idea di come considerate le situazioni conflittuali. Se dentro di voi sentite che il conflitto finisce con l'uccidere un rapporto, avrete fornito più metafore negative che positive e dovrete rimboccarvi le maniche perché avrete bisogno di apportare grossi cambiamenti. Se invece la maggior parte delle risposte è positiva, vi adatterete alla soluzione dei conflitti senza la minima esitazione. Quali che siano i vostri sentimenti innati rispetto al conflitto, il fatto che stiate leggendo questo libro dimostra che siete disposti a provare qualcosa di diverso. E questo è già buono.

Inserite ora la metafora nella vita reale.

Ricordate l'ultima grossa discussione o la divergenza di opinioni che avete avuto con il partner? Sintetizzatela in una frase di cinque o sei parole, sostituite questa frase alla parola *conflitto* e ripetete daccapo l'esercizio della metafora. Per esempio:

La cocciutaggine di Bob nel rifiutare i preservativi è una sinfonia perché...

Le menzogne di Luke sono un'isola deserta perché...

Potreste avere risposto: « La cocciutaggine di Bob nel rifiutare i preservativi è una sinfonia perché occorre leggere attentamente tra le righe per immaginarne la melodia ». Questo potrebbe portarvi a pensare: « Forse Bob una volta non è riuscito a raggiungere l'erezione perché indossava il profilattico e ora teme che si ripeta questa imbarazzante situazione ». Ecco individuata una motivazione inespressa. Oppure sareste portati a pensare: « E se Bob avesse qualche remora religiosa o qualche convinzione maschilista circa il controllo delle nascite di cui sarebbe opportuno discutere insieme? » Altra motivazione non espressa apertamente. Da qui, il passo è breve: « Senti, credo che dovremmo parlarne ».

Potreste anche avere risposto: « Le menzogne di Luke sono un'isola deserta perché mi fanno sentire disperatamente sola, perché mi danno l'impressione di essere abbandonata ». Anche se siete piene di negatività e disperate, un pensiero del genere indica la presenza di un problema da discutere. Dire a Luke che vi sentite abbandonate e sole quando lui non dice la verità è molto più produttivo, al fine d'iniziare un dialogo e porre fine a questo atteggiamento, che raggelarlo con un sintetico: « Luke, sei un maledetto bugiardo ».

UN SUGGERIMENTO

Quando una questione è troppo scottante, trasformatela in metafora e dite a voi stessi a che cosa « assomiglia » il conflitto e come vi fa sentire. Anche questo è un modo per aprire la strada a una migliore comunicazione con il partner.

Strategia 2. Anatomia di un conflitto

Spero che tradurre le frustrazioni in metafore vi abbia aiutato ad avviare un colloquio con il vostro partner. Ora siete pronti per il vero dialogo. Quello di cui parlo ora è uno strumento per la soluzione dei conflitti che ha la funzione di scavare in profondità per scoprire i veri motivi e le divergenze alla base del disaccordo. Le persone che hanno partecipato ai miei seminari mi hanno detto che è prezioso.

Sulla pagina a fronte vedete una tabella chiamata « Anatomia di un conflitto », il cui scopo è di sezionare una situazione conflittuale, proprio come un patologo analizzerebbe un cadavere per scoprirne la causa della morte. Questo esercizio aiuta a introdursi nella mente dell'altro – e questo vi fornisce il potere di guarire e di trasformare. Analogamente alla Formula dei Cinque Passi di cui avete letto nel Capitolo 1, l'« anatomia di un conflitto » disattiva la collera al fine di trovare un punto d'incontro da cui partire.

Ogni essere umano ha una sua anatomia, una sua struttura. Siamo fatti di sangue, sudore, lacrime, ossa, occhi, piedi e moltissime altre parti. Anche il conflitto ha una sua struttura. Il conflitto, una volta individuata la questione che vi angustia, si compone essenzialmente di cinque parti. Ecco come, mediante l'esercizio di « anatomia di un conflitto », potete sezionare il vostro conflitto personale e cominciare il processo di soluzione. Io vi indicherò il percorso e poi vedremo come altre due persone hanno esaminato il loro conflitto. Spetterà poi a voi eseguire il vostro esercizio di « anatomia di un conflitto. »

ANATOMIA DI UN CONFLITTO

Questione		
	POSIZIONE	
	BISOGNI	
	VALORI	
	PRESUPPOSTI	
	ASPETTATIVE	

Primo: definite il problema decidendo qual è la questione in ballo.

Per questione s'intende tutto quello che vi fa arrabbiare, che vi ferisce, che vi fa dare fuori di matto. Definite con precisione il problema, senza addossare la colpa a entrambi i partner o dare maggiori responsabilità all'uno più che all'altro. Sintetizzate la questione in una frase (o in una domanda).

Ecco alcune questioni adeguatamente definite che mettono in luce i problemi rimanendo imparziali:

Una questione ben definita: Quanto tempo è opportuno passare con i rispettivi famigliari?

Una questione ben definita: Se ci mettiamo insieme dobbiamo anche vivere nella stessa casa?

Prestate ora attenzione a queste questioni malamente definite:

Una questione malamente definita: Bob è uno spendaccione. (Dà la colpa solo a Bob)

La stessa questione, ben definita: Come dovremmo spendere i nostri soldi?

Una questione malamente definita: La casa è un porcile. (Dà la colpa solo a uno dei partner)

La stessa questione, ben definita: A chi spetta il compito di fare le pulizie?

Secondo: riempite le cinque parti che formano il vostro specifico conflitto: la posizione, i bisogni, i valori, i presupposti e le aspettative di ognuno. Prima però leggete le spiegazioni che seguono riferite alle singole parti.

1. *Posizione*. Che cos'è che ognuno pensa sia giusto che succeda? Ciascuno ha una sua posizione precisa che riflette il suo punto di vista e le sue richieste. Insistendo nel dire che la vostra posizione è quella giusta, non fate che arroccarvi su di essa e accentuare il conflitto.
2. *Bisogni*. Che cosa ciascuno pensa che debba avere l'altro o l'altra? Per bisogni si intendono la privacy, la sensazione di contare qualcosa, il desiderio di vedere riconosciuto il proprio operato, la sensazione di sicurezza, dimostrazioni di affetto...
3. *Valori*. Quali profondi principi sono importanti, moralmente validi e corretti per entrambi? Quali sono i valori che apprezzate maggiormente, sulla base della vostra cultura e della vostra esperienza? Qualcuno potrebbe mettere al primo posto la bellezza, un altro l'intelligenza, o la carriera o ancora la famiglia.
4. *Presupposti*. Che cos'è che considerate vero nell'affermazione dell'altro e rispetto a entrambi? Chi ritiene che la casa sia un porcile perché la partner è pigra e spetta a lei pulire, fa due presupposti che possono o no corrispondere al vero. Tendenzialmente, siamo portati a giudicare le persone sulla base della nostra mentalità. Per esempio: « Lui non mi telefona quando ritarda perché è insensibile e menefreghista ». Agire sulla base di presupposti in una situazione conflittuale è altamente pericoloso, perché ciò che diamo per scontato in realtà può

essere completamente sbagliato. Sono molti i tasti dolenti premuti a causa di presupposti errati.

5. *Aspettative*. Che cosa ciascuno prevede che accadrà? Che cosa vi aspettate che faccia l'altra persona? Che piega pensate prenderà il conflitto?

Terzo: quando avete completato le rispettive colonne dell'« anatomia di un conflitto », leggete le risposte fornite da entrambi. A turno, ponetevi le domande espresse dal partner per ottenere maggiori dettagli e spiegazioni da una prospettiva diversa dalla vostra. Ascoltatevi a vicenda e attentamente. Non interrompete l'altro né difendetevi mentre sta parlando. Limitatevi ad ascoltare. Poi spiegate le vostre ragioni.

Siamo pronti per cominciare. Leggete l'esempio che segue con estrema attenzione. Successivamente, vedremo com'è possibile sezionare il conflitto di Paul e Alice all'interno dell'esercizio di « anatomia di un conflitto ».

Paul e Alice. Chi viene prima: io o tua sorella?

Paul e Alice sono fidanzati. Stanno insieme da più di un anno. Il cognato di Paul è morto di recente e Diana, la sorella di Paul, gli ha chiesto di passare più tempo con i nipoti. Paul fa del suo meglio. Per stare di più con i bambini è stato costretto a trascurare un po' Alice. Certo, si sente in colpa quando la domenica mattina deve andarsene di buon'ora dall'appartamento di lei per portare i nipoti in chiesa e poi rimanere a giocare con loro, ma sa che è una cosa che va fatta. Farebbe qualsiasi sacrificio per la sorella minore e Diana effettivamente attraversa un momento difficile.

Alice cerca di essere comprensiva – e lo è – ma francamente pensa che Paul esageri con questi obblighi nei confronti della sorella. Si sente trascurata, quasi all'ultimo posto nelle priorità del fidanzato. Oltre a passare poco tempo con lei di domenica, lui arriva sempre in ritardo agli appuntamenti, quando addirittura non li cancella. E anche quando riescono a stare insieme, lui sembra distante. Alice sospetta che ci sia sotto qualcosa, qualcosa che lui le nasconde.

Ecco una loro recente conversazione telefonica:

PAUL: Ascolta, Alice, sono davvero spiacente. Ho portato a casa i ragazzi e ho perso il treno. A questo punto riuscirei appena ad arrivare da te ma poi dovrei scappare via subito, perché domattina ho un appuntamento di buon'ora. Perciò penso proprio che non verrò.

ALICE: Andiamo bene. Che delusione.

PAUL: Me ne rendo conto, ma non posso farci niente.

ALICE: Mi sembra che ultimamente stia succedendo sempre più spesso.

PAUL: Senti, adesso non posso parlare. Ti chiamo domani. Magari possiamo pranzare insieme.

ALICE: Oh, non vorrei mai farti perdere tempo. E comunque ho già un impegno.

ANATOMIA DI UN CONFLITTO

Questione: il nostro rapporto sta peggiorando		
PAUL Devo dedicare la maggior parte del mio tempo libero ai miei nipotini, e tu non lo capisci.	POSIZIONE	ALICE La tua ossessione per tua sorella e i suoi problemi sta rovinando il nostro rapporto.
Devo essere una figura paterna per i miei nipoti, che hanno bisogno di avermi vicino. E devo anche comportarmi da fratello maggiore e aiutare mia sorella in questo momento terribile.	BISOGNI	Ho bisogno che tu mi dedichi più attenzione. Ho la sensazione che ci stiamo allontanando. Questo mi spaventa e ho bisogno di essere rassicurata circa il tuo impegno nei miei confronti.
Le responsabilità famigliari hanno la precedenza quasi su tutto.	VALORI	Perché crescano, i rapporti vanno coltivati.
Non ti rendi conto dello stress cui sono sottoposto. Pensi solo a te stessa.	PRESUPPOSTI	Stai usando i ragazzi come scusa per allontanarti da me. Tua sorella viene prima di me.
Finirò con lo stancarmi e con il perdere interesse nei tuoi confronti, visto che ti offendi per tutto quello che faccio.	ASPETTATIVE	Ci stiamo allontanando sempre di più.

A questo punto, analizziamo il disaccordo secondo le indicazioni fornite nell'« anatomia di un conflitto ». Paul e Alice dovrebbero completare ognuno la propria colonna. Dovrebbero descrivere le loro sensazioni utilizzando delle frasi sintetiche. È indispensabile che siano onesti – anche se farlo è imbarazzante o fa male. Nell'esempio potete vedere come potrebbe risultare la tabella anatomica di questa coppia.

Dopo che entrambi hanno completato separatamente la loro « anatomia », arriva il momento di parlare. Infatti devono discutere insieme delle loro scelte. Ognuno legge ciò che ha scritto l'altro, e fa delle domande per ottenere maggiori informazioni. Ogni domanda confermerà la posizione altrui, facendo capire all'altro che il suo punto di vista è stato veramente *ascoltato*. Vediamo come:

ALICE: Non mi ero mai resa conto di quanto fossi attaccato a tua sorella.

PAUL: È vero, le sono molto affezionato, sicuramente perché non abbiamo potuto contare su un padre. Siamo stati ognuno un'ancora di salvezza per l'altro. Ricordo bene com'ero triste e solo quando è successo e voglio che non accada lo stesso ai miei nipoti. Avrei dovuto spiegarti meglio quello che provo: è un momento molto difficile per me.

ALICE: Ci conosciamo da due anni, ma non ho mai saputo che tuo padre vi avesse abbandonato. Adesso voglio saperne di più, anche se avrei dovuto informarmi prima del passato tuo e della tua famiglia anziché pensare solo a noi nel presente.

PAUL: Ma ora fai parte anche tu della famiglia. Anzi, ne sei una parte importante. Solo che mi sono fatto prendere talmente dai miei problemi da non lasciarti lo spazio al quale hai diritto. Ti ho ignorata più di quanto pensassi. Che cosa hai provato? Come ti sei sentita per quello che è successo?

Paul e Alice cominciano appena a capire il punto di vista dell'altro; ambedue cominciano ad assumersi una parte di responsabilità per la mancata comunicazione.

ALICE: Non ci siamo detti quello che avevamo in mente, vero? Ero sicura di sapere quello che pensavi, e invece mi sbagliavo. Il mio presupposto che tu fossi troppo attaccato a tua sorella era fuori luogo. Francamente, ammiro la tua devozione verso quei due bambini. Sei uno che tiene alla famiglia e questo è un bene, non una cosa di cui avere paura.

PAUL: Ero un po' giù a causa tua, perché credevo che non t'importasse niente dei miei nipoti. Ho sempre dato per scontato che cercassi di allontanarmi da loro per stare di più insieme noi due, e quando succedeva mi sentivo tremendamente in colpa perché trascuravo quei poveri orfani. Sai, l'altra sera avrei potuto venire da te, anche se solo per pochi minuti, ma temevo che avresti cominciato a brontolare e a litigare.

ALICE: Litigare? Ti avrei abbracciato stretto perché mi avresti dimostrato che t'importava di noi. Senti, possibile che non ci sia il modo di vederci abbastanza regolarmente come prima, anche se tu dedichi del tempo ai tuoi nipoti? Non potremmo vederci tutti insieme? Per esempio, perché non li porti qui?

PAUL: Ma come ho fatto a essere tanto stupido? Certo che sì! Così è tutto più semplice. Davo per scontato che tu non volessi avere niente a che fare con loro, che fossero una responsabilità solo mia, non tua. Certo che possiamo fare un sacco di cose insieme, se a te va bene.

ALICE: Per me non ci sono problemi. Mi sento già un'altra persona. Perché domenica, dopo la messa, non li porti qui a vedere la partita alla tele? Poi potremmo cucinare qualcosa tutti insieme.

Paul e Alice hanno utilizzato lo schema dell'« anatomia di un conflitto » per cominciare a scoprire le reali questioni che intralciano la loro relazione. Naturalmente, in questa sede le questioni sono state semplificate ed entrambi hanno ancora un sacco di lavoro da fare, ma almeno hanno mosso il primo passo e avviato un processo che si trasformerà nell'abitudine a dialogare: stanno scavando più in profondità per tirare fuori i veri motivi del loro disagio. Eliminati i malintesi, Alice e Paul sapranno imboccare altre nuove vie per risolvere le loro diversità. Come ha commentato Paul, « Così è tutto più semplice ».

Già, è facile, ma solo se si sa come muoversi. Durante un conflitto, all'interno di una relazione intima, spesso ci arrocchiamo dalla parte della ragione/del torto.

RAGIONE / TORTO

ALICE: Ho ragione io perché voglio che il nostro rapporto cresca.

PAUL: Ho ragione io perché ho altre responsabilità.

ALICE: Lui sbaglia perché si preoccupa più degli altri che di me.

PAUL: È lei che sbaglia perché è egoista e non mi capisce.
Questo è un esempio comunque *negativo*.

Una volta che hanno imparato a usare gli strumenti della soluzione dei conflitti, Alice e Paul non si fisseranno più su posizioni negative. Il presupposto di entrambi – che finiranno col separarsi – non deve necessariamente tramutarsi in realtà dopo che avranno trovato un punto d'incontro.

Completate il vostro schema facendo una copia della tabella vuota. I risultati migliori si ottengono se l'esercizio viene eseguito separatamente, prima da uno e poi dall'altro, e se si discutono successivamente insieme i motivi delle scelte. Naturalmente, non esistono obblighi di sorta e se preferite completarlo insieme al partner, fatelo pure. Sia che lo facciate da soli o con il partner, prima però dovrete concordare sulla questione che vi affligge e sintetizzarla in una frase. Poi ognuno procederà a completare la propria colonna, cioè i cinque elementi del conflitto – posizioni, bisogni, valori, presupposti e aspettative – dal suo punto di vista.

Se il vostro partner non vuole collaborare, non disperate e rammentate che basta una persona per cominciare a modificare il rapporto. Provate in questo modo: sforzatevi di capirlo, intrufolatevi nella sua mente e riempite voi la sua colonna con le risposte che pensate avrebbe fornito. Se non sapete veramente *niente* del suo punto di vista, allora questo esercizio non potete assolutamente saltarlo. *Dovete* scoprire come la pensa. Se siete costretti a fare voi l'esercizio anche per il partner, certo otterrete risultati meno precisi, ma vi garantisco che riuscirete ugualmente a scoprire notevoli indizi sul suo modo di vedere le cose e che vi aiuteranno a scoprire i veri problemi al di là di tutte le maschere.

Ora fatevi delle domande a vicenda sulla base di quanto avete scritto. Avete imparato qualcosa sull'altro? Bene.

UN SUGGERIMENTO

Per amare in maniera più completa, dovete imparare ad apprezzare il mondo dell'altro, soprattutto nei momenti di confronto.

Strategia 3. Scavare più a fondo

È d'importanza vitale. Anche se alcuni conflitti sono effettivamente solo ciò che sembrano, la maggior parte deriva da questioni nascoste: divergenze basilari in termini di valori o una ferita di vecchia data che nulla ha a che vedere con il bisticcio del momento. L'unico modo per arrivare al nocciolo della questione, quello vero, è scavare più in profondità. Come? È tanto semplice quanto porre le domande giuste. Ecco quattro domande magiche che hanno il potere di scavare più a fondo, sempre che siano poste nel bel mezzo del conflitto:

Non potresti parlarmi un po' di più di...?

C'è qualcos'altro che pensi debba sapere e che ancora non mi hai detto?

Non potresti spiegarmi meglio cosa intendi?

Come vuoi che evolva la cosa?

Strategia 4. Il modo in cui si dicono certe cose

Non è possibile seppellire rabbia e frustrazione. Entrambe debbono essere ben visibili, entrambe devono essere discusse. Ma come esprimere quello che sentiamo di avere nel cuore e che consideriamo tanto importante? Le nostre parole irriteranno ancor di più il partner o lo ispireranno ad avvicinarsi a noi? La comunicazione diventerà più fluida o s'interromperà del tutto? Dipende tutto dal modo in cui si dicono certe cose. Per esempio, potreste amare profondamente il partner, potreste volerlo aiutare davvero, eppure lui è sempre pronto a saltarvi in testa! Che cosa lo fa arrabbiare? Che cosa tocca i suoi tasti dolenti? Forse siete proprio voi, anche quando pensate di essere d'aiuto.

DETONATORI E DISINNESCHI

Detonatori dei tasti dolenti	**Disinneschi dei tasti dolenti**
Devi...	Hai voglia di...?
Sei una persona impositiva.	Non potremmo prendere in considerazione altre possibilità?
Sei proprio uguale a tuo padre.	Non c'è che dire: hai le tue idee, anche se riconosco alcuni tratti di tuo padre in te.
Sei stupido.	Puoi spiegarmi perché sei convinto di questo?

Domattina ti sentirai meglio.	Io mi sento sempre meglio alla mattina, magari sarà così anche per te.
Cerchi solo di attirare l'attenzione.	Non potremmo dividere con gli altri la luce dei riflettori?
Tu hai un problema.	Cerchiamo di risolvere insieme questo problema.
Perché non vuoi mai ascoltarmi?	Sono disposto ad ascoltare tutto quello che hai da dirmi. Tanto sono sicuro che dopo farai altrettanto con me.
C'è chi ha torto e chi ha ragione.	Vediamo di trovare una soluzione che vada bene a entrambi.

Qual è la lezione? Trovare modi neutri per dire al partner quello che volete dire, senza giudicarlo, insultarlo, fargli la predica o farlo arrabbiare.

Strategia 5. Non inghiottire la rabbia; non avere segreti

Lois e David sono una bella coppia, ma sono anche due che toccano continuamente i tasti dolenti dell'altro, perché non hanno imparato che rimuginare e tenersi tutto dentro non fa per niente bene alla loro intesa sessuale.

L'aspetto positivo della rabbia, tra due persone che si amano, è che a volte questa si trasforma in una sferzata di energia. Quando siamo arrabbiati, sentiamo i sensi tornare a nuova vita e la passione crescere di conseguenza.

Dunque, la collera va espressa o trattenuta? Indubbiamente espressa, ma con ponderazione. La rabbia repressa è spesso nemica dell'intimità. Pur non confessando la collera e anzi dicendo a noi stessi di essere delusi, rattristati o feriti dal partner, ci sentiamo ugualmente furiosi. Le difficoltà saltano fuori quando seppelliamo la nostra collera, perché la rabbia repressa scotta solo a sfiorarla.

Ecco qui due storie relative a Lois e a David. La prima li ritrae intenti a mantenere segreti e inghiottire la rabbia – e praticamente a distruggere quella che era una bella relazione. La seconda versione li vede intenti a imparare come esprimere la collera, come confidare i segreti più intimi, e rivendicare così il loro amore.

STORIA 1. PERCHÉ MENI IL CAN PER L'AIA?

Lois, trent'anni, e David, trentasei, si frequentano da un anno e hanno cominciato ad amarsi. Lois è una single intraprendente che ha avuto una vita sessuale attiva ma anche selettiva. David, già sposato con una compagna di scuola, ha ottenuto il divorzio da un anno. Sebbene abbia avuto meno esperienze sessuali di Lois, possiede una meravigliosa vitalità e una notevole intelligenza che lei ammira. David ha cominciato a premere perché Lois si trasferisca da lui. Lei esita perché sa che il trasferimento prelude al matrimonio. David è eccezionale sotto ogni altro aspetto, ma per lei il sesso conta molto e in realtà in quell'ambito non ha ancora sentito suonare le campane. Quel che è peggio, è imbarazzata a dirlo a David, anche perché non vuole ferirlo.

Ultimamente l'atmosfera si è fatta tesa. La collera sta montando, e nessuno dei due è sicuro del perché. Finché, un giorno:

DAVID dice: Sono tre mesi che ti chiedo di venire a stare da me e puntualmente mi sento rispondere vedremo, non mi sento pronta, non ho tempo di parlarne adesso. Lois, sto perdendo la pazienza. Mi dispiace veramente, ma se non risolviamo questa faccenda subito, io ci ripenso.

DAVID presume: *Sta tirando per le lunghe finché non incontra qualcuno meglio di me. Mi sta usando.*

LOIS dice: Smettila di minacciarmi e soprattutto abbassa la voce. Se non fossi così insicuro e infantile, saresti più sensibile alle mie esigenze e quello di cui ho bisogno adesso è proprio un po' più di tempo.

LOIS presume: *Se adesso tiro fuori la questione del sesso, lo distruggo. Nessun uomo accetta critiche alla propria virilità.*

DAVID dice: Ma quanto tempo ti serve? Perché meni il can per l'aia? Io ti amo, ma i casi sono due: o la nostra relazione va avanti o finisce. Diavolo, è così frustrante!

DAVID presume: *Sta prendendo tempo perché vuole sicuramente qualcosa da me. Devo agire con fermezza. È questo che le donne si aspettano dagli uomini.*

LOIS dice: Senti, secondo te la nostra relazione va bene così com'è?

LOIS presume: *È un problema di controllo: lui sta tentando di controllare il rapporto. Oh, non riuscirò mai a parlargli della storia del sesso. È destino. Non l'ho mai visto così agitato, così accalorato.*

DAVID dice: No, non credo certo che sia perfetta, ma sono convinto che ci sia modo e modo di affrontare le cose, e i tuoi sotterfugi, i tuoi segreti sono sicuramente quello sbagliato. Non sei altro che una bambina viziata.

DAVID presume: *Sta cercando di controllare la nostra relazione e sicuramente ha un altro. Sto male all'idea, ma comincio anche ad averne piene le tasche. Da un matrimonio fallito a... questo. Proprio non mi ci voleva!*

ANALISI

Una cosa è certa: David ama Lois. Anche Lois, a quanto pare, ama David. Cercano entrambi di esprimere il loro sentimento, ma non ci riusciranno mai se continuano a partire dai presupposti sbagliati. In effetti nel loro rapporto potrebbero esserci questioni di controllo e procrastinazione, ma di fatto Lois nasconde il vero problema: il sesso con David non è entusiasmante. Lui semplicemente non conosce le sue zone erogene e non ha molta esperienza in questo campo. Lois ha avuto amanti che la eccitavano con la lingua, con le dita, con cubetti di ghiaccio. Cubetti di ghiaccio? Proprio così. La passione per lei è veramente importante.

È imbarazzata e timida a parlargliene, anche se sa che non potrebbe mai sposare nessuno se non si sentisse sessualmente appagata da lui. Spera che col tempo le prestazioni migliorino da sé. E nel frattempo rimanda il suo trasferimento da David ed evita di metterlo di fronte alla sua insoddisfazione.

Ma ormai la crisi è inevitabile: entrambi hanno schiacciato i tasti dolenti dell'altro. Deluso e disperato, lui le fa la predica (c'è modo e modo...), la giudica (sei una bambina viziata) e minaccia di troncare la relazione. Lei si sente arrabbiata, abbandonata e non amata. Lo accusa di essere prepotente, insicuro, infantile. Agli insulti e alla psicologia spicciola di lei, lui reagisce negativamente: è furioso e offeso per la mancanza di rispetto. Entrambi sospettano che l'altro stia cercando di controllare il rapporto, mentre tutti e due in realtà tentano di correre ai ripari.

Vediamo ora di riscrivere il copione in modo che entrambi smettano d'ingoiare il rospo e tenere segreti.

STORIA 2. BUTTA FUORI TUTTO

Il culmine della collera di David può diventare un fattore scatenante di cambiamento nella loro relazione, ma tenere segreti e nascondere la propria rabbia ha un effetto terribilmente distruttivo.

LOIS dice: Capisco perché sei turbato e perché pensi che non sia stata completamente onesta. Hai ragione. Non sono stata affatto disponibile. Però ti assicuro che quando hai minacciato di lasciarmi, ho visto rosso. Non è così che si discute.

DAVID dice: Be', mi dispiace, ma sono veramente offeso. Ho l'impressione che tu stia giocando con me. Anzi, sai una cosa? Non sono solo offeso, ma anche infuriato. Mi nascondi qualcosa?

LOIS dice: Forse è così. Ma per me è difficile parlarne e non voglio ferirti.

DAVID dice: Lo sapevo! Ascolta, sono forte abbastanza. Hai un altro?

LOIS dice: No, no, non c'è nessuno. Riguarda il sesso, se proprio lo vuoi sapere.

DAVID dice: Il sesso? Il sesso tra noi? Perché me l'hai tenuto nascosto per tutto questo tempo?

LOIS dice: Visto che il resto andava bene, non volevo rovinare tutto. Ascolta, tesoro, per me è veramente difficile parlarne. Ti ho lasciato credere che a letto facessimo faville, ma non è così. Non mi sento completamente appagata e questo non perché non ti ami.

DAVID dice: Mi dispiace che ti sia sentita così. Meriti di più. Capisco che per te debba essere stato davvero penoso tirare fuori la questione. Ma sai cosa ti dico? Voglio davvero cercare di migliorare la nostra intesa sessuale. Spiegami quali sono le tue esigenze. Che cosa posso fare?

LOIS dice: Ho bisogno che tu vada più piano. Ho bisogno che mi tocchi di più e non intendo solo con degli abbracci. Voglio provare qualcosa di nuovo con te. Il sesso tra noi è così... blando.

DAVID dice: Ed è questo che mi nascondevi? Era necessario che lo sapessi. Non sarò Tom Cruise, ma voglio imparare. Cassette, filmini, potremmo vedere quelli? Senti, non dico di non essere un po' risentito, ma c'è una cosa che non sai di me: imparo alla svelta. Ti amo, Lois. La prima lezione: adesso o dopo cena?

E da quel momento vissero felici e contenti.

UN SUGGERIMENTO

Per dire la verità occorre essere in due. Uno che parla e l'altro che ascolta.
HENRY DAVID THOREAU

Strategia 6. L'accettazione

La terapia dell'accettazione è un approccio alla soluzione dei conflitti proposto nel libro *Reconcilable Differences* («Differenze conciliabili») di Andrew Christensen e Neil Jacobson, ed è un modo nuovo di definire una verità che mi è cara da anni: quando tutto fallisce, non resta che cercare di accettare le reciproche differenze, anche quelle che ci fanno imbestialire. In alcune situazioni, la semplice accettazione delle diversità dell'altro si rivela più produttiva dei tentativi di apportare cambiamenti, anche se ritengo che quest'ultima soluzione sia da preferire. Nonostante che gli autori avvertano ripetutamente che questo approccio può essere controproducente, essi sostengono che l'accettazione delle caratteristiche e dei comportamenti irritanti del partner spesso portino alla comprensione. E i partner comprensivi sono maggiormente disposti ad agire in maniera produttiva nelle situazioni conflittuali. La loro teoria? Quando i partner si sentono spinti a cambiare, spesso si mettono sulla difensiva, spiegano gli psicologi, ma se si sentono accettati e compresi, tendenzialmente cambiano di loro volontà. E anche se non si verifica alcun cambiamento, accettazione e comprensione tendono a unire di più la coppia. È una strategia che vale la pena di provare.

Cambiare

Date retta a me: le coppie felici hanno relazioni in continuo cambiamento. I peggiori nemici dell'intimità sono l'apatia e la stagnazione. Imparare a spegnere i tasti dolenti della persona amata dipende dalla capacità di comunicare in modi nuovi, modi di cui avete letto e leggerete in questo libro. Fatelo, e le possibilità di migliorare l'affiatamento della coppia cresceranno in maniera esponenziale.

Siate pazienti. Il vostro stile conflittuale è parte di voi da sempre e non sarà facile calmarvi dopo che vi avranno fatto infuriare. Ma ricordate che i risultati, quelli veri, derivano dal cambiamento e non da quanto segue:

- **Attaccare senza pietà.** I tasti dolenti ci sono. Anche se l'altro sembra essere il prepotente e voi vi sentite le vittime, cercate di non tirare fuori la questione che lo ferirà maggiormente (sapete perfettamente qual è: una sua occasionale defaillance, il fatto di non essersi laureato, il suo licenziamento). Rendere pan per focaccia, attaccando l'altro nel suo punto più sensibile, vuol dire giocare sporco e non fornisce alcun risultato utile.

- **Fare il pieno.** Sedate gli scatti d'ira appena si manifestano, cercando di arrivare immediatamente al nocciolo della questione anziché inghiottire e accumulare risentimento fino a fare il pieno. Poi basta una scintilla per esplodere.
- **Dire cattiverie.** Non toccate i tasti dolenti altrui facendo leva sul senso di colpa, ricorrendo al sarcasmo, sbraitando o lanciando accuse. Non funziona mai per far sbollire la collera.

Potete riuscirci. Credetemi.

6

I TASTI DOLENTI E LA FAMIGLIA

Le famiglie felici sono tutte uguali;
ogni famiglia infelice lo è a modo suo.

TOLSTOJ

Pensate alle mille possibili occasioni d'infelicità che offre la vita famigliare! Ci sono la suocera e il suocero, due elementi critici, per non parlare dei vostri stessi, spesso irritanti, genitori; c'è la cognata che giudica ogni vostra azione, il fratello scervellato, i cugini, gli zii – e non dimentichiamo le parentele acquisite con precedenti matrimoni (il 75 per cento circa dei divorziati poi si risposa). Abbiamo già parlato della rabbia interiore dei bambini, ma anche noi adulti abbiamo i nostri campi minati disseminati di tasti dolenti un po' ovunque. Avete più parlato con vostra sorella dopo la litigata dell'anno scorso? E che dire di vostro cognato, quello che non ha mai potuto sopportarvi? Come si sentirà vostro marito vedendo che tra voi e suo fratello c'è una frattura insanabile, e come vi sentirete voi nel vederlo sempre triste per questo motivo?

Le possibilità di conflagrazione sono innumerevoli. Feudi famigliari, rivalità tra consanguinei e pressioni da parenti acquisiti creano tasti dolenti esposti e invitanti. A volte si ha l'impressione che solo i santi sappiano resistere al richiamo ammaliante di queste pericolose sirene.

È pur vero che alcuni rari nuclei famigliari sembrano derivare direttamente dai geni di Heidi. Hanno pochi litigi, quasi nessuna tensione avvertibile e quando sorge un problema, si sforzano di parlarne prima che gli animi s'infiammino. Ma la maggior parte delle famiglie non ha questa fortuna. Questi volubili congiunti sembrano proprio incapaci di tenere a freno la lingua. Sono granitici e in un conflitto non vedono che un punto di vista: il loro. Esigono le nostre scuse. Non possono mai essere loro i primi a compiere un gesto di pace.

Benissimo, allora perché non lasciare perdere i famigliari così come facciamo con i conoscenti che ci fanno girare le scatole?

Perché preoccuparsi di mantenere buoni rapporti con i parenti che hanno un brutto carattere?

Valutare le conseguenze

Avete avuto un contrasto con un famigliare. Che cosa succederà a voi e al resto della vostra famiglia se non sistemate la questione? Immaginate quali potrebbero essere gli esiti, e siate molto specifici.

Per esempio:

- Se mia cognata e io non risolviamo i nostri disaccordi, non vedrò crescere i miei nipotini, e questo mi dispiacerebbe molto.
- Se non faccio la pace con mio fratello, a Natale non potremo mai riunirci tutti come una vera famiglia. Come lo spiegherò ai bambini? Così facendo non fornirò loro un esempio negativo per le loro future relazioni?
- Il mio ex marito: certo, sarebbe bello escluderlo completamente dalla mia vita, ma che ripercussioni avrebbe su nostro figlio e sul rapporto con la nonna paterna, a cui sono personalmente molto legata?

Tre regole

Ecco, per i principianti, tre leggi, tra le più efficaci, dell'arte d'ingentilire i rapporti conflittuali all'interno dei gruppi famigliari:

1. *Qui non c'entra tanto vostra sorella in quanto tale (fratello, madre...), quanto piuttosto la vostra reazione a questa persona nei momenti di collera.* Se progettate di cambiare vostro cugino o di far sì che tutti quelli che vi circondano vi diano ragione nel dire che non è una brava persona, non avete la benché minima possibilità di disinnescare i suoi tasti dolenti. Invece, rammentate che basta una persona per operare un cambiamento cosmico: voi. Cominciate col fare marcia indietro, col calmarvi, col vedere le cose dal *suo* punto di vista: fategli capire che lo ascoltate. Poi riflettete: perché i vostri tasti dolenti vengono attivati tanto facilmente (una paura personale, un episodio del passato che ancora brucia, un'offesa alla vostra dignità,

un insulto rivolto ai vostri amici o al vostro stile di vita). Correte il rischio: condividete questi pensieri con vostro cugino. Cambiare la propria reazione spesso conduce a un terreno comune, nel quale è possibile soddisfare in maniera ragionevole le esigenze di entrambi.

2. *Imparate a conoscere i vostri tasti dolenti, poi pensate in anticipo alla vostra prossima mossa da fare.* Sapendo dove sono posizionati i vostri tasti dolenti, potrete praticamente scrivere il copione del prossimo incontro con quel famigliare che ne conosca anche lui l'ubicazione – e che non esiterà a toccarli, statene certi. Che cosa vi fa arrabbiare? Se ancora non lo sapete, eccovi un semplice sistema per individuare le questioni che più vi fanno imbestialire.

In privato, redigete un breve elenco delle persone che trovate seccanti, poi, con una decina di parole al massimo, spiegate sempre per iscritto perché non le potete sopportare. Per esempio:

- mia sorella Linda: è esagerata, pensa di sapere tutto lei;
- mia madre: mi tratta come una bambina;
- il mio ex marito: è pigro e falso;
- la cugina Mary: non fa che lamentarsi; dice di avere una vita schifosa e si aspetta sempre qualcosa dagli altri;
- lo zio Sherman: è sarcastico; sminuisce le mie opinioni e le mie scelte;
- mia suocera: cerca di dominarmi;
- mia cognata: anche lei cerca di controllarmi.

A questo punto avete individuato alcuni dei vostri tasti più sensibili. Chiunque agisca con superiorità, vi tratti da bambini piccoli, menta, si lamenti, vi coinvolga in una lotta di potere o lasci intendere che siete una nullità, vi fa infuriare. Questi comportamenti per voi rappresenteranno sempre delle bandiere rosse, degli avvertimenti. Ora che sapete che cosa irrita i vostri tasti dolenti, potete anche prevenire le situazioni di stress, pensare in anticipo a come muovervi e scegliere come reagire all'avvicinarsi di coloro che vi seccano. Siete in vantaggio, avete voi il controllo della situazione.

Per esempio: immaginate che, alla tradizionale riunione di famiglia per Natale, Linda vi prenda in giro perché siete insegnanti di ginnastica (lei è convinta che gli insegnanti di ginnastica siano tutti ignoranti) e che spettegoli su qualcuno che a voi piace molto. L'ha già fatto in passato, e voi avete reagito in maniera così violenta da rovinare la festa a tutti. Quando accadrà di nuovo, perché accadrà ancora, decidete in anticipo che piega volete che prenda la faccenda. Per raggiungere questo obiettivo, immaginate il dialogo. Pensate a quello che Linda dirà e preparatevi una replica che non sia né una difesa né un attacco ma una semplice informazione. Potete spingervi anche oltre e anticipare la battuta di Linda e la vostra replica ulteriore. Ci sono buone possibilità che riusciate a disattivare un tasto dolente. La pace regna, anche se Linda continua a non essere la persona che preferite.

3. *Che cosa voglio veramente?* Nei momenti critici, ponetevi questa domanda: Che cosa voglio veramente? Rispondete con un paio di frasi al massimo. Se riuscite a esprimere con chiarezza e precisione quello che volete realmente, potrete anche spostare il conflitto dal piano dei sentimenti offesi a quello delle questioni reali e progettare di ottenere ciò che vi sta davvero a cuore. Questa tecnica vi calma all'istante e aiuta a tranquillizzare anche gli altri. Nel bel mezzo di uno scontro con vostro fratello, per esempio, potreste dirvi: Che cosa voglio veramente?
   Voglio che mio fratello mi rispetti. Perciò, incasserò il colpo e non gli ricorderò del suo divorzio o del suo fallimento in affari per vendicarmi del suo odioso commento. Invece, piloterò il discorso su qualcosa d'interessante di cui mi sto occupando e chiederò il suo consiglio al riguardo. Così facendo, lo costringerò ad ascoltare una questione che mi riguarda, ma nel contempo lo adulerò chiedendogli la sua opinione. E l'atmosfera si alleggerirà.
   Voglio che mia madre accetti le mie decisioni senza cercare di farmi cambiare idea. Pertanto, non la eviterò – non la escluderò dalla mia vita – ma non permetterò alla collera che provo di crescere e di rovinare il nostro rapporto. Al contrario, sfrutterò l'energia che ho dentro per mettermi nei suoi panni e per insegnarle a fare altrettanto con me. Cercherò di creare un terreno comune sgombro da ogni ostacolo su cui incontrarci.
   Voglio parlare seriamente con lo zio Sherman senza che

lui mi derida o non mostri alcun riguardo per le mie convinzioni. Prima di tutto, non mi ritirerò in buon ordine (manovra tipica di chi vuole la pace a tutti i costi) appena lui comincerà a mettermi a disagio o ad accusarmi. Userò invece la Formula dei Cinque Passi: farò un passo indietro per avere un quadro più completo della situazione, confermerò la sua prospettiva, otterrò maggiori informazioni sul suo punto di vista e poi esporrò tranquillamente le mie opinioni. Alla fine, troveremo un punto di contatto. Sono intenzionato a rompere il modello di comunicazione fasulla. Non proverò più vergogna e non mi sentirò più in colpa se non lo merito.

Vergogna e colpa

Il gioco della vergogna/colpa si ripete senza fine nelle situazioni famigliari. Inizia nella prima infanzia e viene costantemente riproposto. Se avete trentasei anni e soffrite per un recente divorzio, aspettatevi pure che alla prossima riunione di famiglia lo zio John ricordi quella volta che, a sedici anni, siete uscite con quel ragazzo che poi è finito in galera.

«Hai scelto sempre dei perdenti», sentenzia serafico vostro zio. Accidenti, altro che tasto dolente premuto!

Nel bel mezzo delle discussioni, i famigliari rivangano sempre le vecchie storie e i vecchi sentimenti, conoscono le vostre esperienze passate. Lo stesso senso di vergogna e di colpa, che avete provato quando eravate piccoli e non potevate difendervi, è destinato a far parte del vostro presente e del vostro futuro, fintanto che avrete una famiglia. Non che i vostri parenti siano cattivi, è solo che sono... parenti. Oltre a fare un mucchio di cose positive, spingono anche i tasti dolenti.

Ecco il repertorio tipico dei famigliari che vi incolpano o vogliono farvi vergognare.

VERGOGNA / COLPA

- Non sai proprio giudicare gli uomini.
- Non capisci mai niente.
- È colpa tua.
- Non dimostri il minimo rispetto per me.

- Mi hai frainteso completamente.
- Non t'importa niente di me.
- Mi tratti sempre con condiscendenza.
- Mai una volta che dimostri di apprezzare quello che faccio.
- È questo il modo in cui educhi i tuoi figli?

Niente vi fa imbestialire più di queste parole taglienti e ingiuste, giusto?

Dunque, come uscire dalle pastoie del senso di vergogna/colpa e trasformare questi irritanti commenti in stimoli positivi sia per voi che per il rapporto? Prima di tutto, non mettetevi sulla difensiva, non replicate sullo stesso tono e non sognatevi nemmeno di spiegare perché quella particolare affermazione è assolutamente ingiusta. Ricorrete allo humour – se siete dei tipi spiritosi – però senza mai scivolare nel sarcasmo, e non prendete mai in giro chi vi ha attaccato.

La reazione vincente è questa.

Fate sbollire la collera

FAR SBOLLIRE LA COLLERA

- Non so giudicare gli uomini? Grazie a Dio c'è n'è sempre un altro su cui far pratica.
- Dici che non capisco mai niente? Spiegati meglio affinché possa capire.
- È colpa mia? E cosa avrei fatto che ti ha convinto di questo?
- Pensi che non ti rispetti? Come possiamo agire insieme per migliorare la situazione?
- Pensi che fraintenda quello che dici? Non è certo mia intenzione farlo. Come posso rimediare?
- Sei convinto che non ti voglia bene? Vediamo invece come *ti ho dimostrato* di tenere molto a te.
- Ritieni che ti tratti con condiscendenza? Cerchiamo il modo di essere entrambi più sensibili e attenti reciprocamente.
- Dici che non ti dimostro mai il mio apprezzamento? Forse hai ragione. Dimmi come pensi che dovrei comportarmi in futuro.
- Non ti piace il modo in cui tiro su i bambini? Fammi qualche esempio concreto per capire che cos'è che ti preoccupa.

Le frasi sopra riportate funzionano perché sono state appositamente costruite per disarmare chi intende spingere i vostri tasti dolenti. Una parente potrebbe toccare un nervo scoperto semplicemente per abitudine, non perché intenda ferirvi. Oppure perché è maliziosa o addirittura perché è cattivella. In ogni modo, quale che sia la ragione che li fa agire così, quelli che toccano i vostri tasti dolenti sanno in anticipo che voi vi metterete sulla difensiva e vi infurierete, perché è così che avete sempre reagito in passato.

Invece, ricorrere a frasi che li smontano vi dà il potere. Così facendo non abboccate all'amo. Al contrario, replicate ai loro attacchi con calma, rispetto e, magari, un pizzico di umorismo, stemperando così il loro bisogno di farvi arrabbiare. Date loro l'impressione di voler sapere quello che pensano e di essere interessati ad avviare un dialogo. Li lusingate.

In occasione della prossima riunione di famiglia, quando qualcuno cercherà di farvi vergognare o sentire in colpa, provate quanto segue:

Tecniche per allentare la tensione

- Dite che vi dispiace, ma siate sinceri!
- Traete un profondo respiro e ascoltate.
- Parlate tranquillamente.
- Fate un break.
- Usate il buonumore.
- Riconoscete la collera.
- Ponete una domanda.
- Fate in modo che l'altro si spieghi.
- Domandategli cos'è importante per lui.

Un fratello, una sorella, una mamma

Affrontiamo ora una situazione ben precisa che crea notevole sofferenza nel segmento adulto dei nuclei famigliari: i fratelli e la questione della cura dei genitori anziani.

Oltre il 50 per cento degli americani, tanto per fare un esempio, afferma di ritenersi responsabile della cura dei genitori anziani, e a ragione, visto che un quarto circa di costoro ha necessità di essere assistito nella vita quotidiana. Spesso tale compito spetta ai figli adulti. Le dinamiche famigliari giocano un ruolo importante nell'assegnazione di queste nuove responsabilità. La famiglia si riunirà come una squadra per occuparsi dei genitori in difficoltà? O invece rivangherà vecchie offese e assumerà posizioni granitiche che riflettono i vari rapporti con i genitori? Date un'occhiata allo scenario che segue e che vede coinvolti due fratelli adulti.

Sam il prediletto

Sam ha quarant'anni, Arlene, sua sorella, quarantatré. Sam è un responsabile nazionale delle vendite e per lavoro è costretto a viaggiare in continuazione. Arlene è una casalinga e si occupa del marito e delle loro due figlie. Entrambi vivono vicino alla madre, una vedova settantaquattrenne che ha il morbo di Alzheimer. A causa della malattia, l'anziana donna ha bisogno di essere seguita costantemente da Arlene. Fratello e sorella negli ultimi anni non si erano frequentati molto, ma i paurosi vuoti di memoria della madre li hanno costretti ad avere contatti più frequenti. Ecco come considerano la situazione dai rispettivi punti di vista.

Il punto di vista di Sam	**Il punto di vista di Arlene**
Mia madre ha bisogno di Arlene. Non ci sono altre soluzioni. Io non ho proprio tempo da dedicarle, anche se Dio sa quanto le voglio bene. Sono sempre stato il suo preferito.	Mia madre ha bisogno di entrambi visto che i suoi problemi non migliorano. Dobbiamo semplicemente trovare il modo di dedicarle entrambi parte del nostro tempo.
Arlene è una donna, e le donne certe cose le sanno fare meglio di noi uomini. Io mi accollerò la quota maggiore delle spese, lei la aiuterà con la sua presenza. Mi pare una suddivisione equa dei compiti.	Sam dà per scontato che, poiché sono una donna, farò io il 90 per cento del lavoro più sgradevole. Che faccia tosta! Ci vuole ben altro che i soldi per badare a una mamma che non ci ha mai fatto mancare il suo affetto. Ma questa volta non voglio essere io a rimetterci.
Ho fiducia in Arlene e le dico sempre di decidere come meglio crede per mamma.	Sam dice sempre che si fida del mio buon senso, ma poi mi critica se quello che decido non gli va bene.
Arlene riesce a tranquillizzare mamma più di quanto possa fare io: se io ci metto un'ora a convincerla di qualcosa, lei ci riesce in dieci minuti. Per me è una perdita di tempo occuparmi di questa faccenda: ho un'azienda da gestire. Inoltre, m'imbarazza vedere mamma in certe situazioni intime, in bagno o mentre la vestiamo.	Crede forse che mi piaccia vedere mamma mentre va al gabinetto? Ma è nostra madre e certe cose vanno fatte. Mamma ha bisogno di sentirci vicini, di essere accudita e abbracciata da entrambi, ma soprattutto da Sam, visto che è stato sempre il suo prediletto. Il problema è che lei lo ha sempre trattato da principino, e ora lui si è convinto di esserlo.

ANALISI

Spesso, nelle discussioni animate c'è più di un obiettivo. In questo conflitto, ciascuna parte discute del proprio problema. Arlene e Sam sono come due treni che procedono nella stessa direzione, ma su binari diversi. Al fine di risolvere i loro problemi, hanno entrambi bisogno di capire *di che cosa* stanno discutendo, cioè dei loro obiettivi contrastanti.

Il primo obiettivo di Sam è quello di fare in modo che Kate, sua madre, venga accudita. Sam è deciso a raggiungere il suo scopo pagando di tasca propria le spese di un'assistenza domiciliare. Sam, come molti uomini, è orientato allo scopo: portare a termine un dato compito, ecco il suo obiettivo.

Arlene pensa innanzitutto a come coinvolgere il fratello in un rapporto più diretto con la madre, perché è maggiormente orientata alle relazioni interpersonali. Arlene pensa d'indovinare i desideri della madre: di essere toccata da Sam, di sentirlo accanto a sé insieme alla figlia.

Ma gli obiettivi non si esauriscono qui. Arlene ha bisogno che Sam confermi che brava figlia ella sia e le dica che la sua attività di assistenza è importante quanto il lavoro di lui. Ha la sensazione che Sam non la consideri abbastanza perché è una casalinga. Sam, dal canto suo, sospetta che la sorella non tenga conto delle pressioni cui è sottoposto in ambito lavorativo e non apprezzi, come dovrebbe, la sua offerta di far fronte alle esigenze economiche della madre. Tutti e due, così facendo, hanno premuto i tasti dolenti dell'altro.

Che cosa deve accadere tra i due fratelli perché la situazione si sblocchi?

Devono spiegarsi e chiarire quali sono gli obiettivi che si propongono di raggiungere. Devono concordare sul fatto di mirare a obiettivi differenti, ma ugualmente validi. Poi devono trovare una soluzione che soddisfi entrambi.

Riformulare

Un modo meraviglioso per avviare una conversazione positiva consiste nel riformulare le proprie opinioni, una tecnica che si rivela preziosa una volta acquisita. Ora vedremo come Arlene riformula il disaccordo con il fratello in modo che entrambi raggiungano i loro obiettivi. Ma prima di tutto, *che cosa vuol dire* riformulare?

Immaginate la scena: avete in casa un bel quadro, ma dopo anni che lo guardate vi ha annoiato. Cosa fate, lo buttate via? Non arrivereste mai a tanto. No, sull'ispirazione del momento, gli fate cambiare la cornice. Di colpo il quadro assume nuove tonalità. Adesso lo guardate più positivamente, con più affetto. Il dipinto è sempre lo stesso, ma l'avergli cambiato la cornice lo ha reso più fresco, più nuovo e quasi più interessante.

Quando riformulate quello che qualcuno ha detto, fate esattamente la stessa cosa. Prendete la sostanza delle parole di quella persona, ne cogliete l'essenza e poi traducete queste parole in una frase capace d'indirizzare il dialogo in una nuova direzione. Riformulare significa imboccare la strada della soluzione dei problemi. Ed ecco perché: nessun conflitto si potrà mai risolvere finché tutti non si sentono ascoltati, e riformulare le parole dell'altro significa fargli capire che abbiamo sentito e capito quello che ci ha detto. In più, eliminiamo anche il pericolo di una brusca replica. Ecco alcuni esempi generali:

Affermazione	**La stessa affermazione riformulata**
Il fatto è che su questo argomento ho ragione io, e tu, convincitene, hai torto marcio.	Potresti avere ragione tu e proprio per questo voglio capire il tuo punto di vista. Adesso io ascolto te, ma dopo anche tu ascolterai quello che io ho da dire.
Non riuscirò mai a capire cosa ti passa per la testa.	Dimmi che cosa vuoi che succeda e cosa vuoi in generale. Cerchiamo di capire entrambi quello che pensiamo in merito.
Hai fatto arrabbiare talmente la zia Betty da sconvolgerla.	Probabilmente ho contribuito anch'io a turbare Betty, ma anziché accusarci a vicenda, cerchiamo di rimediare.
Non ti sei mai fidato di me, lo so.	Forse dovremmo dirci che cosa intendiamo per fiducia, in modo da modificare le cose.
Te l'ho già detto che a Jimmy la maionese non piace: allora perché continui a presentargliela nel piatto?	Credo che la comunicazione per qualche motivo non sia proprio passata. Per il futuro voglio essere certo di sapere esattamente quello che a Jimmy piace. Ripetimi quali sono le cose che preferisce (a volte dovrete ricorrere a questo espediente anche se sapete che a Jimmy la maionese in realtà *piace*).

Un principio essenziale del riformulare: cercate di non ripetere le stesse parole dell'altro, traducete quanto ha detto con parole vostre, se possibile.

Ecco come Sam e Arlene hanno risolto il problema dell'assistenza alla madre mediante questo metodo.

L'affermazione di Sam	**La stessa affermazione riformulata da Arlene**
Senti, mi sembra di essere stato chiaro su questo argomento. Dov'è il problema? Ci dividiamo i compiti: io mi assumo l'onere economico e tu affronti le fatiche quotidiane. Non ti è ancora chiaro?	Capisco che per te sia normale che io vada da mamma tutti i giorni. Pagando tutto, tu pensi di fare già abbastanza. E capisco anche come ti senti: è duro doverla aiutare ad andare al gabinetto o a fare il bagno. Riesci a pensare a qualche situazione in cui dovremmo agire in maniera differente?
Be', immagino che dovrò accudirla io, se tu e Artie andate in vacanza – anche se non succede spesso.	Hai ragione, una vacanza per una volta ci farebbe bene. Però c'è un altro problema. Non so cosa rispondere quando mamma mi domanda: « Dov'è Sam? Voglio lui ». In questi casi, cosa mi suggerisci di fare?
Dille la verità: dille che sono occupato.	Non faccio che parlarle di tutti i tuoi impegni. Le dico anche che sei sempre in viaggio per lavoro. Non potresti passare da lei quando torni a casa dal lavoro o durante i fine settimana, magari anche solo per cinque minuti, cosicché possa abbracciarti? Lei non aspetta altro.

Via via che Arlene riformula le affermazioni di Sam, una per una, egli si rende conto suo malgrado che prendersi cura della madre non significa solo aprire il portafoglio. Fratello e sorella continuano a discutere le date specifiche nelle quali lui riuscirà a fare una breve visita alla madre (*breve* per lui è la parola magica). Sam si è sentito in colpa per non avere dedicato tempo alla madre e lo scambio d'idee con la sorella gli consente di alleviare questo peso, trovando il modo di passare a trovarla per brevi visite.

Fratello e sorella cominciano a parlare anche di ulteriori forme di assistenza da fornire alla madre, toccando così una delle maggiori preoccupazioni di Sam: avere la responsabilità di aiutare la madre in bagno. Cominciano a prendere decisioni sia per il presente che per il futuro. Insieme, concordano di assumere una persona fissa esperta nel trattare i malati di Alzheimer. Per evitare risentimenti inespressi, Arlene insiste per coprire una parte delle spese, anche se il fratello pagherà il grosso. Sam le concede che non morirà se occasionalmente dovrà dare materialmente un aiuto alla madre, e le conferma di essere sempre stato fiero di lei. Arlene dice lo stesso di lui.

La collera e la tensione inespresse che si erano accumulate tra Sam e Arlene cominciano finalmente a ridursi. I problemi di salute della madre probabilmente li renderanno più uniti di prima.

UN SUGGERIMENTO

Gli uomini reagiscono molto meglio quando non sono considerati un problema ma una soluzione.

JOHN GRAY

Rivalità tra fratelli

In età adulta, le sorelle sono felici della loro condizione: chi altri può condividere in maniera così totale storia, geni e ricordi? Sono fortunate, sempre che non siano dilaniate dalla collera che divide le sorelle che non hanno risolto i loro problemi di consanguinee.

La storia della sorella casalinga

È iniziato un nuovo secolo, nel quale donne intelligenti e piene d'aspirazioni si propongono obiettivi differenti. Alcune scelgono di rimanere a casa a badare alla famiglia, altre la carriera e altre ancora entrambe le cose, o una variante. Ruth è sposata e ha tre bambini in età scolare. Audrey, sua sorella maggiore che vive nella sua stessa città, è un'affermata responsabile marketing nel settore dell'abbigliamento. Anche lei è sposata e ha un figlio che frequenta il college. Entrambe praticano volontariato nella parrocchia locale.

RUTH

Mi definiscono « una mamma casalinga », e la cosa mi dà alquanto fastidio. Cosa pensano, che me ne stia seduta tutto il giorno a guardare la televisione? Io lavoro sodo quanto loro. Mi occupo dei bambini e della casa. Mia sorella Audrey non si rende conto della fatica che faccio. Mi prende in giro, ma penso che segretamente mi invidi perché ho una vita famigliare più felice della sua. È da quando eravamo piccole che nutre del risentimento nei miei confronti. Ora siamo entrambe impegnate in parrocchia e ci occupiamo dell'annuale raccolta di fondi. Tutti i membri del comitato continuano a dire: « Ruth può fare questo, Ruth può fare quello ». Lasciano a me i compiti più gravosi perché pensano che abbia un sacco di tempo libero. L'altra sera, mi sono molto seccata quando mia sorella mi ha praticamente ordinato di fare più telefonate. Ho quasi perso le staffe, ma le ho detto chiaro e tondo: « Hai una bella faccia tosta a chiedermelo. Domandalo a qualcun altro ».

AUDREY

La raccolta di fondi è vitale per il nostro nuovo programma di scolarizzazione, perciò quest'anno dobbiamo impegnarci maggiormente perché abbia successo. Io non mi risparmio, e non solo perché al mio capo queste iniziative piacciono. Tuttavia, se devo essere onesta, dedicare del tempo alla parrocchia e alla raccolta di fondi mi aiuterà a ottenere una promozione.

Mia sorella Ruth non ha mai dovuto lavorare con delle scadenze o essere sottoposta a vere e proprie pressioni, e ogni volta che le affidano un incarico si tira indietro. Io ho tutta una serie di scadenze strette da rispettare, e certi impegni non me li posso proprio assumere. Ma se non posso contare su Ruth, di chi mi posso fidare? Lei non fa che ripetere quanto le diano da fare tre figli, ma in realtà non sa amministrare il suo tempo. Per di più, non ha un capo che le alita sul collo. L'altra sera è sbottata: « No, niente da fare. Domandalo a qualcun altro », mi ha detto dopo che le avevo chiesto di fare una serie di telefonate. Sono rimasta di stucco e imbarazzata davanti a tutti. È una donna viziata ed egocentrica, come è sempre stata.

Ma il giorno seguente, Audrey chiama Ruth e le dice che devono parlare di quanto è avvenuto la sera prima. Le parla di un nuovo strumento di cui ha sentito parlare, chiamato « anatomia di un conflitto », e le chiede se può passare da lei uscendo dall'ufficio. Poiché si preoccupano l'una dell'altra, spenderanno un po' di tempo a eseguire l'esercizio e, per la prima volta, a parlare della loro situazione. Ruth accetta.

Mentre Audrey e Ruth seguono il modello, tra loro nasce il dialogo. È proprio questo di cui entrambe hanno bisogno per sbollire la loro collera. Scavano in profondità, fino a rivangare vecchi presupposti e vecchie questioni, come chi era la prediletta in famiglia e chi quella considerata la vincente. Tra le lacrime, riescono persino a scherzare sul passato e sui falsi presupposti su cui entrambe si erano così a lungo basate. Alla fine decidono che questi risentimenti hanno sempre oscurato il loro rapporto e che il rancore di anni è esploso proprio durante la riunione in parrocchia per la raccolta dei fondi.

RUTH: È chiaro che mi sono lasciata trasportare dai nostri problemi personali. Ci siamo scontrate così tante volte senza nemmeno capire perché.

AUDREY: A volte ti considero ancora la bambina viziata di un tempo.

RUTH: E io la sorella maggiore che voleva controllare ogni mia azione.

AUDREY: In effetti impositiva lo ero davvero. E sono anche stata dura con te: ero talmente presa dai miei problemi di lavoro, da non avere neppure pensato alla fatica che facevi tu per dedicarti al volontariato di sera, dopo avere sgobbato tutto il giorno in casa e dietro ai bambini.

RUTH: Avevo proprio bisogno di sentirtelo dire.

AUDREY: Da questo momento, il comitato della parrocchia dovrà suddividere le varie incombenze dell'ultimo minuto tra tutti i membri, senza scaricare tutto il lavoro su di te.

Gli elementi nascosti

L'« anatomia di un conflitto » ha aiutato queste due sorelle ad avere un colloquio significativo: il primo passo per eliminare malintesi e rancori di vecchia data. Via via che scavano più in profondità, esse scoprono elementi nascosti determinanti: il bisogno di Ruth che la sorella apprezzi il suo stile di vita e la dipendenza occulta di Audrey dalla sorella; sentimenti e stati d'animo che non sarebbero mai stati espressi a parole, se non avessero cominciato a sezionare e analizzare da vicino il loro rapporto. Ruth e Audrey sono state capaci di andare a fondo del loro rapporto per scoprire quali fossero i loro veri problemi. Queste due sorelle sono state fortunate.

Siete diventati bravi?

Se sì, allora saprete che cos'è che fa saltare i nervi a Linda nel prossimo esercizio.

Cugine

Linda e Roberta sono cugine. Linda, single, con un figlio, ha quasi quarant'anni. Suo figlio Louis ne ha tredici. Roberta, anche lei single, ha trent'anni.

LINDA: Ti ho già raccontato la novità su Louis? Ha partecipato a un dibattito scolastico ed è stato premiato per l'abilità oratoria con cui si è distinto tra un centinaio di studenti di tutte le scuole del Paese. Finalmente sta mettendo la testa a posto e comincia a pensare seriamente alla sua istruzione. Mi sono fatta in quattro per aiutarlo, ma ne è valsa la pena.

ROBERTA: Che bello. Sai quel ragazzo con cui esco, Ron? Be', fa l'avvocato e a suo tempo ha vinto un mucchio di premi al college, dovresti sentire come parla in tribunale.

LINDA (furiosa): Ma mi ascolti o no? Si può sapere cosa c'entra questo con Louis?

ROBERTA: Non molto, in realtà, ma pensavo che ti avrebbe fatto piacere saperlo.

Che cosa è successo qui? Che cos'è che ha premuto il tasto dolente di Linda? Roberta non l'ascoltava, troppo intenta a pensare agli affari suoi.

Che cosa dovrebbe dire Linda dopo l'ultimo commento di Roberta? Potrebbe dire: « Be', mi avrebbe fatto piacere sapere le novità su Ron se il discorso avesse riguardato lui, invece stavamo parlando di mio figlio. Mi spiace che tu accolga con tanta leggerezza le novità che lo riguardano ».

Che cosa ottiene una simile replica? Trasmette un messaggio basato sul pronome « io », che costringe Roberta a ripensare alla sua impulsiva, egocentrica risposta senza provare rabbia nei confronti della cugina.

Roberta può disattivare in qualche modo il tasto dolente di Linda? Certo che sì: riconoscendo il dolore e l'irritazione della cugina, scusandosi per la sua sbadataggine e dicendo a Linda di essere veramente orgogliosa di Louis.

Ora che cominciate a entrare nel meccanismo, vediamo come ve la cavate con il prossimo esempio.

Cognate

Lorraine e Sandra sono cognate. Il marito di Sandra è un agente di cambio di successo, quello di Lorraine è stato licenziato recentemente e sta tentando di avviare una propria attività di vendita nel settore dell'informatica.

LORRAINE: Vuoi che ti dica la verità? Comincio a essere stufa di sentirti parlare dei viaggi esotici che fai con Harold e del vostro meraviglioso matrimonio. Non hai un briciolo di sensibilità per la piega che sta prendendo la mia vita?

SANDRA: Non sono insensibile e sono perfettamente al corrente della vostra situazione. Ma questo dovrebbe impedirmi di parlare della mia famiglia? Dopo tutto, i nostri mariti sono fratelli.

Che cos'è stato a premere il tasto dolente di Lorraine?

Lorraine nutre un po' di gelosia nei confronti della fortuna di Sandra, ma principalmente è offesa perché la cognata sembra ignorare i suoi problemi. Continuiamo ad ascoltare la loro conversazione, a partire dalla risposta di Lorraine alla cognata.

LORRAINE: Non intendevo certo impedirti di condividere con me le buone notizie riguardanti i tuoi, ma vorrei solo che capissi fino a che punto mi sento vulnerabile in questo momento. Forse poco fa ho reagito un po' troppo violentemente.

SANDRA: Stai pur certa che la prossima volta ti ascolterò con più attenzione. So che mi sei amica e anch'io ti voglio bene. Dai, spiegami un po' meglio in cosa consiste il progetto di tuo marito. Sono veramente interessata.

Che cos'è accaduto qui?

Entrambe le cognate si sentono molto meglio. Hanno espresso i loro sentimenti e si sono ascoltate a vicenda. I tasti dolenti sono stati così disattivati.

Le suocere

Alcune relazioni famigliari sono quasi un cliché: sono talmente numerose le persone che le considerano fonti di arrabbiature che sono divenute delle barzellette, barzellette però non molto divertenti. Tra suocere e nuore, per esempio, si dice che non corra buon sangue. Ecco una serie di commenti sicuramente irritanti.

La suocera tocca un nervo scoperto

Mai fatto niente del genere quando i miei figli erano piccoli.

Non pensi che dovresti dedicare più tempo ai bambini e meno al lavoro fuori casa?

Ho chiesto al mio medico cosa ne pensa della febbre di Johnny e lui mi ha detto che...

Così spaventi i bambini!

Ma vi serve davvero una casa più grande? Non vi basta questa? È così bella e spaziosa.

Sei molto irritabile. Perché non lasci i bambini da me?

Non alzare la voce con me. Non sono tuo marito.

Non dirmi cosa devo fare: non sono nata ieri.

Bob è così magro...

A Bob le verdure piacciono solo cotte al vapore.

Non hai messo su qualche chilo di troppo, cara?

La nuora tocca un nervo scoperto

Chiaramente non hai letto i risultati delle ultime ricerche.

Te lo dico io: tuo figlio adora il minestrone, quello che faccio io.

Noi, di questa generazione, facciamo diversamente.

Perché devi mettere il becco sempre in tutto?

Smettila di farmi la predica!

Quando attraversate la strada, tieni per mano il bambino.

Prima di spostare qualcosa in casa mia, chiedimi il permesso.

È inutile, vivi nel medioevo.

Ti vestirai così al matrimonio?

Mamma, è una mia impressione o sei ingrassata?

Nell'esempio che segue, suocera e nuora spingono selvaggiamente i tasti dolenti, anche se solo col pensiero.

La solita cena domenicale

I pensieri di Edna mentre si sta recando a cena a casa del figlio...

Sono entusiasta di vedere i miei due stupendi nipotini. Li adoro, ma so già che appena aprirò bocca mi arriverà un'occhiata di disapprovazione da Rita. Sembra che lei sia l'unica capace di allevare i figli. Mi piacerebbe che almeno per una volta ascoltasse i miei consigli: non sono nata ieri.

Sono convinta che in fondo in fondo voglia mettere zizzania tra me e mio figlio. Ha un modo tutto suo di trattarmi con sufficienza: a parole mi dà ragione, ma poi fa comunque a modo suo. È così ostinata a non pensare alla salute... quanti fritti si mangiano in quella casa. Quando le ho suggerito timidamente di andarci piano col fritto, ha perso le staffe.

Darò le caramelle ai bambini quando lei non vede. Lo so già che non tollera i dolci, ma i miei nipotini ne vanno pazzi. Se non le vede è meglio. Il fatto è che vuole controllare tutto.

I pensieri di Rita mentre prepara la cena...

Un'altra cena domenicale da dimenticare: tutto cotto al vapore, solo per accontentare lei. Paul odia la verdura al vapore. Mia suocera è un fenomeno. Sa tutto lei e commenta qualsiasi cosa io faccia. Anche quando non parla, si capisce da come mi guarda che non le va bene. Vuole controllare la vita di tutti. Se almeno la smettesse di paragonarmi continuamente a sua figlia. E poi è anche una grande ipocrita. Si lamenta per i miei fritti e poi porta caramelle e cioccolatini ai bambini anche se le ho detto chiaramente che non voglio che mangino porcherie del genere.

Vuole mettermi in cattiva luce con i miei stessi figli.

Edna e Rita continuano a fare supposizioni negative circa i motivi del reciproco comportamento. Ormai sono anni che il loro rapporto è avvelenato da pensieri dolorosi come pugnalate.

Ecco quello che dovrebbero fare:

1. riconoscere che tutte e due in un modo o nell'altro si stuzzicano con irritanti commenti;
2. cambiare rotta fornendo esempi dei motivi per cui si sono sentite ferite o svilite;
3. ascoltarsi reciprocamente senza interrompersi;
4. non cercare di avere la meglio. Ognuna delle due, dal proprio punto di vista, è convinta di avere ragione. Devono invece sforzarsi di comprendere ciascuna la posizione dell'altra e di trovare un accordo soddisfacente per entrambe;
5. stabilire che, se una delle due si comporterà ancora in maniera odiosa come in passato, ne discuteranno subito anziché covare risentimento.

Ecco come potrebbe suonare la loro conversazione. (Attenti ai messaggi « io » *e* « tu ». Stabilite voi quali sono i più efficaci.)

RITA dice: Lo so che entrambe facciamo e diciamo cose che ci infastidiscono a vicenda, che tocchiamo i tasti dolenti dell'altra. Quando siamo vicine facciamo scintille. Ti faccio un esempio di quello che intendo io, poi ne farai uno tu a me.
Quando mi dici che tua figlia fa determinate cose – come intrattenere amabilmente gli ospiti – mi fai del male, perché svilisci il mio modo di essere padrona di casa. Mi fai sentire incompetente. Poi mi arrabbio e non voglio più ascoltarti. Ho l'impressione che tu voglia insegnarmi come devo comportarmi con i miei ospiti e i miei amici. Per questo mi difendo dicendoti qualcosa di sgarbato. Inoltre, tu hai avuto il tuo turno di allevare i figli, adesso è il mio turno di allevare i miei, e possibilmente senza le tue costanti critiche. Per di più, non voglio che si abituino a mangiare porcherie. Voglio che tu rispetti il mio modo di pensare sull'argomento.

EDNA dice: Posso capire come ti senti quando parlo di mia figlia. Ora che ci penso, mia suocera faceva lo stesso, e io non lo sopportavo. La verità? Forse sono veramente convinta che mia figlia sia migliore di te per alcuni versi, ma in quanto a tirare su i bambini sei indubbiamente meglio tu. Certo, invece di farti i complimenti, non ho fatto che subissarti di critiche.
Ma ascolta il mio punto di vista: anch'io mi sento incompetente quando mi dici frasi come: « Non dirmi quello che devo fare ». Rita, io voglio il meglio per te, per Paul e per i bambini. Solo che tu ti rivolti come se ti facessi sempre la predica. Ti assicuro che non ho intenzione di farti del male e forse dovrò trovare un altro modo per dirti certe cose senza turbarti così profondamente. Non possiamo pensare insieme a un modo che mi permetta di esprimere quello che ho nel cuore senza che venga frainteso? Non possiamo trovare un accordo affinché possa portare qualche dolcetto ai miei nipotini senza che tu mi fulmini con lo sguardo per questo?

Considerate come vi vede l'altra persona

Quando qualcuno tocca i nostri tasti dolenti, ai nostri occhi diventa un mostro:

- Come può parlarmi in questo tono?
- Che strega!
- Più stupida di così.
- Non apprezza niente di quello che faccio per lei.

Ma fermiamoci a riflettere: come appariamo noi all'altra persona?

Nelle conversazioni animate, noi percepiamo noi stessi come meritevoli e i nostri avversari come spregevoli. Pensate a come apparite agli altri:

Come ci consideriamo	**Come gli altri ci considerano**
Sono un buon consigliere.	Sei un impiccione.
Sono sicuro di me.	Sei aggressivo.
Mi piace fare bene le cose.	Sei un maniaco perfezionista.
Dico le cose così come stanno.	Sei brusco, sei malvagio.
Sono sensibile.	Sei troppo permaloso.
Sono franco e cordiale.	Sei crudele.

L'ex moglie e l'ex marito: ancora una famiglia?

Potete scommetterci. Devono pensare a Jamie.

Pensare a Jamie

Potreste pensare che il divorzio rompa i legami famigliari, ma se c'è di mezzo un figlio, allora un legame famigliare resta sempre implicito. Nelle dolorose fasi che precedono e seguono il divorzio, i tasti dolenti sono particolarmente esposti. Alcuni sono talmente infuriati con l'ex coniuge da trovare insopportabile qualsiasi sua azione. Peggio ancora, alcuni continuano a vendicarsi all'infinito per le offese e le ferite subite durante i terribili scontri. I bambini invischiati nelle mire di vendetta degli adulti ne risentono spaventosamente.

Tempo fa i titoli dei giornali americani non hanno fatto altro che riferire le continue ostilità tra il magnate dei cosmetici, Ron Perelman, e la sua ex moglie, la quale alcuni mesi dopo la sentenza di divorzio ha citato Perelman con la richiesta di una cifra aggiuntiva per il sostentamento dei figli. La ex signora Perelman ha puntualizzato che la loro figlioletta aveva bisogno di una somma mensile di denaro molto maggiore rispetto alla cifra pattuita, per non sentirsi inferiore alla figlia che Perelman aveva avuto da un precedente matrimonio. Rifiutando la richiesta della seconda signora Perelman, il giudice ha sottolineato che a una bambina serve ben altro che « una grossa somma mensile di denaro ».

C'è qualcuno che pensa che la figlia di Perelman non risentisse negativamente della litigiosa, aspra e isterica separazione dei genitori messa in pubblico? Padre e madre stanno ancora combattendo le loro personali battaglie, e le preoccupazioni per la figlioletta sembrano passare in secondo piano.

Molti altri figli di genitori divorziati sono travolti dall'ondata di piena delle controversie economiche. I partecipanti al mio seminario mi confermano che la battaglia numero uno, tra coniugi che stanno divorziando, riguarda sempre i soldi. Ma a prescindere da chi strappa l'accordo economicamente più vantaggioso – il marito o la moglie – quelli che ci perdono di più sono sempre i figli. Più che gli alimenti, in genere è l'assegno per i figli che rappresenta il tasto dolente più esplosivo, nonché il campo di battaglia preferito. Il figlio non è vittima solo del divorzio ma anche di continui alterchi d'ordine economico.

Lo so per esperienza, perché da bambina anch'io ho subito questa sorte: le pene del divorzio e i litigi per i soldi.

Ned e Wendy sono divorziati da due anni. Jamie, il loro figlio di nove anni, frequenta le medie inferiori. Ecco la loro situazione vista sia dal punto di vista di Ned che da quello di Wendy:

Il punto di vista di Ned	**Il punto di vista di Wendy**
Mi sta prendendo tutti i soldi che ho faticato a guadagnare, per spenderli in stupidaggini.	Mi costringe a chiedergli continuamente i soldi per suo figlio: è umiliante.
Pensa che io i soldi li fabbrichi e non le passa nemmeno per la mente che anch'io devo pagare l'affitto.	Non prende nemmeno in considerazione le ore che ho dedicato all'educazione di Jamie: anche nel mio caso il tempo è denaro.
Nell'accordo non se ne parlava, perciò si sogna che paghi io la gita scolastica di Jamie.	Non vuole ammettere che non si poteva mettere tutto nero su bianco: sono talmente tante le spese che non si vedono. Non posso accollarmele tutte io. Il figlio è anche suo.

Un giorno, prima che Jamie si rechi a scuola, ha luogo questa conversazione:

WENDY: Quando vedi tuo padre dopo la scuola, ricordagli che non ho ancora ricevuto l'assegno.

JAMIE: Va bene.

Quando Jamie ritorna a casa...

WENDY: Allora, che cosa ha detto tuo padre quando gli hai domandato dell'assegno?

JAMIE: Che lui l'ha spedito.

WENDY: Figuriamoci!

Che cosa succede qui? Quando gli ex coniugi sono arrabbiati, non riescono a vedere la situazione dalla prospettiva dei figli e non sono più sintonizzati sulle loro esigenze. Qual è l'impatto del rapporto dei genitori su Jamie? Qual è il punto di vista del bambino? Quali sono le sue esigenze? Anche se non sono una psicologa, so che cosa ha passato Jamie.

Se Ned e Wendy si fossero seduti, separatamente o insieme, per stendere un elenco sincero di come può apparire il loro scontro agli occhi del figlio, quello sarebbe stato l'inizio di un dialogo capace di modificare in positivo la vita emotiva di Jamie. E la regola più importante di cui tenere conto nel redigere un simile elenco è: nessuno dei due genitori può addossare la colpa all'altro.

Vediamo che aspetto potrebbe assumere un elenco del genere.

DAL PUNTO DI VISTA DI JAMIE

Il punto di vista di Jamie	**Le esigenze di Jamie**
Litigano per me, perciò è colpa mia.	Ho bisogno di essere amato da tutti e due.
Non fanno altro che litigare.	Ho bisogno di tranquillità.
Mi mettono in mezzo, e io non voglio parteggiare per nessuno.	Ho bisogno di sicurezza.
Mi fanno sentire come un peso.	Ho bisogno che siano contenti di me.
Sono talmente occupati a bisticciare che si dimenticano di me.	Non voglio fare da tramite tra loro due. Non voglio più avere paura.

Un elenco come questo aiuta Ned e Wendy a capire che Jamie è l'unico a rimetterci in questa battaglia famigliare. Cominciano così a pensare a quanto sia importante soddisfare i bisogni di Jamie oltre che le loro esigenze. Ora devono trovare soluzioni che riducano al minimo le difficoltà dell'ex coniuge e promuovano l'armonia.

Soluzioni creative

Ecco quello che Ned e Wendy *dovrebbero* fare:

Organizzarsi in modo da parlare dei loro problemi quando Jamie non è presente, in modo da non coinvolgere il figlio nelle loro divergenze (senza più usarlo come messaggero). « O ci troviamo periodicamente al bar o ne parliamo per telefono dopo che Jamie si è addormentato. »

Scambiarsi notizie sui progressi di Jamie e confrontare ciò che sanno dei suoi sentimenti. « Jamie è tornato a casa entusiasta dopo che gli hai insegnato a usare il computer e mi ha detto che gli è molto utile anche per la scuola. A proposito, ha detto che un suo compagno ce l'ha con lui. Tu ne sai qualcosa? »

Essere flessibili per quanto concerne impegni temporali ed economici. « Questo mese dovrò pagare l'assicurazione insieme alla rata della macchina, non puoi venirmi incontro? » « La settimana prossima ho una riunione di lavoro e non posso passare a prendere Jamie. Puoi portarmelo tu? »

Riconoscere gli sforzi compiuti dall'altro genitore. « Non mi ero reso conto della fatica che fai anche solo per acquistare a Jamie un paio di scarpe. Ieri quasi inciampavo su tutti quei bambini sdraiati per terra a giocare nel negozio. »

Confrontare le idee e cercare di risolvere i problemi. « Il costo dell'imbiancatura è troppo alto. Non potrei dare una rinfrescata io, in modo da destinare i soldi a un'altra spesa? »

Scegliere un evento neutro cui partecipare con l'ex coniuge e il figlio. « Perché non andiamo a vedere la recita scolastica di Jamie e poi ceniamo insieme? Così Jamie capirà che i suoi genitori, anche se separati, non si odiano. »

UN SUGGERIMENTO

Lo scopo ultimo della comunicazione umana è – o dovrebbe essere – la riconciliazione.

M. SCOTT PECK

UN SUGGERIMENTO

Com'è possibile che i miei genitori conoscano la localizzazione di tutti i miei tasti dolenti? Facile: li hanno installati loro.

GRAFFITISTA ANONIMO

I figli adulti e i loro genitori

Dialogare è l'unico modo per spegnere i tasti dolenti. Ma lo sapete che cos'è che interrompe il dialogo tra i figli adulti e i genitori? Gli « ammazza-dialogo ». Gli ammazza-dialogo sono azioni che lavorano senza soluzione di continuità: premono quei benedetti tasti fino a farli esplodere.

Come uccidere il dialogo

Contrassegnate tutte le frasi che fanno al caso vostro.

Azioni che interrompono il dialogo	**Azioni che migliorano il dialogo**
Vi capita spesso di...	*Vi capita spesso di...*
Finire le frasi di vostra madre?	Ascoltare finché i sentimenti non emergono, anche se non sono espressi a parole?
Interrompere vostro figlio adulto quando vi viene una grande idea che non potete tenere per voi?	Impedire all'attenzione di divagare (parlare tra voi mentre ascoltate qualcun altro)?
Dare consigli gratuiti?	Porre domande per comprendere il punto di vista altrui?
Confrontare situazioni altrui con quelle dei vostri figli?	
Cercare di rassicurare i vostri figli adulti come sapeste qualcosa più di loro (si sistemerà tutto; non ti devi preoccupare di niente)?	Domandare all'altra persona di ripetere un'informazione che non vi è chiara (anche col rischio di sembrare stupidi per non avere capito subito)?
Analizzare ciò che vostra figlia dice in base al vostro personale sistema di valori (non puoi abortire; è moralmente sbagliato)?	Mostrare mediante il linguaggio del corpo di essere attenti e coinvolti in ciò che viene detto (chinandovi verso chi parla, sorridendo, annuendo)?

Pensare a ciò che direte prima che vostro padre/vostra madre abbia finito di parlare?	Ricorrere occasionalmente a parafrasi per confermare che avete capito (stai dicendo che non pensi...; vuoi dire che ti senti veramente arrabbiato)?
Cambiare argomento per seguire la vostra scaletta?	

Se avete contrassegnato quattro o più azioni che uccidono il dialogo, NON *sapete che cosa pone fine al dialogo.*

Se avete contrassegnato tre o più azioni che favoriscono il dialogo, siete davvero messi bene.

Genitori e figli adulti sono storicamente portati a usare i comportamenti che uccidono il dialogo. Se siete genitori di un figlio adulto, o se siete un adulto con un genitore, e avete l'impressione di arrecarvi reciprocamente del dolore, controllate quanto segue.

> **UN SUGGERIMENTO**
>
> *Un litigio tra parenti in genere è più aspro di una lite tra sconosciuti.*
>
> PROVERBIO LATINO

Quanti tasti dolenti avete premuto questa settimana?

Il genitore al figlio adulto	Il figlio adulto al genitore
Perché non telefoni mai a tua sorella?	Non dirmi cosa provo.
Hai sempre una scusa pronta.	E non dirmi come ti comportavi con tuo marito alla mia età.
Pensavo che una volta cresciuto saremmo stati amici.	Pensa alla tua vita e non cercare d'immischiarti nella mia.
Per gli amici hai sempre tempo, ma per me mai.	Ti spiace se penso io all'arredamento di casa mia? Non ho chiesto la tua opinione.
Ma come fa a piacerti il verde?	Avrei preferito se avessi telefonato prima di venire.
Come hai fatto a scegliere proprio *lei* come amica?	Se dico che Johnny non deve mangiare caramelle, vuol dire che non deve mangiarle!
Avrai anche trent'anni, ma io sono sempre tua madre.	Svegliati, siamo nel ventunesimo secolo.

Rimanere in silenzio. Rimanere in collegamento

Quando il tasto dolente è stato premuto e la collera esplode, apertamente o indirettamente, evitate di replicare bruscamente. Certo, non dovete nemmeno tirarvi indietro. Dunque, che fare?

Per un momento, statevene zitti.

Stare in silenzio è difficile. Il silenzio mette a disagio. Siamo un popolo di chiacchieroni, a differenza di altre culture dove il silenzio è uno strumento di comunicazione conosciuto e apprezzato.

Riuscite a considerare lo sfortunato commento come l'avvio a un dialogo? Potete sopportare la collera dell'altro per qualche istante? Quanto più rimanete in silenzio, tanto più l'altro avrà l'opportunità di sbollire la collera. Il vostro silenzio dovrebbe essere sostenuto da un adeguato linguaggio del corpo: i movimenti degli occhi e delle mani, persino l'inclinazione del capo dovrebbero essere neutri. Puntare il dito, aggrottare la fronte e stringere le labbra non fanno rumore ma gridano ugualmente messaggi di collera. Nel peggiore dei casi, una persona arrabbiata diventa letteralmente *furiosa*, se mostrate di non prenderla sul serio, se date l'impressione di considerare i suoi commenti sciocchi e inutili.

Invece, provate a seguire questa tecnica: rimanete lì, in silenzio ma collegati con la persona arrabbiata. Ascoltatela attentamente. Annuite per riconoscere la sua collera. Quando finalmente le sentite abbassare la voce, la vedete rilassarsi nel corpo e nel volto, saprete che si è sfogata.

È il vostro turno. Tranquillamente, dite la vostra.

Madre e figlia che vivono sotto lo stesso tetto

Pare che siamo tornati agli anni Sessanta, quando un adulto che viveva ancora con i genitori era vagamente sospetto. C'era qualcosa che non andava se una donna, giunta a trent'anni, non aveva ancora un suo appartamento. Oggi, all'inizio del ventunesimo secolo, le questioni della dipendenza dai genitori hanno lasciato il posto agli affitti più alti, alle situazioni lavorative tutt'altro che durature e ai matrimoni in età più matura. Una donna adulta che vive in casa con i genitori forse non sarà entusiasta della sua situazione, ma, visto che non è più un disonore, la accetta, generalmente a un certo prezzo.

Ed ecco individuato un altro terreno fertile per l'accumularsi del risentimento.

Nell'esempio che segue, la sistemazione nella stessa casa sembra non funzionare più.

Mi consideri ancora una bambina

Denise, ventisei anni, vive nel New Jersey con la madre, una vedova cinquantanovenne. Denise fa la rappresentante e sta pensando di accettare un posto di lavoro meglio pagato e più gratificante che però richiede il suo trasferimento in California. La tensione tra Denise e la madre si può tagliare col coltello. Tutto ruota attorno al trasferimento che Denise sta prendendo in considerazione. Le due donne litigano in continuazione.

LA MADRE: Pensi veramente di fare i bagagli, lasciare tutti i tuoi amici e trasferirti così lontano?

DENISE: Non ne sono sicura, ma anche se avessi deciso, tu avresti qualcosa da ridire. Non ti va mai bene niente di quello che decido.

LA MADRE: Questo non è vero, e lo sai. Solo che spesso prendi decisioni affrettate di cui poi ti penti.

DENISE: Ma come ti salta in mente? Quando mai? La verità è che mi tagli le gambe trattandomi come se fossi ancora una bambina – ne ho fin sopra i capelli. Basta, la discussione è finita. Me ne vado in camera mia.

LA MADRE (bussando alla porta della figlia): Per favore, Denise... dimentica tutto. Fai finta che non abbia detto niente. Hai ragione tu. Cerchiamo di non litigare.

DENISE (spalancando violentemente la porta): Senti, non mi piace quando mi mortifichi con il tuo modo di fare subdolo.

LA MADRE: Ho detto solo che non voglio litigare.

DENISE: L'argomento l'hai tirato fuori tu. Vuoi sapere cos'altro non mi piace? Che ogni volta che abbiamo delle divergenze, fingi di cedere, mentre invece manovri in modo da farmi sentire insicura a causa di quello che non dici. Lo fai apposta per ferirmi?

LA MADRE: Ferirti? Io? Tutto quello che voglio è avere un buon rapporto con te.

DENISE: Non hai proprio spina dorsale! Te ne rendi conto?

LA MADRE: Perché sei così crudele con me? (Scoppia a piangere) Non capisco perché mi dai addosso quando cerco di agire per il meglio. Se proprio devi, accetta pure quel posto in California. Magari ti ricorderai ugualmente di me e mi verrai a trovare ogni tanto. Spero che verrai almeno al mio funerale.

DENISE: Vuoi proprio farmi arrabbiare? Possibile che non si possa parlare senza che tu scoppi a piangere? Ne ho abbastanza. Voglio essere lasciata in pace: adesso vado di là a vedere la tv.

Ecco due persone che si vogliono bene veramente ma che si stanno allontanando l'una dall'altra toccando i reciproci punti dolenti. Ed ecco quello che dovrebbero fare:

PASSO 1. OSSERVARE L'AZIONE

Denise fa un passo indietro per un istante e osserva l'azione che si sta svolgendo in casa sua. Che cosa vede? Due persone che si attaccano senza pietà.

Vede una figlia arrabbiata che dipende dalla madre, e che segretamente ha paura di accettare un lavoro che l'allontanerà da casa. Vede una figlia che vuole molto bene alla madre, ma che sa di doversi staccare da lei per non appassire nella cameretta della sua infanzia.

Denise vede anche una mamma in lacrime, turbata e impotente, che teme di perdere la figlia e di rimanere sola, una mamma che vuole scatenare il senso di colpa nella figlia.

Denise capisce che deve riparare il loro rapporto, altrimenti se ne pentirà per sempre. Perciò torna in soggiorno ad affrontare la madre, sapendo ciò che l'aspetta.

PASSO 2. CONFERMARE

DENISE: Mamma, mi dispiace di essere stata così dura. Devi essere molto turbata per piangere in questo modo. Parliamone. Voglio chiarire almeno in parte quello che ti preoccupa, soprattutto il timore che io possa prendere una decisione affrettata.

LA MADRE: Oh, Denise, quando mi parli in quel modo mi fai sentire una nullità. E quando penso che te ne andrai, mi manca il respiro.

DENISE: Non mi ero resa conto che stessi così male all'idea che mi trasferisca. Cerchiamo di capire come mai ci scontriamo sempre.

PASSO 3. OTTENERE MAGGIORI INFORMAZIONI

Denise fa in modo che la madre le spieghi come si sentirebbe se lei accettasse il nuovo lavoro. Verifica alcune delle preoccupazioni della madre. Pone domande aperte, del tipo: « Qual è la cosa peggiore per te riguardante il mio trasferimento? Che cosa pensi possa succedere al nostro rapporto se accetto di andare a vivere in California? Che cosa vuoi fare della *tua* vita? »

La madre risponde che senza di lei non avrebbe più uno scopo nella vita e che teme anche ciò che accadrebbe se si ammalasse. È convinta che se Denise si trasferirà lontano, la distanza che le divide aumenterà sempre più.

Denise ascolta attentamente tutto quello che la madre ha da dire. Poi riconosce i sentimenti della madre dicendo qualcosa come: « Mi rendo conto che con la mia partenza ti sentirai sola e impaurita. Dopo tutto, sei abituata a vedermi tutti i giorni ».

Poi aggiunge: « Adesso però vorrei che considerassi la situazione dal mio punto di vista ».

PASSO 4. SOSTENERE I PROPRI INTERESSI E LE PROPRIE ESIGENZE

Denise ora scende nei dettagli a proposito dell'offerta che ha ricevuto. Elenca alcuni degli aspetti più positivi: è una promozione, otterrà un aumento, l'azienda pagherà il trasloco e l'aiuterà a trovare casa, la forza lavoro è giovane e dinamica. Poi descrive quelli negativi: dovrà occuparsi di progetti nuovi che non conosce, la sfida la spaventa un po' e non è certa di farcela a stare lontana da casa.

Alla fine dice alla madre: « Per me è molto importante che tu mi sostenga, qualunque decisione io prenda ».

PASSO 5. TROVARE UN PUNTO D'INTESA

Denise e la madre arrivano a capire di essere entrambe dipendenti l'una dall'altra e di temere entrambe la separazione. Denise e la madre parlano dei pro e dei contro della nuova posizione. Discutono anche di alcune interessanti nuove possibilità per il futuro della madre. Poi, finalmente:

DENISE: Sai una cosa? Sono propensa ad accettare. Dopo tutto, è ora che spicchi il volo. L'idea mi entusiasma, sul serio. E tu, cosa ne pensi?

LA MADRE: Onestamente? Se vai, all'inizio per me sarà veramente dura. Ma se tu fai il grande salto, forse mi muoverò anch'io. Posso lavorare. Avrò bisogno di tenermi occupata, fuori casa. Sai, siamo state sempre così appiccicate che forse è veramente arrivato il momento di cambiare. E poi, possiamo sentirci per telefono ogni volta che vogliamo, no? Siamo nel ventunesimo secolo e dovrò piegarmi anch'io a imparare a usare la posta elettronica.

DENISE: La buona notizia è che per questo incarico dovrò tornare spesso nel New Jersey, così potremo vederci spesso. Ancora una cosa, però. In futuro, se dovessimo discutere ancora, non darti subito per vinta. Devi dire quello che pensi, altrimenti non si capisce cosa ti preoccupa.

LA MADRE: Cercherò di farlo. Ma anche tu, tesoro, non andartene appena cominciamo a parlare. Dobbiamo imparare tutte e due ad affrontare i problemi.

ANALISI

Grazie alla Formula dei Cinque Passi, Denise e la madre hanno individuato i loro differenti stili conflittuali. La madre è la tipica persona che vuole la pace a ogni costo, che appena sente odore di litigio abbassa la testa. Denise è una che i conflitti preferisce evitarli, e per questo li rifugge all'istante. Questi stili conflittuali impediscono alle persone di avere uno scontro vitale, una discussione nella quale le questioni vengano messe a nudo.

Entrambe sono incoraggiate ad abbandonare i vecchi modelli della collera e dell'elusione dei problemi: un ottimo inizio per un nuovo rapporto.

Leggete quanto segue, se decidete di lavorare su alcune questioni delicate riguardanti la vostra famiglia. Potreste ricavarne dei benefici.

Recuperare gli aspetti positivi

Riandate col pensiero ai tempi in cui voi e i vostri famigliari eravate uniti. Cercate di recuperare quei buoni sentimenti. Rammentate avvenimenti specifici, quando la persona che ora vi fa arrabbiare condivideva le vostre sensazioni, vi esprimeva il suo amore, vi toccava con affetto. Ora aprite il vostro cuore. Perdonate.

Ripulire

Ricordate problemi recenti avuti con i fratelli, vostra madre o la cognata e che non avete mai approfondito realmente. Riesaminate le questioni dal vostro punto di vista, da soli. Siate obiettivi. Ora affrontateli dal punto di vista di entrambi, alla ricerca degli elementi che hanno infastidito voi e di quelli che potrebbero avere infastidito l'altra persona.

Poi, trovate il momento giusto per discutere di questi conflitti con l'altra persona, ma in maniera distaccata. Eliminate tutti i residui emotivi! Spesso non riusciamo a trovare una soluzione finché non abbiamo fatto piazza pulita di quello che ci portiamo dietro.

Cambiare direzione

Fate una bella inversione di marcia e lasciatevi alle spalle i vecchi modi di affrontare la collera.

7

I TASTI DOLENTI E I BAMBINI

Cose da pazzi

Oltre un trentennio fa, Maurice Sendak, lungimirante autore di libri per bambini, scrisse un libro intitolato *Where the Wild Things Are*:* la storia di un bambino veramente rabbioso di nome Max. I critici insorsero, sostenendo che Max e la sua collera erano fuori luogo, che il libro avrebbe terrorizzato i lettori più piccoli che ancora non conoscevano i distruttivi sentimenti da adulto di Max. Anche i genitori non ne volevano sapere perché temevano che Max avrebbe insinuato pensieri cattivi e allarmanti nelle menti dei loro pargoletti. Gli insegnanti, dal canto loro, non avrebbero toccato quel libro nemmeno con i guanti. Gli unici che apprezzarono il libro furono... i bambini. Lo amavano, lo divoravano, se lo facevano leggere continuamente. Finalmente c'era qualcuno che ascoltava la rabbia che avevano dentro. Il libro di Sendak divenne subito un classico.

C'è voluto un po' di tempo prima che gli esperti capissero il messaggio lanciato dai più piccoli, ma circa due anni fa un articolo sul « New York Times » titolava: LA PRIORITÀ: INSEGNARE AI BAMBINI A MANTENERE IL CONTROLLO. L'articolo evidenziava la questione che più stava a cuore all'Associazione nazionale per l'educazione dei bambini: la gestione della collera.

Gestire la collera può sembrare un problema che riguarda più gli adulti impegnati in relazioni adulte, ma in questi anni di aggressioni scolastiche ampiamente pubblicizzate, il controllo dei tasti dolenti è un tema emergente nell'educazione dei bambini dai tre ai diciassette anni. Sendak aveva ragione. I ragazzi prova-

* *Nel paese dei mostri selvaggi*, trad. di A. Porta, Milano, Babalibri, 1999.

no sentimenti di collera più violenti di quanto si possa immaginare. E sono sempre più arrabbiati.

La famiglia cambia

Il divorzio

Come mai i bambini perdono le staffe? Gli esperti danno la colpa al cambiamento subito dalla famiglia. Per esempio, secondo una statistica statunitense, nel 1950 12 neonati su 100 si ritrovavano in una famiglia smembrata dal divorzio. Nel 2000, secondo le stime, quei 12 sono diventati 60. Affrontiamo la realtà: la collera è una reazione prevedibile e tipica di molti bambini figli di genitori divorziati. Se è vero che nel mondo occidentale c'è una sempre maggiore tolleranza verso il divorzio, in parte anche perché molti di quelli che mettono su famiglia a loro volta sono il prodotto di un divorzio, un nucleo famigliare diviso lascia sempre un segno, e in particolare nei più piccoli.

A seconda dell'età, i bambini reagiscono in maniera differente al trauma psicologico associato allo sconvolgimento della famiglia, ma, purtroppo, molti restano vittime della collera per gran parte degli anni del loro sviluppo. Anche se conoscono altri coetanei figli di genitori divorziati, questi bambini lottano con la sensazione di essere diversi o indegni, quando papà e mamma si dividono. E traducono la loro tristezza e la loro preoccupazione in rabbia.

Nuovi tipi di strutture famigliari

Ma anche altri cambiamenti delle strutture famigliari contribuiscono a premere i tasti dolenti dei bambini. Genitori single, genitori dello stesso sesso, nonni che fanno le veci dei genitori: a prescindere dall'amore e dall'intelligenza dimostrati da queste persone, la complicata struttura di questi nuovi nuclei famigliari spesso determina stress insostenibili. Non è detto che tutti i bambini cresciuti in famiglie «diverse» debbano necessariamente diventare collerici, ma ci sono buone probabilità che, se il nucleo famigliare si configura in maniera diversa da quello degli amici, e se gli adulti che lo compongono non riescono a fare accettare come normali queste diversità, il bambino subisca tutta una serie di pressioni aggiuntive.

Il lavoro e le sue sollecitazioni

Anche l'attività lavorativa è responsabile dei drastici cambiamenti subiti dai bambini a partire dagli anni '90. Forse uno dei motivi per cui i bambini in questo nuovo secolo sono così arrabbiati si riassume proprio nelle nuove aspettative cui sono sottoposti. Con le mamme e i papà che lavorano entrambi, ai bambini di oggi viene chiesto di assumersi responsabilità che in precedenza certo non competevano loro. Molti devono badare ai fratellini più piccoli; a molti tocca addirittura il compito di confortare i genitori stressati al ritorno da una dura giornata di lavoro, con una significativa inversione di ruoli rispetto al passato.

Il senso di controllo

In fondo, i bambini di tutte le età vogliono struttura e stabilità. Quando percepiscono che gli adulti che li circondano sono per certi versi instabili o insicuri (il lavoro vi costringe a trasferivi di nuovo? Vostra madre disapprova apertamente il vostro stile di vita, anche se ormai avete trentasei anni?), loro tendono a convincersi di non esercitare alcun controllo sulla propria vita.

Il risultato? Esplosioni di rabbia

Sia che si tratti di un bimbo di quattro anni che fa una scenata al supermercato, di un ragazzino furioso che rifiuta di fare i compiti, o di un adolescente che per l'ennesima volta fa tremare i vetri di casa sbattendo la porta di camera sua, la collera imperversa in molte case. Spesso è una rabbia male indirizzata. I bambini possono infatti arrabbiarsi per un dato motivo e poi prendersela con il genitore, il fratello o l'amico più a portata di mano, che non hanno niente a che vedere con la causa della loro rabbia.

Bambini e collera, anche quella male indirizzata, sono ottimi amici. Si danno appuntamento. Tocca agli adulti, che sono loro accanto, aiutarli a sbollire la rabbia. E spetta sempre agli adulti disinnescare i propri incendiari tasti dolenti così facilmente premuti da bambini recalcitranti.

E io sono qui per dirvi che non è così difficile riuscirci.

Modelli o critiche?

«I bambini», ha scritto il filosofo francese Joseph Joubert, «hanno più bisogno di modelli che di critiche.» Mi spiace addossarvi questa responsabilità, amici miei, ma il modo in cui gestite i conflitti nel rapporto con il partner trasmette un chiaro messaggio ai vostri figli: il primissimo passo per spegnere i tasti dolenti dei bambini è stare molto attenti al modo in cui vi vedono. Nuove ricerche indicano chiaramente che le modalità d'interazione dei bambini con i loro coetanei, fratelli inclusi, sono strettamente correlate al comportamento dei genitori all'interno del loro rapporto.

Il modo in cui non andate d'accordo ha un'importanza cruciale per i bambini, che acquisiscono gran parte della capacità di risolvere i conflitti, o dell'incapacità a farlo, proprio osservando gli adulti. Dovete essere consapevoli del fatto che fissate degli standard e pertanto dovreste pensarci due volte prima d'insultare il partner, criticarlo aspramente, urlare (anche a porte chiuse), chiudervi in un silenzio astioso o mancargli di rispetto. La soluzione dei conflitti è vitale. I conflitti sono manifestazioni naturali all'interno di qualunque relazione, ma le questioni irrisolte sono le esperienze più dolorose e traumatiche per i bambini che ne sono testimoni. I genitori che si piantano in asso dopo un violento litigio, anche solo per un'ora, riempiono di terrore il cuore dei loro giovani figli.

Le parole

Tutto comincia e finisce con le parole, parole che sviano la collera, che ispirano scelte informate, che arrivano al nocciolo dei sentimenti al di là della rabbia. Se gli adulti riescono a migliorare la comunicazione tra loro e i figli, il più è fatto.

Quando vostro figlio fa il diavolo a quattro, dimenticate gli approcci ispirati alla paura: «Dai un altro schiaffo a Bobby e vedrai quante ne prendi!» Non funzionano. Lasciate perdere la tolleranza: « Cerca di andare dietro a tua sorella più che puoi ». Raramente serve a qualcosa: i bambini non sanno nemmeno cosa voglia dire.

Dimenticate quel genere di comunicazione che non fa che peggiorare le cose. Per esempio, alcune tattiche basate sul « parlare » non ottengono altro risultato che fare infuriare maggiormente un bambino già arrabbiato. Il sarcasmo potrà farvi sentire superiori, ma con i ragazzi non funziona mai, se non per alimentare la loro irrequietezza. Sottovalutare un bambino produce un effetto letale: fargli capire o dirgli apertamente che abbiamo poco rispetto di lui, proprio perché è piccolo, pone fine alla comunicazione ancora prima che questa abbia inizio. Una mamma, in uno dei miei seminari, disperandosi per il suo rapporto con la figlia, diceva qualcosa di simile: « Non so da dove le arrivi questa idea. Non ha il coraggio di difendere le sue idee e non è capace di tenere testa alle amiche. È troppo influenzabile ».

Ecco una madre che esprimeva senza mezzi termini un concetto ben chiaro: la figlia non aveva idee originali e si sarebbe trovata in difficoltà perché non aveva il coraggio di difendere le sue (della madre) idee. E lo diceva proprio alla figlia.

Dunque, rimbocchiamoci le maniche. Quelli che seguono sono strumenti per avviare il dialogo, utili per parlare con i vostri figli e incoraggiarli a condividere con voi le loro frustrazioni, per aiutarli a calmarsi. In effetti, si tratta dei medesimi strumenti usati nell'arte di risolvere qualunque conflitto, sia sul lavoro, sia nella vita quotidiana o nell'intimità della camera da letto.

Qui non ci sono le formule magiche di Harry Potter, ma solo le parole. Una volta modificate per adeguarle a circostanze ed età differenti, funzionano – funzionano sempre.

Fate attenzione.

I bambini piccoli

A partire dal momento in cui acquisiscono i primi rudimenti del linguaggio, i bambini piccoli hanno bisogno di considerarsi delle persone, delle entità separate e diverse dai genitori. Spetta a loro delimitare il proprio territorio emotivo, ma insieme ai picchetti usati per definirne il perimetro emerge la collera nelle sue svariate forme. La buona notizia è che la maggior parte dei bambini in età scolare impara presto che schiaffi, eccessi di collera, calci, sputi e altre forme di espressione fisica della rabbia sono socialmente inaccettabili. Quella cattiva è che se ne dimenticano spesso. Ma le stesse capacità verbali che i vostri figli usano per urlare insulti agli amici e agli adulti nelle situazioni conflittuali, possono essere incanalate all'interno di un dialogo capace di calmarli.

Se vi è capitato di assistere a uno sfogo furioso tra vostro figlio e altri bambini, dovuto a un motivo banale (a chi tocca salire sull'altalena, chi deve annaffiare le piante), sappiate che la tecnica di risoluzione più basilare, emersa dai nostri seminari, consiste nel dare ai piccoli contendenti una formula affinché possano trovare insieme una soluzione; perché non c'è dubbio che possano arrivare a essere in grado di risolvere le loro divergenze solo con un minimo aiuto da parte vostra.

Prima di tutto, assicuratevi che i bambini sappiano che è necessario seguire le regole: nessuna interruzione, niente spinte, niente urla, niente calci e soprattutto niente sputi.

Ed ecco la formula. Ogni bambino, a turno, dovrà fare quanto segue:

1. *Esternare le sue esigenze.* In sintesi, ognuno dovrà verbalizzare il proprio punto di vista sulla disputa. (Voglio andare per primo sull'altalena.)
2. *Riaffermare quelle che gli altri bambini considerano le proprie esigenze.* Questo per avere la certezza che i punti di vista degli altri bambini siano capiti. (Penso che lui voglia essere il primo a salire sull'altalena.)
3. *Cercare insieme una soluzione.* Pensare a varie soluzioni finché non ne raggiungono una soddisfacente per tutti. (Tu vai per primo in altalena, ma poi io ci resto un po' di più. Oggi le piante le annaffi tu, ma io do da mangiare al criceto.)

Incoraggiate i vostri bambini a usare questa formula ripetutamente, finché la soluzione dei conflitti non diventa un atto automatico per loro.

E se vi accorgete che proprio vostro figlio dà segni di un temperamento collerico? Non esitate a intervenire e ponete fine al suo comportamento offensivo. Non ci sono ma che tengano: tu a Jimmy i calci non li dai, e basta.

- Se vedete vostra figlia alzare le mani su un altro bambino che l'ha fatta arrabbiare, agite d'astuzia. Non picchiatela, non minacciatela fisicamente, trasmettendole così solo il messaggio che i più grandi hanno sempre la meglio. Invece spiegatele che è giusto provare collera, ma che un comportamento violento comporta sempre delle conseguenze (interruzione del gioco o perdita di specifici privilegi).

- Elogiate ampiamente le reazioni calme a un conflitto: le scuse per avere sbagliato, il tentativo di negoziazione con un amico, o un intero pomeriggio di giochi tranquilli.

Che cosa succede se non siete presenti quando vostro figlio piccolo è oggetto della collera di un amichetto? Preparatelo in anticipo in modo che sia armato di buone risposte.

- Ripassate le possibili risposte con un piccolo gioco di ruolo. Voi farete la parte del bambino che dà fastidio a vostro figlio. È divertente e inoltre è un ottimo sistema per radicare l'arte della trattativa nel suo animo.
- Insegnate a vostro figlio a rispondere agli aggressori con parole ferme ma calme, come: « Non mi lascerò mettere sotto da te ». E poi a chiedere l'aiuto di un adulto.
- Incoraggiate spesso vostro figlio a parole. Aiutatelo a ripassare i passi che dovrà fare se un amico più grande comincia a prendersela con lui. Se vostro figlio è molto piccolo, usate burattini o bambole per il gioco di ruolo.

A volte niente di tutto questo serve. Lo sprone che spinge il tasto dolente del bambino potrebbe non essere evidente. Nel caso di vostro figlio, dovrete allora scavare più in profondità per scoprire i sentimenti più profondi. Pur avendo a che fare direttamente con la sfera comportamentale, dobbiamo anche tenere conto dei sentimenti che lo guidano.

I sentimenti

C'è una stupenda, sdolcinata canzone degli anni '70 intitolata *Feelings*, cioè « sentimenti ». Stupenda, perché è un'ode senza vergogna alla forza delle emozioni semplici, la base di tutto il comportamento umano. I bambini piccoli trovano particolarmente difficile esprimere a parole i sentimenti rabbiosi e perciò ricorrono a un comportamento antisociale. A volte sono un vero enigma: che cosa ha spinto questo bambino a sputarmi addosso o a fare una scenata al supermercato? Cos'è stato a toccare i suoi tasti dolenti? Cercate attentamente i sentimenti nascosti dietro ai tasti dolenti. A tale scopo è utile ricorrere a una tabella come quella sotto riportata e cercare di collegare sia i sentimenti che le esigenze a un recente problema comportamentale.

CHE COSA GLI HA FATTO PERDERE LE STAFFE

Che cosa ha fatto il bambino?	**Quali possono essere i suoi sentimenti?**	**Quale sua esigenza non è stata soddisfatta?**
Kevin ha sputato addosso alla nonna.	È *geloso* del tempo che la nonna passa col suo fratellino appena nato.	Ha bisogno di essere *ascoltato* e *lodato* dalla nonna.
Mary Beth non parla. Letteralmente.	Forse si sente *spaventata* e *tradita* perché all'improvviso il suo papà non vive più lì con lei.	Probabilmente ha bisogno di una maggiore *sicurezza*; ha bisogno di *verbalizzare la profonda paura* di essere la causa dell'allontanamento del padre.
Danielle non vuole dormire. Continuava a chiedere bicchieri d'acqua, di ascoltare un'altra storia e alla fine è diventata isterica.	Forse si sente *ignorata* perché mamma e papà lavorano molto. Forse è *frustrata* perché a scuola non riesce a leggere bene e la sua baby-sitter non sa come rassicurarla.	Potrebbe avere bisogno di essere *lodata di più* per i suoi punti di forza e di ricevere più spesso *gratificazioni e manifestazioni d'affetto*. Potrebbe inoltre avere bisogno di *essere ascoltata*, anche se non è capace di trovare le parole giuste per spiegare i suoi problemi di lettura.
Michael ha mentito dicendo di essersi lavato i denti e di non avere picchiato la sorella.	Forse *si sente in colpa*. Forse si mette sulla *difensiva* perché sua sorella sembra non fare mai niente di sbagliato.	Michael ha bisogno di essere *premiato* quando agisce correttamente. Forse ha bisogno di essere trattato *più equamente*, anche se è il maggiore e quello più estroverso. Vorrebbe avere un maggiore *rispetto di sé*.

Comunicare con i bambini

Le domande giuste

Ora che vi siete fatti un'idea dei sentimenti e dei bisogni non soddisfatti che stanno dietro al comportamento adirato di un bambino, probabilmente potrete cominciare a soddisfare le sue esigenze. Ma se ancora non sapete quello che prova o di cui ha bisogno? Allora dovete domandarglielo. Potreste dovere ripetere più volte la domanda, usando parole differenti finché non scoprirete tutto. Imparare a porre le domande giuste è una tecnica della soluzione dei problemi che alla fine si rivela valida.

La maggior parte dei manuali sui bambini dice d'interrogare quelli che mostrano sentimenti collerici per individuare la causa della rabbia che hanno in corpo. Giusto, ma non usate domande chiuse. Ne abbiamo già parlato, ma trattandosi di bambini l'importante è non darsi per vinti. Le domande chiuse segnano la morte di qualsiasi conversazione. Sono come le domande dei «test vero/falso», che richiedono una risposta breve, di una o due parole al massimo. Non conducono da nessuna parte sul terreno della conversazione. Perciò usate le domande a risposta chiusa solo occasionalmente, perché i bambini cui le sottoponete avrebbero la sensazione di essere interrogati dalla polizia.

Questi sono esempi di domande chiuse:

- Sei stanco? *No.*
- Sei triste? *No.*
- Ti sei divertita? *Sì.*
- Vuoi che papà torni a casa? *Sì.*
- Pensi che la tua amica si stia mettendo nei guai? *No.*
- Sei nei pasticci? *No.*
- Qualcuno ti ha fatto qualcosa? *No.*

DOMANDE APERTE

Al contrario, una domanda aperta è più simile a un tema. Spinge i più piccoli a rivelare se stessi. Spesso cominciano con *come, perché* o *parlami di* e poi richiedono dettagli, spiegazioni ed elaborazioni di concetti che convincano vostro figlio che i suoi sentimenti e i suoi pensieri sono di vitale interesse per voi. Ecco alcune domande aperte:

- Parlami di quella tua nuova amica, Susan.
- Perché pensi che il tuo maestro abbia agito in quel modo?
- Come pensi che affrontino nelle altre case il problema dell'orario in cui i figli devono tornare a casa alla sera?
- Dimmi che impressione ti fa che papà viva in un'altra casa.

DA EVITARE

Non ponete a vostro figlio domande eccessivamente aperte, come: « Vuoi parlarmi di quello che provi? » Da dove dovrebbe cominciare il bambino? Dai sentimenti provati quando il suo migliore amico lo ha insultato? Da come si sentiva quando ha completamente sbagliato il compito in classe? Da quello che provava quando voi non c'eravate proprio nel momento in cui aveva più bisogno di voi? È molto probabile che non vi risponda affatto. Inoltre, il ricorso a una domanda standardizzata ottiene il più delle volte una risposta evasiva. « Com'è andata oggi, Tommy? » otterrà quasi sicuramente un semplice: « Bene ».

Se vostro figlio è scontroso, irritabile o nervoso a causa di situazioni che notoriamente non gradisce, avviate un dialogo. Cominciate a parlare ponendogli una domanda semplice, diretta e aperta con un tono di voce ricettivo e invitante. *Poi*:

- *State zitti e ascoltate.* Dategli il tempo di formulare una risposta. Fategli sapere con il vostro silenzio che volete veramente ascoltare quello che ha da dire. Quando sembra che abbia finito, stimolatelo dolcemente a fornire ulteriori informazioni.
- *Non interrompetelo.* Lasciate fluire la risposta. Non terminate voi le sue frasi né cercate di anticipare quello che dirà.
- *Non criticatelo.* Evitate comportamenti non verbali che esprimono critiche, come aggrottare la fronte, accigliarsi, additare, usare un tono di voce intimidatorio o scuotere la testa, che inviano tutti messaggi di disapprovazione. I bambini sono maestri nell'interpretare tono di voce e linguaggio del corpo.
- *Stringete un accordo.* Una volta capito ciò che vostro figlio prova e quali sue esigenze non sono state soddisfatte, siete pronti a parlare delle possibili soluzioni al problema. Non fornite voi il primo suggerimento, cercate invece di manovrare affinché sia lui a proporlo. (Che cosa vuoi che succeda e come

pensi di arrivare a questo risultato?) Poi fornite pure le vostre indicazioni.

> **UN SUGGERIMENTO**
>
> Le chiacchierate mirate alla soluzione di problemi che avete con bambini di ogni età sono essenziali. Queste discussioni sono le fondamenta di quelle che diventeranno le sue capacità di trattare nella vita. Non è possibile spegnere i tasti dolenti senza parlare, proprio non si può.

Intento contro impatto

La comunicazione è una strada a due direzioni di marcia. Vi è mai capitato di dire qualcosa che pensavate fosse assolutamente chiara, per poi scoprire che vostro figlio l'aveva completamente fraintesa? Molto spesso ciò che diciamo viene recepito in maniera molto diversa da quella che era nelle nostre intenzioni. Anche se pensiamo di essere la quintessenza della chiarezza, i nostri figli possono ricevere messaggi molto diversi dalle nostre espressioni del viso, dal linguaggio del corpo e dal tono della voce.

Ecco un esempio che mette in luce uno strumento molto importante per la soluzione dei conflitti: la capacità di distinguere tra intento e impatto.

Messaggio inviato! Messaggio ricevuto?

Laura, quarantaduenne, e suo figlio Bobby, di dieci anni, sono molto attaccati alla madre di lei, che abita a circa un'ora di distanza. Ultimamente, Bobby, che di solito approfittava di ogni occasione per stare con la nonna, tentenna quando si tratta di andarla a trovare. Ascoltate la conversazione tra i due e cercate di capire perché il messaggio che la madre invia non è lo stesso che il figlio riceve. Poi avanzate un'ipotesi sul perché la madre non ascolta l'effettivo messaggio del figlio.

LAURA: Ogni volta che parlo di passare il fine settimana dalla nonna tu t'infastidisci. Che cosa c'è che non va? Credevo ti piacesse dormire da lei.

BOBBY: Non è lo stesso che dormire a casa dei miei amici.

LAURA: Non vuoi più bene alla nonna come quando eri piccolo?

BOBBY: Sì che le voglio bene, ma non è lo stesso. Smettila di tormentarmi con questa storia.

LAURA: Non ti sto tormentando. Sto solo dicendo che ti divertiresti. Almeno, provaci.

BOBBY: No, non mi piace stare da lei! È sempre stanca. Va a letto presto. È noiosa. La nonna mi fa schifo!

ANALISI

Bobby riceve un messaggio differente da quello che Laura intende inviargli. Le affermazioni di lei hanno un impatto ben diverso da quello previsto. Evitando d'inviare messaggi che aprano effettivamente le porte alla comunicazione, Laura non arriva al vero motivo del disagio di Bobby a stare con la nonna.

Il fatto è che il bambino teme che la nonna invecchi, e che alla fine possa morire – come è accaduto alla nonna di un suo amico – quando lui è a casa sua. Laura ha bisogno di sapere quello che il figlio pensa realmente.

Intento	Laura dice	Impatto su Bobby
Laura vorrebbe che Bobby passasse del tempo con la nonna.	Che cosa c'è che non va? Credevo ti piacesse dormire da lei.	Mamma è ingiusta e cattiva. Lo so che mi costringerà ad andarci.
Laura vorrebbe che il figlio si divertisse a casa della nonna.	Sto solo dicendo che ti divertiresti. Almeno, provaci.	Non mi divertirò. Mi annoio a stare lì. Nonna è così strana quando dorme – magari non si sveglia più. Non ci vado, non ci VOGLIO andare. La odio!

UNA SOLUZIONE PER LAURA E BOBBY

Ricostruiamo questo esempio in modo che l'intento primo di Laura sia quello di ascoltare Bobby. Ponendo al figlio qualche domanda aperta, Laura lo incoraggerà a dividere con lei la sua vera paura e a esternare possibili sensi di colpa. Bobby vuole bene alla nonna, ma è arrabbiato con la madre che lo costringe a fare qualcosa di cui lui ha paura. Laura potrebbe porgli una o più delle seguenti domande:

- Riesci a spiegarmi quello che provi quando pensi di andare a casa della nonna?
- Che cosa ti piaceva di più quando andavi a casa della nonna?

- Quali sono le cose a casa della nonna con cui potresti divertirti?

Dopo avere discusso delle risposte di Bobby, Laura e sua madre hanno capito meglio i veri timori del bambino. Una volta compresa la sua riluttanza, non si sono più sentite impotenti e hanno potuto gestire il problema. Dunque, che cos'è accaduto?

Entrambe hanno assicurato a Bobby che la nonna godeva di ottima salute e intendeva vivere finché lui non fosse diventato grande. Inoltre, hanno acquistato un computer da tenere a casa della nonna: un'idea geniale visto che Bobby era appassionato di videogiochi. Il bambino è riuscito a insegnare alla nonna come usarlo e insieme hanno cominciato a giocarci fino alla nausea. Bobby non vedeva di nuovo l'ora di andarla a trovare.

L'approccio letterale

C'è un altro importante aspetto della comunicazione con i bambini.

I bambini dai tre ai dieci anni, spiega la psichiatra Denis Donovan nel suo libro *What Did I Just Say!?!*,* sono «maestri nell'interpretare alla lettera» ciò che viene detto dai genitori, senza coglierne il significato più ampio. Questo rende la comunicazione molto delicata e apre le porte alla collera, sia da parte dei genitori sia dei bambini, perché questi ultimi, fraintendendo i genitori, non soddisfano i loro desideri.

La dottoressa Donovan fornisce i seguenti esempi:

Il genitore dice	Il bambino pensa	Il genitore intende dire	Il bambino fa
Quante volte ti ho detto di piantarla?	Cinque, dieci, venti volte... chi lo sa?	Smettila di dare calci alla sedia di tuo fratello.	Sferra un altro calcio alla sedia del fratello.
Non vuoi finire la tua zucca?	No, la zucca non mi piace.	Mangia il resto della zucca.	Continua a fissare il piatto che ha davanti.
Non puoi dire grazie?	Sì che posso.	Di' grazie a questa gentile signora.	Non apre bocca.

* *Che cosa ti avevo detto? Come parlare ai bambini ed essere compresi*, trad. di M.F. Visioni, Pescara, Le Vespe, 2000.

Elementi che bloccano la comunicazione ed elementi che la favoriscono

A volte i messaggi vengono fraintesi perché nel parlare con i bambini usiamo frasi che distruggono la comunicazione, a prescindere dalle nostre migliori intenzioni. Con un po' di pratica potete comunque diventare bravi nel sostituire queste frasi con altre, che invece favoriscono la comunicazione.

Frasi che bloccano la comunicazione

Dette da un genitore	**Dette da un figlio**
Che cosa stupida da fare!	Non voglio vederti: esci da camera mia.
Non voglio sentire scuse.	Comprami, portami, dammi...
Non essere superbo.	Lo voglio, subito!
Sei troppo sensibile; non preoccuparti: te lo dico io che andrà tutto bene.	Sei cattivo e ti odio!
Che cosa hai combinato per fare arrabbiare così il tuo maestro?	Non hai mai capito e non capirai mai.
Per una volta cerca di essere tu il capo invece di fare sempre il pecorone.	I genitori di Robin hanno detto che poteva farlo!

UN ESEMPIO CON FRASI CHE IMPEDISCONO LA COMUNICAZIONE. GUARDATE COME AGISCONO!

JASON: Il dentista ha detto che devo portare l'apparecchio per sei mesi. Lo odio.

KAREN (sua madre): I tuoi amici capiranno: nemmeno loro sono perfetti. Pensa positivo. Nessun bambino ti prenderà in giro. Anzi, dovresti essere contento che possiamo permetterci l'apparecchio per i denti. Con quello che costa!

JASON: Ma sei matta? Come fai a essere sicura che capiranno?

KAREN: Non essere ingenuo, cercavo solo di tirarti su di morale. E poi certe cose le so, perché ho più esperienza di te.

JASON: Bene, invece sto peggio di prima. Non sai un accidente e io ti odio!

Che cosa è successo qui? Karen non è una madre degenere, perché ha fatto fiasco con il figlio Jason, di undici anni? Ebbene, la maggior parte delle madri vuole migliorare le situazioni di disagio agli occhi dei figli, si sforza di consolarli per i loro guai. Le intenzioni di Karen sono buone, ma suo figlio non intende farsi abbindolare da messaggi melliflui. Il messaggio che lei voleva trasmettere non corrisponde a quello che Jason ha ricevuto. Invece delle sue buone intenzioni, a passare è stata solo la banalità delle parole, una banalità che ha prodotto un impatto negativo sul figlio.

LO STESSO ESEMPIO, MA QUESTA VOLTA CON FRASI CHE FAVORISCONO LA COMUNICAZIONE

JASON: Il dentista ha detto che devo portare l'apparecchio per sei mesi. Lo odio.

KAREN: Sei preoccupato per il tuo aspetto e per come ti sentirai a scuola? Vuoi parlarne?

JASON: Certo che sono preoccupato. Tutti mi fisseranno e rideranno di me.

KAREN: Pensi che potresti sentirti in imbarazzo?

JASON: Non penso, lo so. Ma credo che riuscirò a sopravvivere. Altri ragazzi portano l'apparecchio. Sono contento che tu capisca quello che dovrò passare.

Questa volta, Karen si è immedesimata nel figlio. Si è messa nei suoi panni anziché dirgli cosa doveva pensare o provare. Ha rinunciato alla cattiva abitudine di predire quello che accadrà. E lui l'ha apprezzato.

Ascoltare le paure inespresse

La collera spesso è il risultato di una paura camuffata. Naturalmente, la paura assume varie forme che derivano da svariate situazioni di stress, ma in ogni momento di collera prodotta da un timore la chiave alla soluzione dei conflitti è essere capaci di ascoltare ciò che non viene detto: che cos'è che spaventa vostro figlio al punto da farlo scoppiare?

Lo scenario che segue riguarda un divorziato che si è risposato e ha creato una nuova famiglia. Al figlio nato dal primo matrimonio viene chiesto d'integrarsi nel nuovo nucleo famigliare. Un problema comune di questi tempi.

Oggigiorno, queste nuove famiglie sono forse il segmento in maggiore crescita della popolazione. Secondo uno studio recente, il governo statunitense stima che entro il 2007 il loro numero supererà quello dei nuclei famigliari tradizionali. Un bambino che deve confrontarsi improvvisamente con persone che non conosce – a tavola, in bagno, quando si sveglia a causa di un incubo – può facilmente farsi prendere dall'ansia e, in ultima analisi, dalla collera. Ecco alcune delle numerose domande che può porsi:

- Chi è che comanda: mio padre o il mio patrigno?
- Quand'è che devo rientrare: alle nove in una casa o alle dieci nell'altra?
- Chi si occupa di fare il mio bucato: la donna di servizio in una famiglia o io quando sono nell'altra casa?
- Come devo comportarmi rispetto a religioni, diete e finanze famigliari contrastanti, per non parlare dell'arrivo di una nuova sorellastra?

I motivi di depressione di queste nuove famiglie

Eleanor e Frank sono sposati da tre anni. Eleanor ha un figlio di sette anni, Dennis, e ne aspetta un altro da Frank. Kyle, il figlio dodicenne di Frank, vive con la sua ex moglie, Lucy.

Kyle passa quattro settimane d'estate e quasi tutti i fine settimana con Frank, Eleanor e Dennis. Questo weekend, Eleanor capisce che c'è qualcosa che non va. Kyle è scontroso, sulle sue. Prima che torni dalla madre, i due hanno questa conversazione:

ELEANOR: Spero che tu ti sia divertito in questi due giorni.
KYLE: Già.
ELEANOR: Da come lo dici non si direbbe proprio.
KYLE (scattando): Non voglio parlarne. Non sono costretto a farlo. Non devo certo ubbidire a te.
ELEANOR: Perché sei così agitato? Mi fai venire i nervi quando fai così. Anche se non devi ubbidire a me, mi preoccupo che tu sia contento.
KYLE: Non è questo quello che ha detto Dennis. E qui comanda lui.
ELEANOR: Dennis non comanda un bel niente, ma nemmeno tu. Non ho idea di cosa abbia detto Dennis, ma stai tranquillo che io a te tengo molto.
KYLE: Non dire bugie: non pensi ad altro che a Dennis e a quello

stupido bambino che hai in quella stupida pancia. Lasciami solo. Voglio tornare a casa.

ELEANOR: Che cosa ti ha detto Dennis?

KYLE: Domandalo a lui: è tuo figlio. Ma se proprio ci tieni a saperlo, ha detto che il motivo per cui mi prendete con voi d'estate è perché mia mamma non mi vuole tra i piedi, anche se in realtà non mi volete nemmeno voi.

ELEANOR: Non è vero, Kyle. Non è affatto vero.

KYLE: Nemmeno io vi voglio! Mia madre è sempre occupata, è sempre fuori, ma posso fare a meno di tutti, io.

ELEANOR: A quanto sembra, pensi che non ti vogliamo bene quanto ne vogliamo a Dennis. È così?

KYLE: Già, ma non me ne frega niente. Presto chiederò a papà se posso entrare in collegio.

Eleanor ha appena capito che i problemi di Kyle vanno ben oltre il suo rapporto con Dennis, il fratellastro. In effetti, entrambe le famiglie sono coinvolte, legate da un problema comune: la rabbia di Kyle. Di una cosa Eleanor è certa: il bambino ha paura di qualcosa. Deve continuare a parlargli per scoprire quali sono i suoi timori inespressi.

Per proseguire il dialogo in maniera fruttuosa, Eleanor deve porre domande aperte che sondino i sentimenti più profondi del bambino. Domande come queste quattro:

1. Questa è anche la tua famiglia. Che cosa devo fare perché tu senta di farne parte?
   Una domanda del genere probabilmente fa emergere alcune delle paure inespresse di Kyle di non far parte della famiglia. Una volta che questo timore è stato espresso, l'intero nucleo famigliare può escogitare il modo (seguendo le sue indicazioni) di farglielo passare.
2. Lo so che vuoi molto bene alla mamma... ed è giusto che sia così. Hai detto che ultimamente è molto occupata, vuoi spiegarmi che effetto ti fa?
   Questa domanda dimostra che i sentimenti di Kyle per la madre naturale sono capiti. Inoltre fornisce a Eleanor maggiori informazioni su cui lavorare, come scoprire che egli è in pensiero per il nuovo fidanzato della madre.
3. Ti sei dispiaciuto per qualcosa che ho fatto? Se è così voglio assolutamente saperlo.

La domanda dà a Kyle la possibilità di spiegare a Eleanor che cos'è che lo infastidisce (come quella volta che al telefono con un'amica lei ha detto una frase che lo ha ferito).

4. Che cosa vorresti che succedesse la prossima volta che verrai qui?
   Anche una simile domanda può dare inizio a un dialogo e spingere Kyle a rivelare i suoi desideri e le sue esigenze.

Per contro, quelle che seguono sono tre domande inefficaci che produrrebbero informazioni di scarso valore e potrebbero persino rovinare il rapporto di Eleanor con il figliastro.

1. Perché non hai detto a Dennis che quello che ti ha detto ti ha fatto molto arrabbiare?
   La domanda è una critica implicita a Kyle per non avere espresso i propri sentimenti a Dennis, un atto che potrebbe imbarazzarlo enormemente.
2. Racconterai a tua madre quello che è successo qui?
   La domanda lascia sottilmente capire che Kyle sarebbe una spia o una lingua lunga, se raccontasse alla madre che cosa accade nella casa del padre.
3. Vuoi davvero entrare in collegio?
   Questa è una domanda chiusa: un sì o un no diranno a Eleanor ben poco sui veri sentimenti di Kyle.

ANALISI

Alcune delle domande di Eleanor sembrano simili, ma quando si ha a che fare con i bambini, una domanda può far scattare una risposta non sollecitata dalla precedente. In ultima analisi, è necessario porre numerose domande per superare gli «ah-ah» e i «già», che dicono ben poco. Osservando il linguaggio del corpo e l'espressione del viso di Kyle, mentre ascolta le domande e risponde a esse, Eleanor ha scoperto che Lucy ha un nuovo fidanzato, e che è per questo che è sempre tanto occupata.

Ora Eleanor, ascoltando attentamente, ha finalmente compreso quali sono i timori nascosti di Kyle. Il bambino è terrorizzato all'idea che la madre sposi un altro uomo e che il nuovo patrigno non lo voglia avere tra i piedi. Dennis, per ripicca, ha detto a Kyle che nemmeno lì è benvoluto, e la minacciosa prossima nascita di un bambino ha convinto Kyle che Dennis ha ragione. Perciò Kyle teme di non essere voluto da nessuno, di essere un undicenne senza casa. Ecco perché è spaventato e furioso.

Adesso Eleanor deve usare delle risposte che creino sintonia, frasi che dovrebbero essere utilizzate ogni volta che un bambino si apre, anche se poco, davanti a un adulto.

Tali repliche vanno utilizzate in seguito alla risposta data alla nostra domanda e servono ad affermare o a confermare l'autostima del bambino.

● ●

Repliche rassicuranti

Eleanor potrebbe replicare in vario modo:

- Capisco il tuo turbamento, Kyle.
- Sei stato molto coraggioso a essere onesto con me.
- Adesso che mi hai spiegato quello che provi, ti capisco molto meglio.

Eleanor si rende anche conto che la soluzione alla rabbia/paura di Kyle ora richiede la partecipazione di entrambi i gruppi famigliari. Gli adulti devono prendere il controllo della situazione. Lei e il padre di Kyle devono parlare alla mamma del bambino in un'atmosfera non minacciosa. Tutti quelli che vogliono bene a Kyle devono collaborare per farlo sentire più benvoluto e al sicuro, e di conseguenza meno astioso. Ascoltare le sue paure segrete rende possibile tutto ciò.

Famiglie ibride: tre indicazioni da seguire

- Chi educa alla disciplina i figli: il genitore naturale, il nuovo coniuge o entrambi? Poiché l'educazione alla disciplina si basa sull'apprezzamento e sul rispetto del bambino e visto che disciplina non è sinonimo di punizione, entrambi i partner dovrebbero imporsi con autorità per fare rispettare le regole in vigore in casa. L'educazione alla disciplina dovrebbe avvenire attraverso riunioni di famiglia, frequenti discussioni in cui stabilire le norme da seguire e tavole rotonde per trovare il modo di soddisfare ragionevolmente le esigenze di tutti.
- Che cosa viene prima: i desideri dei figli o il rapporto dei genitori? Il rapporto dei genitori ha la priorità, subito dopo vengono i desideri dei bambini (voglio una televisione tutta mia, voglio stare alzato fino a tardi, voglio dei nuovi vestiti). I desideri, per inciso, sono ben diversi dalle esigenze: a voi definire la differenza. Mettere al primo posto i desideri dei figli serve solo a

creare disaccordo nel rapporto tra i genitori e invita i bambini a usare le loro doti di manipolatori per mettere genitore naturale e genitore acquisito l'uno contro l'altro. Non permettetelo. Le esigenze, d'altro canto, non sono negoziabili: ogni bambino ha bisogno di rispetto, di dignità, di sentirsi apprezzato. La soddisfazione di questi bisogni va di pari passo con la cura del rapporto coniugale. I desideri invece si possono sempre negoziare.

- Qual è il sentimento più importante che un genitore naturale e un genitore acquisito possono incoraggiare? Il senso di appartenenza: nessun altro bisogno emotivo ha la precedenza. E la sensazione di appartenenza a una nuova famiglia ibrida s'instilla meglio quando il bambino sente di essere ascoltato, anche quando vuole esprimere rabbia, delusione o rammarico per il suo ingresso nel nuovo nucleo famigliare. Il trucco per i genitori in una nuova famiglia ibrida sta nell'ascoltare anche quello che non viene detto, oltre ai sentimenti espressi a parole.

Nello scenario precedente riguardante Kyle e la sua matrigna Eleanor, quest'ultima ascoltava i timori inespressi del bambino. Eleanor si è dimostrata un'attenta ascoltatrice e anche voi lo diventerete. Ecco come.

Le tre A dell'arte di ascoltare

Perché ci sia comunicazione ci deve essere chi ascolta oltre che chi parla, e nel caso dei bambini occorre ascoltare molto più che parlare. Pensate per un istante ai due modi in cui la maggior parte della gente fraintende l'ascolto:

- L'ascolto è passivo. Sbagliato. Ascoltare richiede una reazione *attiva*. Quando vostro figlio vi racconta quanta furia sente dentro, la cosa migliore da fare è parlargli, non rimanere lì zitti e muti.
- Ascoltare significa cogliere unicamente il significato delle parole. Sbagliato. Ascoltare significa anche leggere tra le righe e percepire i sentimenti inespressi.

Una buona ascoltatrice è benvoluta e apprezzata da tutti. Tutti la considerano la più intelligente, la più carina, la più divertente, e questo perché si sentono ascoltati. Ecco come sa ascoltare una buona ascoltatrice.

ATTENTAMENTE

Dimostra il suo interesse concedendo tutta la sua attenzione a chi parla, lo guarda dritto negli occhi e si protende anche leggermente in avanti. Rivolge all'altra persona sorrisi, cenni del capo e altri segnali non verbali di approvazione. Ascoltare attentamente non significa essere necessariamente d'accordo con quanto l'altro dice, ma essere piuttosto consapevoli che si sta rivolgendo proprio a voi. Se ascoltate attentamente, alla fine chi parla si calmerà anche se all'inizio era fuori di sé.

ATTIVAMENTE

Continua a mostrarsi interessata, ma ora replica in vari modi:

- Sintetizza o ripete ciò che l'altro ha detto. (Dunque sei convinto che... Sembra che tu sia... Intendevi dire che...)
- Pone domande chiarificatrici. (Come pensi che finisca? Che ripercussioni potrebbe avere sugli altri? Chi era presente al fatto?)
- Chiede di elaborare i concetti o di avere maggiori dettagli. (Che altre scelte avevi? Che altro ha detto lui?)

AFFERMATIVAMENTE

Ascolta confermando e approvando le emozioni e i sentimenti dell'altro, e li commenta. (Sembri molto preoccupato per... Apprezzo davvero molto che tu me ne parli... Sembra che tu sia molto orgoglioso di... Dev'essere una grande soddisfazione che lui...) Ascoltando affermativamente, dimostra attenzione, partecipazione e rispetto. Un ascolto di questo tipo spegne quasi sempre i tasti dolenti dell'altro, e anche i vostri. Prestare la massima attenzione al punto di vista altrui significa incoraggiare silenziosamente l'interlocutore a comportarsi nello stesso modo nei vostri confronti.

Una fantastica strategia d'ascolto

Buttate dalla finestra le domande che cominciano con « perché ». Non fanno che mettere i bambini sulla difensiva:

- Perché non hai rispettato l'orario di tornare a casa?

- Perché non hai fatto i compiti?
- Perché sei così villano?

Invece, per addolcire l'interazione, provate con:

- Per quale motivo non sei rientrato all'ora stabilita?
- Per quale motivo non hai ancora terminato di fare i compiti?
- Come ti sei sentito quando Dennis ti ha detto quella cattiveria?

I cinesi ascoltano così

Discutendo dell'arte di ascoltare in un recente seminario, un giovanotto mi ha chiesto se poteva scrivere il verbo *ascoltare* in cinese per me. Per farlo ha usato tre ideogrammi che significano « occhi », « orecchi » e « cuore ». Proprio così. Si ascolta con gli occhi, con gli orecchi e con il cuore.

La modificazione del comportamento

Daniel sta facendo impazzire sua madre

Daniel, sei anni, stava facendo impazzire i genitori. Bestemmiava come un camionista, diceva parolacce a non finire, imprecava contro i genitori ed era arrivato ad insultare pesantemente la nonna, *la sua nonnina*. Dove aveva imparato certe parolacce? Nessuno ne aveva la più pallida idea. I genitori, Teri e Bob, erano disperati. Pur avendoglielo domandato mille volte, pur essendo stati sempre pronti ad ascoltarlo, non ne avevano ricavato niente di niente.

Un giorno Teri era andata a fare la spesa al supermercato con Elise, la figlia di tre anni, seduta sul carrello e Daniel per mano. Il bambino aveva preso una confezione di biscotti a forma di tartarughe ninja dallo scaffale e la mamma gli aveva detto di rimetterlo a posto. « Noo », aveva urlato lui. « Li voglio. » In breve aveva poi preso una scatola di cracker a forma di animali, una lattina di Coca, un astuccio di matite colorate e un barattolo di sottaceti. Ogni volta, la mamma gli aveva detto di rimettere tutto a posto. Alla fine, rabbiosamente, lui aveva scagliato il barattolo di sottaceti contro il muro e si era messo a pestare i piedi in mezzo ai frammenti di vetro gridando oscenità. La bambina aveva scelto proprio quel momento per fare cadere a terra un barattolo di conserva con cui stava giocando. Il barattolo naturalmente si era rotto e lei si era messa a piangere, impaurita.

Teri avrebbe voluto scappare via, abbandonare entrambi i figli alla gentilezza di chi non li conosceva.

Era la terza volta in una settimana che Daniel faceva una scenata isterica in un luogo pubblico. Che fare?

Elenchi dei desideri e altre trattative

Gli esperti affermano che nel 99 per cento dei casi il comportamento più aggressivo e furioso rispecchia dei problemi nella vita del bambino, e che individuare la loro causa in genere è l'approccio migliore. Tuttavia, quando il bambino è piccolo, sempre gli esperti consigliano di ricorrere a una tecnica ben precisa per far sbollire la collera: la modificazione del comportamento, cioè intervenire sull'aggressività anziché sulle sue cause. Ecco alcuni suggerimenti:

- Non lasciatevi intimorire dagli eccessi d'ira, che per il bambino essenzialmente sono solo un modo per esercitare un certo controllo sulla propria vita. Passeranno.
- Il sistema più semplice per evitare scenate e scoppi d'ira: non andate al supermercato (o in qualunque altro posto) se vostro figlio ha fame o è stanco.
- Imparate a usare la parola *conseguenze*, come nella frase: « Se continui a buttare in giro le cose, a dire le parolacce alla nonna, a dare i calci a tua sorella, ci saranno delle conseguenze e dovremo uscire dal supermercato, dovrai andare in camera tua, non potrai mangiare il dolce, ecc. ». Le specifiche conseguenze sono ben diverse dalle minacce, che spaventano e in genere non vengono mai messe in pratica (se non la pianti te ne pentirai!). Assicuratevi che le conseguenze siano chiare e soprattutto che siano mantenute. Se, per esperienze precedenti, vostro figlio sa che le conseguenze non arrivano mai, ovviamente vi ignorerà. Ma se sa che mantenete le promesse, potrebbe bastare questo a calmarlo.
- Non datela mai vinta a un bambino solo per farlo smettere di piangere o urlare. Se vostro figlio capisce che strillando ottiene quello che vuole, siete fritti. Se ritenete opportuno cedere, fatelo *prima* che la situazione degeneri. « Va bene, ho cambiato idea e ti lascio mangiare i biscotti, perché sei stato bravo a chiederlo per piacere. »
- Un amico psicologo suggerisce di usare l'« elenco dei desideri »: uno strumento basilare per modificare il comportamento. Ogni giorno, Daniel e la mamma scrivevano su dei cartoncini colorati due cose che ognuno desiderava fossero diverse a casa, e altre due che desideravano avere.

Daniel voleva rimanere alzato dieci minuti in più alla sera e poter scegliere e comprare una cosa ogni volta che andava al supermercato con la madre. Teri desiderava che il figlio non dicesse parolacce e non facesse scenate nel negozio. Ogni settimana gli elenchi cambiavano. Via via che i desideri si realizzavano venivano cancellati dall'elenco con notevole soddisfazione di entrambi.

In sole due settimane, gli scoppi d'ira scomparvero e il vocabolario di Daniel tornò a essere più consono a un bambino di sei anni che a un camionista. Corruzione? No, consideratela piuttosto una forma di contrattazione. Amici, mariti e mogli negoziano i loro conflitti continuamente, con o senza elenchi dei desideri. La considerate ancora corruzione? Comunque, funziona. Questa tecnica di modificazione del comportamento promuove l'autocontrollo e la soluzione dei problemi. La grande teoria che sta dietro a questa forma di gestione della collera è: io do una mano a te, tu ne dai una a me. Una buona cosa da imparare.

- Altre tecniche di modificazione del comportamento potrebbero comprendere riunioni di famiglia nelle quali tutti parlano delle questioni che infiammano gli animi, tra cui le faccende domestiche e gli orari in cui vedere la televisione. Alle discussioni potrebbero aggiungersi forme d'incentivazione/premi, per esempio una tabella su cui segnare con una stellina tutte le volte che il bambino non fa scenate di rabbia. Le stelle così guadagnate alla fine della settimana possono essere convertite in un premio materiale (una scatola di pastelli) o sociale (un gioco oltre l'orario in cui di solito il bambino deve coricarsi).
- La modificazione del comportamento può comprendere anche punizioni morbide, come: stare per tre minuti seduto sulla sedia, in castigo, appena tornato a casa dopo una scenata al supermercato.
- Infine, il modo migliore in assoluto per aiutare un bambino piccolo a disattivare i suoi tasti dolenti è aiutarlo a esprimersi. Insegnargli a esternare a parole ciò che sente, senza lottare, senza mordere. Questo sì che è un vero dono. I bambini, da quelli che gattonano a quelli di una decina d'anni, che sanno esprimere verbalmente la loro collera, raramente ricorrono alla violenza, raramente fanno scenate. Mostrare ai bambini

come esprimere le proprie emozioni a parole è della massima importanza per smorzare la rabbia che li fa urlare, imprecare, picchiare o altro.

- Facciamo a metà? Facciamo a turno?
- Sono arrabbiato perché...
- Ho bisogno che ascolti subito quello che devo dirti.
- Sono arrabbiatissimo. Non riesco a trattenermi.

Gli adolescenti

Oddio, deve dire la sua proprio su tutto? Deve sfidarmi continuamente? Sì. C'è un motivo per cui alcuni di noi, esasperati, li chiamano sapientoni: i nostri ragazzi sono svegli e lo diventano ogni giorno di più, ma quel che è peggio è che ci mettono costantemente alla prova, per vedere se gli stiamo dietro: mettono a dura prova la nostra pazienza, la nostra intelligenza, la nostra salute mentale. Gli adolescenti sono il gruppo più reticente, difficile da raggiungere, lontano, e tuttavia sono i nostri figli, li amiamo e dobbiamo tenerceli, anche quando non proviamo sentimenti esattamente amorevoli. Come affrontare la loro rabbia?

Tempi stressanti

Prima di tutto, dobbiamo renderci conto che viviamo in tempi particolarmente stressanti, soprattutto per gli adolescenti. Un recente sondaggio del « New York Times », per esempio, ha rivelato che solo poco più della metà degli adolescenti americani crede che nella sua scuola possano verificarsi episodi di grave violenza (omicidi) e che poco meno della metà dice di conoscere un coetaneo che ha tentato il suicidio. Con più soldi da spendere e più scelte da fare, gli adolescenti di oggi devono costantemente fare i conti con ardue decisioni e una notevole frustrazione.

Indubbiamente, in termini di risultati, ci aspettiamo dai nostri ragazzi più di quanto i nostri genitori si aspettassero da noi. E gli anni dell'adolescenza sono una continua sfida piena di vari livelli di ribellione, umori neri e rabbia esplosiva.

Quando la rabbia è troppa: farsi aiutare

Per alcuni giovani, gli anni dell'adolescenza sono un momento di vera crisi, con scatti d'ira incontrollati che sfociano in abuso di sostanze, sesso sfrenato, violenze e persino automutilazioni. È una situazione che fa paura. La rabbia estrema degli adolescenti, quella che induce a compiere atti di violenza, è il risultato di un mancato ascolto sia a casa che a scuola. Ma che cosa s'intende per rabbia eccessiva? È opportuno chiedere l'aiuto di professionisti se vostro figlio spesso

- si azzuffa,
- non rispetta le regole,
- perde la calma,
- ruba,
- mente,
- picchia,
- minaccia amici o sconosciuti sia verbalmente sia via Internet o per lettera,
- si accanisce sugli animali.

Anche se vostro figlio generalmente è dolce e bene educato, se venite a sapere che a scuola è deriso o preso in giro, si droga o beve o indulge eccessivamente in videogiochi violenti, chiedete aiuto.

Questo capitolo tratta della rabbia intesa come parte dello stress che normalmente accompagna l'età adolescenziale, non di quel genere di rabbia che distrugge intere comunità. State con gli occhi aperti per capire quale tipo di collera aleggia tra le pareti di casa.

Che cosa pensano? Non ne abbiamo la più pallida idea

La maggior parte di noi affronta gli anni dell'adolescenza dei propri figli sfruttando il buonsenso, per aiutarli a disinnescare i loro tasti dolenti. Detto questo, dovremmo anche ammettere di non avere la più pallida idea di quello che pensano realmente, e questo rende difficile contribuire a calmare le loro collere.

In questa epoca di Walkman, Playstation e Internet, gli adolescenti hanno scoperto metodi pressoché infallibili per sottrarsi al dialogo. Tra vent'anni non sarà più un problema. Gli esperti prevedono il ricorso a terapie innovative per controllare la rabbia adolescenziale basate su simulatori in realtà virtuale. Johnny potrà impratichirsi nel tenere a freno la propria aggressività in situazioni simulate e appositi esami del cervello diranno in tempo reale al suo terapista se quel giorno ha imparato qualcosa in più sulla soluzione dei conflitti. Nel frattempo, tocca a noi tentare di scoprire che cosa alimenta questi scatti, visto che non disponiamo ancora di strumenti per leggere i livelli d'aggressività mediante la realtà virtuale.

Di nuovo, dunque, tutto gravita attorno alle parole, alla comunicazione. Dobbiamo assolutamente trovare un terreno comune, o per lo meno un linguaggio comune che non irriti i nostri interlocutori.

Frasi che bloccano la comunicazione e frasi che invece la favoriscono

Siete arrivati a un punto morto con vostra figlia? Non sapete più cosa fare perché non riuscite più a capirla? Ridiamo un'occhiata alle frasi che bloccano la comunicazione e a quelle che al contrario la favoriscono.

Frasi che bloccano la comunicazione	**Frasi che stimolano la comunicazione**
Dette da un genitore al figlio adolescente	*Dette da un genitore al figlio adolescente*
Con disprezzo: « Sei solo un bambino, che cosa vuoi saperne della vita vera? »	So perfettamente che hai acquisito una buona capacità di giudizio grazie alle esperienze fatte finora e spero che potrai imparare qualcosa anche dalle mie indicazioni.
In tono perentorio: « Sono tua madre e farai a modo mio ».	Innanzitutto cerca di vedere le cose dal mio punto di vista. Se la soluzione che ti propongo non dovesse funzionare, allora ne cercheremo un'altra.
Umiliandolo: il tema che hai scritto era pieno di sciocchezze.	Il tema andava bene. Sarebbe stato ancora più interessante se avessi aggiunto qualche descrizione.

Sottraendogli il problema: « Mi dispiace terribilmente per quello che ti è successo. Non sono riuscita a chiudere occhio per tutta la notte. Che cosa posso fare?	Mi spiace per quello che ti è successo, ma sono sicura che te la caverai... e se vuoi che ti aiuti non hai che da dirmelo.
Fornendo messaggi contrastanti: « Hai una buona capacità espositiva, ma oggi hai fatto pena... Una volta eri pieno di potenzialità, ma adesso... »	Hai una buona capacità espositiva. Forse oggi non sei stato brillante, ma sbagliando s'impara.
Sarcasticamente: « Oh, il signor Intelligentone ha colpito ancora... »	Come sei intelligente! Continui a stupirmi!
In tono inquisitorio: « Si può sapere dove sei stato ieri sera fino alle dieci (con chi eri, dimmi il nome dell'adulto che era presente, che cosa pensavi di fare)? »	Ero preoccupata perché non sapevo dove e con chi fossi ieri sera.
Cambiando argomento: « Davvero molto interessante. Mi aiuti a lavare i piatti? »	Davvero interessante: muoio dalla voglia di saperne di più. Su, racconta!

Spero che le vostre reazioni siano simili a quelle riportate nella seconda colonna. Comunque, fatevi coraggio: non siete i soli a usare espressioni che bloccano la comunicazione. I vostri figli adolescenti probabilmente sono maestri in quest'arte. Ecco dunque come contrastare le loro stoccate con repliche che stimolano il dialogo.

Frasi che bloccano la comunicazione	**Frasi che stimolano la comunicazione**
Dette da un adolescente furioso al genitore	*Dette dal genitore per far sbollire la collera del figlio*
Non dirmi come mi sento!	Hai ragione. Dimmelo tu.
Non capirai mai.	*Mai* forse è eccessivo. Può darsi che non capisca *molto*, ma comunque ce la sto mettendo tutta.
Non fai che criticarmi.	Non intendevo criticarti. Dimmi quando l'ho fatto e io riformulerò la frase che ti ha offeso.
Ti odio, mi stai rovinando la vita.	Capisco che sei in collera e proprio per questo sono disposto ad ascoltarti. Parla, dimmi cosa vuoi.
Vuoi comandare tutto e tutti.	È discutibile. Spiegami che cosa ho fatto per darti questa idea.

Mi fai solo schifo.	Mi rendo conto che sei molto turbata. Preferisco non replicare e ascoltare il perché di questa agitazione.
Chi sei tu per farmi la morale? Pensa a quello che hai fatto tu nella tua vita.	Hai ragione: anch'io ho sbagliato. Proprio per questo motivo spero di evitare che anche tu commetta i miei stessi errori.

La prossima volta che vostro figlio vi lancia una delle sue stoccate, fermatevi un istante a pensare, prima di replicare seccamente o di trincerarvi dietro il silenzio, e trasformate la vostra risposta in una frase che stimoli la comunicazione.

Intento contro impatto, lo stile adolescenziale

Come già detto, non sempre le buone intenzioni sono sufficienti a trasmettere buoni messaggi, e questo è drammaticamente vero negli anni dell'adolescenza. Tim, il fidanzato sedicenne di Ellen, le suggerisce di non prendere una seconda porzione di torta di mele. Il giorno prima, lei stessa gli aveva detto di essersi messa a dieta e gli aveva allegramente chiesto di aiutarla. Per questo motivo Tim accoglie con stupore e rabbia la risposta di lei: « Vedi di farti gli affari tuoi! »

Che cosa è successo qui? Tim ha fatto solo ciò che gli era stato chiesto, eppure la sua ragazza gli ha risposto in malo modo. Il fatto è che il messaggio che lei gli ha inviato, « Aiutami », significava solo « Capiscimi e stammi vicino », non « Dimmi quanto e cosa devo mangiare ». Ma poiché Tim non ha colto il suo intento, anche lui ha finito con l'arrabbiarsi. Ambedue hanno perso la pazienza e questo solo perché, pur volendosi bene, non hanno prestato attenzione ai loro bisogni inespressi.

Nell'esercizio che segue, Margaret, una ragazza madre, parla con la figlia diciassettenne, Carla. Margaret è preoccupata perché pensa che Joyce, l'amica di Carla, possa avere una cattiva influenza su di lei. Joyce ha dei genitori troppo permissivi e non ha alcun orario entro cui rincasare alla sera, inoltre ha il permesso di bere vino e di fumare in casa. Invariabilmente, quando esce con Joyce, Carla torna a casa tardi.

Ascoltate la loro conversazione e cercate di capire perché il messaggio che la madre di Carla vuole inviare non corrisponde a quello che la figlia recepisce.

Sono grande abbastanza

MARGARET: Ancora in ritardo? A quest'ora ti decidi a rincasare? Mi hai fatto preoccupare.

CARLA: Non fare la tragica e smettila di preoccuparti per me. Sono grande abbastanza e so badare a me stessa. Non ho bisogno che sia tu a dirmi quando devo tornare a casa. In ogni caso, odio avere un orario per rientrare. È roba da bambini.

MARGARET: Visto che ti comporti da bambina, ti tratto da bambina. Sono ancora tua madre. È mio dovere imporre dei limiti d'orario ben precisi, soprattutto se il giorno dopo vai a scuola.

CARLA: Piantala con queste prediche, mamma! Possibile che non capisci? Ho diciassette anni e mi fai arrabbiare quando mi tratti come se ne avessi quattro. (Comincia a piangere.)

MARGARET: Non volevo farti la predica, lo sai.

CARLA: No che non lo so, me ne fai continuamente.

MARGARET: Joyce ha una cattiva influenza su di te, e tu le vai dietro a occhi chiusi. Guarda che genitori si ritrova.

CARLA: Joyce non m'influenza affatto e comunque non sono affari tuoi. Lei è la mia amica. E i suoi genitori sono moderni, mica come te! (Chiude la porta, sbattendola. Fine della conversazione.)

ANALISI

Dialogare con un adolescente è un po' come fare un giro sulle montagne russe. Un momento si è in alto e si comunica bene – o almeno si ha questa impressione –, il momento dopo si sprofonda nel vuoto. Toccato un tasto dolente, è finita.

Infatti, Margaret ha premuto svariate volte i tasti dolenti di Carla, anche in una conversazione così breve. Il messaggio che voleva che Carla recepisse non è quello che la figlia ha ricevuto.

Ecco alcuni esempi di intento e impatto nella conversazione di Margaret con la figlia adolescente, Carla. Carla ascolta solo le parole della madre, non il suo *intento*, e questo influisce sull'impatto del messaggio che riceve.

Intento	Margaret dice	Impatto su Carla
1. Margaret vuole che Carla sappia quanto l'ama e quanto si preoccupa per lei. Inoltre vuole che la figlia sappia di essersi comportata in maniera irresponsabile.	Mi hai fatto preoccupare...	Non si fida di me, è ingiusta, vuole controllarmi e io non ne posso più.
2. Margaret crede che la figlia segretamente desideri avere strutture e limiti ben precisi, e vuole che sappia che lei ha la forza e la capacità necessarie per fornirglieli.	Sono ancora tua madre. È mio dovere imporre dei limiti d'orario ben precisi...	È peggio di un poliziotto.
3. Margaret vuole sapere di più sul rapporto d'amicizia tra Carla e Joyce.	Joyce ha una cattiva influenza su di te, e tu le vai dietro a occhi chiusi. Guarda che genitori si ritrova...	Non vuole sentire quanto di più gli altri genitori si fidino dei figli e quanto siano più moderni. Odia Joyce e non ha fiducia in me quando sono con lei perché pensa che non sia capace di badare a me stessa. Non capisce che ho bisogno di un'amica. Dio, come odio mia madre!

UN SUGGERIMENTO

Se riusciamo a prestare più attenzione alle parole che usiamo, in modo che l'intento sia in linea con l'impatto, abbiamo maggiori possibilità che il messaggio inviato corrisponda a quello ricevuto.

Dobbiamo ricostruire l'esempio per essere certi che l'intento di Margaret sia contenuto nel messaggio che Carla riceve. Se Carla ascolta quello che sua madre intende dirle, la conversazione sarà costruttiva perché priva di tasti dolenti. La ricompensa? Margaret alla fine riuscirà a comprendere meglio i problemi della figlia, problemi di cui nemmeno lei potrebbe rendersi conto. Capendola di più, sarà in grado di guidarla lungo il processo di scoperta di sé e della soluzione dei problemi. Come può riuscirci Margaret? In questo modo:

facendo domande aperte, non volte a criticare ma a ottenere maggiori informazioni;

facendo affermazioni neutre e imparziali, volte a far proseguire la conversazione e non a confermare la sua opinione.

Ecco la stessa conversazione, ma riveduta e corretta:

Intento	**Margaret dice**	**Impatto su Carla**
1. Margaret vuole che Carla sappia quanto l'ama e quanto si preoccupa per lei. Inoltre vuole che la figlia sappia di essersi comportata in maniera irresponsabile.	Lo so che non vuoi che mi preoccupi, ma quando non rincasi all'orario stabilito non posso fare a meno di agitarmi.	Non mi piace, ma so che mamma si preoccupa per me, anche se odio questa dannata ora del rientro a casa!
2. Margaret crede che la figlia segretamente desideri avere strutture e limiti ben precisi e vuole che sappia che lei ha la forza e la capacità necessarie per fornirglieli.	Forse dovremmo parlare dell'ora in cui devi rincasare e delle altre regole della casa, in modo da trovare un accordo ragionevole. Hai qualche idea da proporre?	Almeno mi dà una scelta. È una cosa fattibile.
3. Margaret vuole sapere di più sul rapporto d'amicizia tra Carla e Joyce.	Perché non mi parli del rapporto di Joyce con i genitori e non mi spieghi perché ti entusiasma tanto? Mi rendo conto che una ragazza come Joyce ha un certo fascino. Anch'io avevo un'amica come lei alla tua età.	Finalmente ho la possibilità di spiegarle com'è *interessante* Joyce. Magari mi viene qualche idea su come gestire la nostra amicizia. Joyce è davvero in gamba e ci tiene che siamo amiche. Io non voglio che mi consideri una nullità, ma francamente i suoi genitori sono matti a permetterle di bere e di fumare. Anche se non lo ammetterò mai davanti a mamma.

Di recente, avete detto qualcosa a vostro figlio che sospettate non sia stato recepito come nelle vostre intenzioni? Alla luce di quanto letto finora, avete usato parole o frasi capaci d'interrompere la conversazione, frasi che, purtroppo, alla fine hanno fatto più male che bene? Frasi magari come queste?

Non pensi che quel vestito ti faccia un po'... grassottella?

È inutile: sei proprio come tuo padre.

Sarebbe questo il blu che hai scelto?

I petardi

Per petardi intendo quelle frasi che, interrompendo la conversazione, fanno infuriare sicuramente i figli e creano tra di voi una frattura grande come una casa. Sono parole o frasi, cariche di significati emotivi, in grado di fare esplodere, letteralmente, i tasti dolenti di un determinato bambino (nel senso che quello che fa imbestialire mio figlio, potrebbe lasciare indifferente il vostro). Alcune frasi sono ovvie, altre lo sono meno. Ascoltiamo questa conversazione tra Vivian, una quarantottenne, e suo figlio Michael, quattordicenne.

I pantaloni extra-large

VIVIAN: Non mi piace che indossi quei pantalonacci. Stai malissimo. Non ti ho educato in un certo modo per poi lasciarti andare in giro vestito così.

MICHAEL: Non hai il diritto di dirmi come mi devo vestire. Il fatto è che non capisci e non capirai mai. È inutile.

VIVIAN: Prima eri così carino e ti vestivi così bene. Non ti riconosco più. Mettiti quei pantaloni solo per stare in casa, non per uscire. Guarda che il mio è un ordine.

MICHAEL: Ma sei matta? Non capisci qual è il punto. Fai pure il sergente, tanto non siamo sotto le armi. Non vedo l'ora di andarmene di casa.

VIVIAN: Non rispondermi così. Sei ancora piccolo per dire certe cose.

MICHAEL: Li hanno anche tutti i miei amici e nessuna delle loro madri si lamenta. Convinciti, mamma.

VIVIAN: Perché tiri in ballo sempre le mamme dei tuoi amici?

MICHAEL: E tu perché mi paragoni sempre a quel rammollito del cugino Phillip?

VIVIAN: Dovresti assomigliargli di più. Lui non si metterebbe mai quegli orribili pantaloni che s'infilano sotto le scarpe.
MICHAEL: Solo perché è un idiota. Tutti i tuoi parenti fanno schifo.
VIVIAN: Così non risolviamo niente. Aspetta che arrivi tuo padre: sentiremo cosa ha da dire.

Il petardo	**Il suo effetto**
1. Sempre/mai	*Sempre* e *mai* sono termini assoluti che infastidiscono e non sono verificabili. La maggior parte della gente odia sentirsi dire che qualcosa è sempre vera o che non lo è mai.
2. Non rispondermi	Questa frase implica un gioco di potere perché trasmette questo messaggio: « L'ultima parola deve essere mia » e nega all'altro il diritto di parlare.
3. Il mio è un ordine	Una frase dittatoriale che tronca qualsiasi conversazione.
4. Dovresti	Una forma verbale che critica l'altro. Un modo per fargli sapere che chi parla la sa più lunga di lui.
5. I tuoi parenti fanno schifo	Un grave insulto, nonché il modo peggiore per attaccare gli affetti dell'interlocutore.
6. Proprio non capisci	La frase sottintende che l'altro sia limitato o stupido.
7. Non sopporto quando	Come svilire le esigenze o i desideri di un ragazzo.
8. Non hai il diritto di dirmi	Dà il via a un gioco di forza che si conclude con un vincitore e un perdente.

Tutti questi petardi in una conversazione di tre minuti! Se questa famiglia non modifica il suo modo di comunicare, rischia di finire male. Più tardi, nel pomeriggio, Vivian decide di ritentare: perché far fare al marito la parte dell'orco? Perché non dovrebbe essere lei a cercare almeno di diminuire la rabbia del figlio? Tenterà ancora una volta di fargli capire il suo punto di vista.

Però il piercing al naso non te lo fai

VIVIAN: Michael, mi rendo conto di essere stata precipitosa nel criticare quei tuoi pantaloni e vorrei che ne parlassimo ancora per capire meglio quello che senti.

MICHAEL: Va bene, anche se penso che sia inutile.

VIVIAN: Spero di no, ma almeno proviamoci. Ho capito che per te indossare questi pantaloni è molto importante, ma vorrei saperne di più.

MICHAEL: È la moda, mamma. Non ci arrivi? Adesso li portano tutti i ragazzi. Se non li hai, sei tagliato fuori. A te sembrano brutti, ma per i miei amici sono il massimo.

VIVIAN: Ti assicuro che mi sforzo di capire. Credo di potermi identificare in te. Ricordo come facevo arrabbiare i miei genitori quando andavo a scuola in minigonna. Non la smettevano mai di borbottare.

MICHAEL: Vuoi dire che con la nonna e il nonno hai avuto tempi duri? Allora puoi capire quello che si prova a essere bersagliati dalle critiche dei genitori!

VIVIAN: Certo che mi criticavano: avevano un sistema di valori completamente diverso dal mio. Cosa credi, anche allora c'era lo scarto generazionale. Se mostravo le ginocchia, secondo loro ero una svergognata. Per me, più gambe mostravo e più mi sentivo carina. Cosa credi che veda, quando ti guardo con addosso quei pantaloni così larghi?

MICHAEL: Come faccio a saperlo?

VIVIAN: Vedo un ragazzo trasandato, vedo dei vestiti sciatti e mi preoccupo che la gente pensi che non provieni da una famiglia come si deve. Tu, invece, cosa vedi, quando guardi qualcuno vestito così?

MICHAEL: Uno che ha il suo stile, uno che segue la moda di adesso. Testa rasata, pantaloni larghi, orecchino: sono tutti segnali di uno stile, mamma. Non dovrebbero spaventarti. A me piace far vedere che so qual è l'ultima moda. Non voglio che gli altri mi considerino un imbranato. Perché ti preoccupi di quello che può pensare la gente?

VIVIAN: Non posso farne a meno e, del resto, non importa anche a te quello che pensano gli altri? I tuoi amici, intendo. Come possiamo risolvere questa faccenda?

MICHAEL: D'accordo, d'accordo. In effetti un po' ci penso anch'io, credo. Cosa ne dici se ti prometto di non mettere questi pantaloni quando ci sono le tue amiche o quando dobbiamo uscire insieme?

VIVIAN: Stupendo! Ti voglio bene, Michael, anche se non mi piacciono i tuoi pantaloni. Lo sai, dovremmo fare più spesso chiacchierate come questa, per non scontrarci sui nostri differenti ruoli. Già che ci siamo, posso chiederti una cosa? Non penserai anche di farti il piercing al naso, vero?

Vivian è riuscita a disattivare i tasti dolenti di Michael e a risolvere il loro conflitto? Indubbiamente. Ecco alcune indicazioni perché ci riusciate anche voi.

Indicazioni per genitori di figli adolescenti

1. *Ricordate*. Pensate a quando, da adolescenti, vi siete scontrati con i vostri genitori a causa di valori differenti: guardare la tv, andare alle feste senza la supervisione degli adulti, possedere un telefono personale. E adesso immedesimatevi di più in vostro figlio.
2. *Rispettate*. Poiché non si può mercanteggiare sui valori, dovete dimostrare di capire e rispettare i principi cari ai vostri figli. Così facendo inspirerete in loro un naturale desiderio d'imitarvi e dunque di provare a rispettare i vostri.
3. *Siate presenti*. Gli adolescenti hanno un modo del tutto personale di percepire il tempo. Spesso sono disposti a parlare quando voi non lo siete. Il trucco sta nell'essere disponibili e pronti ad ascoltare, ovunque e in qualunque momento. Può sembrare brutto, ma siate pronti anche ad ascoltare di nascosto. Questo è un sistema eccezionale per scoprire cosa li infastidisce e cosa li rende felici. Non dovete proprio origliare ma semmai scomparire dietro il parabrezza dell'auto mentre loro chiacchierano; mimetizzarvi con le piastrelle della cucina mentre masticano pasticci e parlano al telefono proprio davanti a voi.
4. *Ascoltate e non giudicate*. Siate un modello di ruolo ascoltando attentamente vostro figlio. A sua volta, lui ascolterà voi. E non giudicatelo per quanto dice. Le parole «Avresti dovuto...» e «Perché non hai fatto...» non dovrebbero mai uscire dalle vostre labbra. Limitatevi ad ascoltare.
5. *Proponete varie soluzioni ai problemi*. Nel momento in cui sie-

te certi di capire entrambi il punto di vista dell'altro, cercate il modo di risolvere problemi specifici. Periodicamente, riesaminate il conflitto per discutere dei progressi raggiunti. Guardate al futuro e contrattate le « regole di casa » – il permesso di organizzare feste, il permesso di passare il fine settimana fuori casa con amici/amiche dell'altro sesso, le conseguenze per non avere osservato le regole – in modo che i successivi conflitti possano essere gestiti nello stesso modo.

6. *Stabilite un contatto fisico*. A meno che vostro figlio adolescente non tolleri di essere toccato (nel qual caso, scoprite perché!), stabilite spesso un contatto fisico durante le conversazioni. Accarezzatelo, dategli affettuose pacche sulla mano o sulla spalla. I padri in genere sono più restii a farlo delle madri, soprattutto con le figlie: pur essendo i papà più dolci e affettuosi del mondo con le loro bambine, non appena queste sviluppano un po' di seno, essi infilano le mani in tasca. Peccato.
7. *Conservate il vostro senso dell'umorismo*. Anche se ridere vi costa, vostro figlio adolescente apprezzerà un sorriso.

UN SUGGERIMENTO

Quando arrivi alla fine della corda, facci un nodo e aggrappati saldamente.
F.D. ROOSEVELT

I tasti dolenti degli adolescenti

Da una ricerca non ufficiale, condotta negli Stati Uniti, sugli studenti delle superiori di tutta la nazione, per scoprire in che modo i genitori toccano i tasti dolenti dei figli, è risultato quanto segue. Insieme ai risultati troverete alcune soluzioni da adottare al volo.

I detonatori: il significato delle parole per gli adolescenti è diverso dal vostro	I disinneschi: siate specifici
Prendiamo l'aggettivo *pulito*. « La definisci *pulita* questa camera? » commenta una madre furiosa. Prendiamo l'avverbio *presto*. « Le undici di sera, sapendo che domani	Nel momento in cui entrano in gioco le interpretazioni, genitori e adolescenti devono smettere di fare quello che stanno facendo e scrivere una definizione, accettabile per

vai a scuola, non è *presto* », sbraita una madre arrabbiata.	entrambi, da usare la volta seguente. Per esempio: « Per il futuro, stabiliamo tutti che *pulito* significa letti rifatti, cestino della carta svuotato, avanzi di cibo e piatti sporchi riportati in cucina ». « Per il futuro, stabiliamo che *presto* significa nove e mezzo, se il giorno dopo c'è scuola, tranne casi particolari stabiliti comunque insieme.
A chi spetta il telecomando? Tutti in famiglia vogliono vedere un programma diverso sull'unica tv di casa, e i litigi si sprecano.	Trattate. All'inizio della settimana, ognuno si « riserva » un certo numero di programmi con l'approvazione degli altri. Raggiungete l'accordo scendendo a patti: « Io questa settimana ti faccio vedere i cartoni animati, ma la prossima tu mi lasci vedere la commedia ».
Uso smodato del telefono. Non si possono né ricevere né fare telefonate per un'ora ogni volta che si attacca al telefono. Anche la mamma, però, non scherza.	Concordate una lunghezza ragionevole: le telefonate non possono superare... Prima di attaccarsi alla cornetta, ciascuno carica un timer, e quando lo sente suonare riattacca.
I compiti a casa. I genitori non vogliono assumersi le responsabilità che spettano ai figli adolescenti. I compiti a casa diventano un tormento e i ragazzi si spazientiscono. Che fare se l'insegnante si lamenta perché i compiti non sono stati fatti?	Fate un contratto. Ogni ragazzo ha la responsabilità di fare i compiti a casa senza essere assillato dai genitori. Eccovi la bozza: i genitori non li tormentano e i figli fanno i compiti assegnati. Se una delle due parti rompe il contratto vengono adottate le misure del caso (stabilite precedentemente da entrambi).

Il messaggio « io »

Chi vi fa sentire meno arrabbiati?

Chi dice	**o chi dice**
Tu sei sempre in ritardo	Quando ti fai aspettare, ho l'impressione che non tieni conto del mio tempo.
La tua e-mail era proprio stupida.	Ero frustrato dal non sapere come rispondere alla tua e-mail.

Quando accusate qualcuno usando il pronome « tu », la frase assume un tono di critica, diventa minacciosa e invita a una risposta ostile. Dicendo essenzialmente le stesse cose, ma usando il pronome « io », dichiarate la vostra insoddisfazione e spiegate i vostri sentimenti nei confronti dell'interlocutore in modo chiaro e non minaccioso. (Io sono triste, impaurito, infelice quando tu...)

Usando il messaggio « io », l'altro si mette meno sulla difensiva. Con il messaggio « io », entrambi avranno modo di chiarire ciò che provano e quali sono le loro specifiche esigenze: nessuno scarica la colpa sulle azioni o sulle parole dell'altro.

Per contro, le affermazioni che cominciano con il pronome « tu » sono vere e proprie accuse (*tu* dici sempre che..., *tu* sei ingiusto..., *tu* ti comporti da irresponsabile..., *tu* sei pigro...). Tutte frasi che invitano l'altro a difendersi violentemente.

UN SUGGERIMENTO

Per sbollire la rabbia è necessario esprimere i sentimenti.

Uno dei miei problemi è che interiorizzo tutto.
Non riesco proprio a esprimere la collera. Io mi faccio venire un cancro.
WOODY ALLEN

La verifica della prospettiva

Per prospettiva s'intende il punto di vista di una persona. In una conversazione pacata e intelligente, le persone in genere ascoltano il punto di vista altrui, e al limite modificano il proprio, perché convinte delle argomentazioni portate dall'interlocutore, o perché grazie alle sue parole colgono aspetti cui non avevano pensato prima. Ma se la conversazione s'infervora, i punti di vista contrastanti si trasformano in conflitto. Le prospettive diventano bombe incendiarie. Improvvisamente nessuno ascolta più nessuno: tutti vogliono solo esprimere il proprio punto di vista, renderlo dominante e farlo persino accettare agli altri. Cosa che non succede mai.

Tendenzialmente i punti di vista sono immutabili, scolpiti nella pietra. A meno che... non si riesca a fermarsi un momento, per verificare seriamente la prospettiva dell'altro.

Per riuscirci, è necessario mettere da parte per un momento il proprio punto di vista. Bisogna sapersi immedesimare – mettersi nei panni dell'altro e capire la sua posizione – e accettare.

La verifica del punto di vista nella soluzione dei conflitti richiede anche qualcos'altro: la capacità di verbalizzare effettivamente la prospettiva altrui e di riformularla con parole proprie, affinché l'interlocutore si senta compreso. In una situazione conflittuale, se riusciamo a vedere la situazione dal punto di vista dell'altro, dovremmo essere in grado di convalidare i suoi sentimenti, siano essi espressi o, come avviene nella maggior parte dei casi, no.

LA MAMMA: Nessa, lo so che avevi promesso di preparare la tavola, ma vedo che il libro che stai leggendo ti piace troppo. Non preoccuparti, non sentirti in colpa.

LA MAMMA: Lucy, mi rendo conto di averti messo in imbarazzo davanti alla tua insegnante, dicendo che ti avevo aiutato a scrivere il tema. Immagino che ti sia sentita infuriata e tradita. Ho ragione?

I ragazzi dai quattro ai diciotto anni hanno punti di vista che sono quasi diametralmente opposti a quelli dei genitori. E questo crea una separazione naturale. Dentro di noi pensiamo di sapere che cosa passa nella mente dei nostri figli, ma di fatto non ne abbiamo la più pallida idea. Questa distanza funge da detonatore naturale capace di fare esplodere i tasti dolenti. Ecco perché la verifica della prospettiva è uno strumento tanto importante della soluzione dei conflitti, soprattutto con gli adolescenti. La mamma apparecchia la tavola perché si rende conto che la figlia è presa dalla lettura di un nuovo libro, e accetta l'esigenza della figlia di continuare a leggere, anche se Nessa aveva promesso di aiutarla. Nessa non ha fatto quello che aveva promesso, ma va bene lo stesso.

Considerate l'esempio che segue e l'arte di verificare i punti di vista.

La piccolina di papà

Melissa è una studentessa diciassettenne delle superiori che ha continui conflitti con il padre, Ronald. Quando discutono di questioni riguardanti i ragazzi, i tasti dolenti premuti si sprecano.

Il punto di vista di RONALD: In passato Melissa non ha saputo scegliere bene gli amici e temo che ripeta gli stessi errori. Ha bisogno di essere protetta. E adesso va in giro con una banda di ragazzi che non mi piace per niente. Dei tizi che frequentano una scuola dall'altra parte della città. Guai in vista.

Il punto di vista di MELISSA: Papà pensa che sia ancora una bambina, la sua bambina. Invece sono cresciuta, ho imparato dai miei errori e perciò deve lasciare che io prenda le mie decisioni.

RONALD: So che ti sei presentata per far parte del comitato delle gite scolastiche. Non c'è una regola secondo cui solo gli interni possono fare le gite, mentre gli esterni sono esclusi?

MELISSA: In effetti sto cercando di capire se quella regola si può cambiare. La gita dell'anno scorso è stata un vero disastro perché molti studenti non si sono iscritti e la scuola ha perso un sacco di soldi. C'è bisogno della partecipazione da parte di ragazzi di altri istituti.

RONALD: Adesso capisco perché sei entrata nel comitato: vuoi essere sicura che Kevin e Tom, quei due ragazzi con cui ti vedi, vengano anche loro in gita.

MELISSA: Oh, insomma, smettila! È una sciocchezza. Sei così sospettoso. Non ti fidi mai dei miei amici e questo proprio non lo sopporto.

RONALD: Signorina, non alzare la voce con me, sai!

MELISSA: Hai cominciato tu a urlare. Io ti spiego che cosa succede a scuola e tu trasformi tutto in una specie di congiura.

RONALD: Melissa, ragiona. Non mi fido di quei due perché non hanno un briciolo di ambizione. Li ho sentiti io andare in giro di notte a fare schiamazzi. Si può sapere che cosa ci fai tu con gente del genere? Tu sei ingenua e credulona. Non hai di meglio da fare che perdere tempo con quelli?

MELISSA: Prima di tutto non sono una banda. Fanno solo quello che fanno tutti i ragazzi. A te non va mai bene nessuno di quelli che mi piacciono. Che cosa vuoi da me? Ho anch'io una mia vita! E da come ti comporti, presto, molto presto, andrò a vivere per conto mio.

RONALD: Non minacciarmi, signorina, altrimenti la gita te la puoi scordare.

MELISSA: Sei disgustoso.

ANALISI

Sia Ronald che Melissa sono tipi che fanno esplodere i conflitti, reagendo tutti e due come se inserissero il pilota automatico: basta qualche commento per creare un clima infernale. Per comunicare senza sbottare, padre e figlia devono acquisire e mettere in pratica le capacità di verificare i punti di vista.

Consigli per la verifica delle prospettive

Comunicate all'interlocutore che intendete veramente capire il suo punto di vista. Per riuscirci, seguite queste tre fasi:

1. Descrivete con parole vostre quello che *pensate* che l'altro abbia *detto*. Non usate le sue stesse parole, per non fargli credere che lo state prendendo in giro o che siete sarcastici.
2. Fategli capire in che modo avete percepito i suoi *sentimenti*: affermando le emozioni aprite la porta a un dialogo più profondo.
3. Aggiungete sempre questa frase: « Ho capito bene? Mi è sfuggito qualcosa? » Così facendo verificate la precisione di ciò che pensate di avere sentito.

Vediamo ora come applicare queste tre fasi della verifica della prospettiva alla discussione tra Roland e Melissa. Ecco quello che Ronald ha effettivamente detto, quello che avrebbe potuto dire e perché in questo modo avrebbe ottenuto un risultato migliore.

Quello che Ronald ha detto	Quello che Ronald avrebbe potuto dire	Perché avrebbe ottenuto un risultato migliore
Adesso capisco perché sei entrata nel comitato: vuoi essere sicura che Kevin e Tom, quei due ragazzi con cui ti vedi, vengano anche loro in gita.	L'insuccesso della gita dello scorso anno sembra averti colpita molto e immagino che tu sia sotto pressione per elaborare un nuovo progetto. Ho ragione?	Con queste parole Ronald dimostra alla figlia di ascoltarla e di capirla. Ronald è riuscito a capire i suoi sentimenti anche se lei non li ha espressi. Così fornisce a Melissa l'occasione di fornirgli altre informazioni.

Ora è il turno di Melissa di verificare il punto di vista del padre.

Quello che Melissa ha detto	**Quello che Melissa avrebbe potuto dire**	**Perché avrebbe ottenuto un risultato migliore**
A te non va mai bene nessuno di quelli che mi piacciono. Che cosa vuoi da me?	Sembri molto preoccupato per Kevin e Tom e pensi che possano avere una cattiva influenza su di me. Ho dimenticato qualcosa?	Anche se Melissa non è affatto d'accordo col padre, dimostrandogli di capire il suo modo di pensare, crea un clima che lo spinge a essere più disposto ad ascoltare il suo punto di vista.

Padre e figlia continuano a parlare...

Quello che Ronald ha detto	**Quello che Ronald avrebbe potuto dire**	**Perché avrebbe ottenuto un risultato migliore**
Tu sei ingenua e credulona.	Pensi che non ti consideri capace di giudicare i ragazzi, e per questo sei arrabbiata con me. Che cosa vorresti che io sapessi su Kevin e Tom?	Ronald avrebbe potuto ridurre lo scarto generazionale comprendendo il punto di vista della figlia. Chiedendole maggiori informazioni, dà il via a un dialogo anziché a uno scambio d'insulti.

Quello che Melissa ha detto	**Quello che Melissa avrebbe potuto dire**	**Perché avrebbe ottenuto un risultato migliore**
Presto, molto presto, andrò a vivere per conto mio.	So che anche tu ci sei passato e che vorresti proteggermi e impedirmi di fare i tuoi stessi sbagli. Ma ci sono un paio di cose carine che vorrei dirti su quei due ragazzi.	Anziché minacciare il padre di andarsene di casa, gli conferma che considera importanti le sue esperienze di vita e di sapere che lui le vuole bene e desidera solo il meglio per lei. Così facendo lo tranquillizza.

Dunque, qual è la soluzione? Che cosa succede alla fine?

Una volta che entrambe le parti sono in grado di verificare il punto di vista altrui, la strada è aperta alla soluzione del conflitto. L'intera atmosfera cambia. Molte soluzioni divengono possibili, tra cui le seguenti:

- Ronald spinge la figlia a parlargli del suo rapporto con Tom e Kevin, e lei accetta volentieri di farlo.
- Melissa invita Tom e Kevin a casa per presentarli ai genitori, e così i timori di Ronald diminuiscono. Dopo tutto, non sono dei cattivi ragazzi. Ma quel che più importa, il padre è rinfrancato dal comportamento responsabile della figlia.

Il desiderio di Melissa si è realizzato: Ronald ha modificato l'immagine che aveva della sua piccolina e comincia a considerarla un'adulta.

Anche il desiderio di Ronald si è realizzato: la figlia divide con lui la sua vita, i suoi amici e i suoi pensieri. Gli assicura di capire i suoi timori e di rispettarli, tanto che in futuro ne terrà conto.

La verifica delle prospettive: come vedete, disattiva i tasti dolenti.

UN SUGGERIMENTO

Chi è stato a dire che non esiste verità ma solo percezione? La verifica delle prospettive è uno degli strumenti più potenti che possiamo utilizzare per approfondire la comunicazione e costruire rapporti migliori con i figli. Certo ci vuole un po' di pratica. Anzi, come il sesso, con la pratica migliora.

Infine, domandate al vostro figlio adolescente di fare il test che segue. E fatelo anche voi. Poi guardate insieme le risposte (sempre che lui sia d'accordo). Così vi farete un'idea di quanto siete arrabbiati e delle situazioni che più rischiano di far scattare i vostri tasti dolenti.

Che cos'è che spinge i miei tasti? Un esercizio sulle cause della rabbia

Assegnate a ciascun elemento irritante un punteggio da 1 a 10.

Quello che mi fa saltare i nervi	Quasi mai 1-3	Un po' 4-6	Molto 7-8	Sete di vendetta 9-10
La gente che spinge quando si è in fila				
Fallire in qualcosa				
Essere rifiutato				
Essere accusato ingiustamente				
Essere deriso				
Non essere rispettato				
Essere ignorato, non piacere				
Essere sconfitto				
Sentirmi dire cosa devo fare				
Se qualcuno mi mente				
Essere manipolato				
Essere imbarazzato				

Se voi o vostro figlio avete totalizzato da 1 a 50 punti non dovete preoccuparvi troppo: il livello dell'arrabbiatura è ragionevole e nella norma. Se il punteggio è *molto* inferiore, o siete dei santi o siete dei gran bugiardi circa i vostri sentimenti. Tutti provano rabbia occasionalmente: ciò che conta è come farla sbollire. Consideratevi fortunati se riuscite ad affrontare adeguatamente la miriade di stress del nostro mondo.

Se voi o vostro figlio avete totalizzato da 51 a 100 punti, vi sentite troppo spesso umiliati, dominati o criticati. Tuttavia, in genere reagite ancora senza dare in escandescenze. Imparando a disattivare anche parzialmente i tasti dolenti, gli scatti d'ira potrebbero condurre a una maggiore creatività e a soluzioni produttive anziché a porte sbattute. È interessante notare che molti giovani, che hanno attraversato gravi conflitti, spesso diventano adulti pieni di risorse – sempre che abbiano scoperto come tradurre la collera in immedesimazione e collaborazione.

Se avete totalizzato da 101 a 120 punti, allora siete genitori o adolescenti *molto* arrabbiati. I vostri tasti dolenti sono particolarmente sensibili. Non è il massimo, questo è certo. È un problema che va risolto, per la vostra felicità. Cercate di capire che va bene avere opinioni e sentimenti propri, ma trovate il modo di esprimerli in maniera produttiva e, soprattutto, non violenta.

Imparate le tecniche per tenere a freno la vostra intemperanza. Leggete l'ultimo capitolo del libro per scoprire come contrastare la sensazione di essere criticati o sminuiti. L'attività fisica aiuta molto: sport o ginnastica in palestra. Conosco molti adulti e molti adolescenti che tirano pugni contro un cuscino, percuotono il letto con una calza imbottita di stracci, o vanno in cortile per lanciare un forte e lungo urlo, per sbollire la collera. La meditazione e lo yoga sono due ottimi sistemi. Alcuni giovani si calmano ascoltando musica, leggendo, o guardando un film. Se siete genitori, cercate di capirlo. Nessuna di queste tecniche da sola è risolutiva, anche se al momento dà buoni risultati.

Per finire, non è detto che non dobbiate ricorrere all'aiuto di programmi specifici per la gestione della collera, disponibili nella maggior parte delle comunità.

UN SUGGERIMENTO

A volte non c'è niente che funzioni – né il dialogo, né il ragionamento, niente. A volte si continua a ribollire di rabbia. Che fare allora quando un diciassettenne dà in escandescenze, perde le staffe, si appresta ad abbandonare la casa e sale in macchina con occhi fiammeggianti?

Bisogna dire no. Tranquillamente, amorevolmente, bisogna impedirglielo: «Non ti lascio andare via in queste condizioni. Potresti farti del male». Lui sarebbe ancora più arrabbiato se lo lasciaste andare. Voi no?

8

I TASTI DOLENTI E L'AMICIZIA

Judith incontrò l'uomo dei suoi sogni, che subito le chiese di sposarla. Fuori di sé dall'entusiasmo, lei e la madre progettarono la festa di fidanzamento. Poco dopo avere spedito gli inviti, Emma, l'amica del cuore di Judith fin dai tempi del college, la chiamò scusandosi. Era terribilmente dispiaciuta, le assicurò, ma anche lei aveva appena conosciuto un tizio favoloso il quale le aveva proposto di assistere a uno spettacolo a Broadway, in scena lo stesso giorno della festa dell'amica. Era certa che Judith avrebbe capito

Capito? Judith era furente.

« Sarebbero queste le priorità di Emma? » domandò adirata alla madre. « Preferisce perdersi il giorno più importante della mia vita per andare a un appuntamento con uno appena conosciuto? Che razza di lealtà sarebbe questa, che prevede di non condividere la mia felicità? Che razza di amica è? » Judith non disse nulla a Emma, ma uno dei suoi tasti dolenti era stato appena premuto. E con forza.

Per fortuna Judith riuscì a superare questa collera iniziale e la loro amicizia continuò. Purtroppo, tuttavia, in fondo in fondo non dimenticò mai lo sgarbo di Emma e per molti anni il loro rapporto non ebbe più l'intensità di prima.

Ma la storia ha un seguito.

Anni dopo, Emma confessò a Judith che il nuovo amico non era stato il reale motivo per cui non era intervenuta alla festa. In verità la sua famiglia all'epoca attraversava un brutto momento e lei non poteva permettersi di spendere dei soldi per fare un bel regalo all'amica. Per salvare la faccia, era ricorsa alla vecchia scusa di un « precedente impegno ». Emma era talmente imbarazzata per la sua situazione economica da preferire di mancare alla festa della sua migliore amica piuttosto che raccontare come stessero realmente le cose. Quando finalmente la verità venne a galla, Judith si rammaricò di non avere neppure pensato a scavare più in profondità nella storia dell'amica: quel comportamento non era stato da Emma, dunque il motivo del rifiuto doveva essere un altro. A Judith non importava un accidente del regalo. Tutto quello che voleva era avere accanto l'amica del cuore alla festa di fidanzamento. La collera che aveva covato dentro per anni era stata inutile, così come era stato inutile rovinare parzialmente il loro rapporto.

Questi fatti sono realmente accaduti. La Judith della storia ero io.

Un'incantevole passione

La forza dell'amicizia è immensa: nessuno può rendervi più felici del vostro migliore amico, così come nessuno può ferirvi più gravemente. In particolare per le ragazze e per le donne, il bisogno di avere una profonda amicizia femminile è una delle passioni più importanti. Mediante gli amici, esploriamo nuovi universi di pensieri e di sentimenti. L'amicizia ci dà maggiore sicurezza, o ci rende insicuri al massimo. A prescindere da quanto soffriamo perché qualche amico ci tradisce, ci fraintende o s'arrabbia con noi, continuiamo a perseguire l'ideale dell'amicizia perché avere amici significa contare sulla solidarietà altrui, godere della loro presenza. Ma quel che più importa, ci tutela da una delle sensazioni più temibili: sentirsi isolati.

Gli amici in genere vivono più a lungo dei nostri genitori e, in molti casi, della persona con cui stiamo o con cui siamo sposati. Anche se il vostro matrimonio va a gonfie vele, è possibile che i rapporti con gli amici più stretti siano per svariati aspetti più intimi di quello che avete con il coniuge. Usiamo gli amici come specchi per controllare i progressi compiuti nella nostra vita e per imparare a fare delle scelte. Gli amici sono una fonte così ricca di stimoli emotivi e intellettuali da costituire un indispensabile pozzo cui attingere sicurezza e felicità.

Quanti di noi hanno capito il valore dell'aprirsi agli altri grazie agli amici d'infanzia: la disponibilità a confessare i sentimenti, a essere vulnerabili e a condividere sensazioni che non si possono dividere invece con i famigliari? Quanti di noi hanno imparato che cosa significhino onestà e impegno dal rapporto avuto con gli amici più stretti?

Nessuna meraviglia dunque che si soffra duramente quando gli amici, al corrente dei nostri segreti più intimi, li raccontano in giro. Visto che l'amicizia è talmente potente, non sorprende che le conseguenze di un tradimento siano colossali. Una donna una volta mi ha detto: « Quando la mia amica mi ha allontanata, per me è stata la fine del mondo ».

Il conflitto della bontà

A porre fine all'amicizia non sono né i conflitti né i tradimenti né gli equivoci. La sociologa Jan Yager, nel suo libro *Friendshifts*, sostiene che « l'amicizia duratura... coinvolge amici che sanno come gestire in maniera efficace i conflitti. Se adeguatamente gestito, il conflitto può rivelarsi effettivamente positivo ». Il segreto dell'amicizia eterna? Non tanto non toccare i tasti dolenti dell'amico, quanto sapere come sbollire la rabbia.

In qualità di specialista di soluzione dei conflitti, ho imparato che scontri e ostilità costituiscono parti essenziali di qualsiasi relazione e sono indispensabili per la crescita e i cambiamenti che gli amici devono subire all'interno del loro rapporto. Il conflitto ci fa crescere, ci pone delle domande. La collera è energia. Quando siete arrabbiati, siete pienamente, intensamente vivi e presenti; siete attivamente impegnati nel tentativo di apportare dei cambiamenti. Naturalmente, chi s'irrigidisce e chi si sottrae alla collera rischia di ammalarsi o d'inacidirsi. Quando esprimiamo la nostra frustrazione agli amici e la esterniamo in maniera costruttiva per modificare in meglio il rapporto, allora la collera diventa il nostro difensore, la fonte interiore della nostra energia. Grazie al cielo siamo tutti diversi!

Credete che l'unico modo per evitare i conflitti sia di scegliere amici uguali a voi? Che noia. Oltretutto è completamente sbagliato pensare che per capire gli altri sia sufficiente mettersi davanti allo specchio e capire se stessi. Indubbiamente è bello avere idee in comune, ma la verità è che ci sentiamo minacciati dai punti di vista opposti ai nostri, e che ci arrabbiamo da morire quando discutiamo con un amico che porta, a sostegno della sua tesi, esperienze completamente differenti dalle nostre. Il guaio è che così chiudiamo la porta in faccia al cambiamento; e sono proprio i cambiamenti a rendere così affascinante la vita.

Se il conflitto è tanto positivo, perché non lo accogliamo a braccia aperte?

Il problema più grosso in ambito femminile è che a molte donne è stato inculcato fin dalla culla che discordia e litigi sono da evitare. Pur godendo di ampia libertà a esprimere pubblicamente l'affetto e l'amore per gli amici, le manifestazioni di collera nei loro confronti sono pressoché vietate, sono dei tabù sociali. Tendiamo a evitare il conflitto, ma in tal modo la collera inespressa degenera in mistificazioni non confessate, capaci di far naufragare un'amicizia. Personalmente sono più che convinta che evitare i conflitti non sia la soluzione, anzi, così facendo si peggiora la situazione. La verità è che le donne devono imparare ad affrontare e appianare i contrasti, evitando di sfuggirli. Quando una divergenza con un'amica vi spaventa al punto da desiderare di andarvene, fermatevi. Non scappate via. Rompere i rapporti per la paura del conflitto produce un duraturo calo di autostima e un forte senso d'impotenza, conseguenze ben peggiori di dover sopportare alcuni momenti di stress. In sintesi, potete esprimere la rabbia che avete dentro e lasciare che l'amicizia continui.

Un suggerimento

Non intendo affrontare le amicizie delicatamente ma con tutta la forza del mio animo. Quando sono vere, non sono fragili cristalli di brina ma gli elementi più resistenti che ci siano.

Ralph Waldo Emerson

Prima di proseguire, vorrei che faceste questo quiz per scoprire quali sono i vostri atteggiamenti (finora inespressi) riguardo all'amicizia. Il massimo sarebbe se potesse farlo anche la vostra amica più stretta, per poi discutere insieme dei risultati, ma, in ogni caso, vediamo di capire qual è il *vostro* punto di vista sul rapporto d'amicizia.

Quiz: che tipo di amici siete?

Anche gli amici più stretti sanno che l'amicizia comporta un rapporto interpersonale voluto. Non capita per caso. Va costruita e conservata, e a volte non è facile riuscirci. Come ha scritto Samuel Butler, gli amici sono come i soldi: è più facile farli che conservarli. Questo significa essere perfettamente consci delle priorità da assegnare al rapporto d'amicizia e sapere esattamente dove sono posizionati i tasti dolenti vostri e dei vostri amici. Sapere come affrontare la collera che si manifesta inevitabilmente nelle relazioni di un certo valore, dipende da come considerate l'amicizia e da come vi aspettate che la consideri il vostro amico.

Al termine del quiz, leggete l'analisi per capire quali sono le implicazioni delle risposte che avete dato.

1. Sapete quali sono le prime sette qualità indispensabili in un rapporto d'amicizia?

1. Lealtà
2. Intelligenza
3. Fiducia
4. Ottimismo
5. Onestà
6. Fedeltà
7. Capacità di ascoltare
8. Senso dell'umorismo
9. Devozione
10. Comunione d'idee
11. Energia
12. Tolleranza
13. Elevata moralità
14. Capacità di divertire
15. Età simile
16. Compassione
17. Capacità di esprimere la collera durante i conflitti, e di calmarsi dopo il chiarimento.

2. Contrassegnate le sette qualità più importanti dell'elenco precedente che associate all'amicizia.

3. Voi non avete, o siete, *mai*... (segnate tutte le opzioni che ritenete opportune):

a. Spettegolato su nessuno
b. Desiderato segretamente che il vostro amico fallisse in qualcosa
c. Rivelato i segreti altrui
d. Mentito a un amico
e. Stati irriverenti nei confronti di un amico
f. Sabotato l'opera di un amico
g. Flirtato con il ragazzo/la ragazza di un'amica/un amico (anche dopo che si erano lasciati)

4. Il nuovo amore di un'amica era una vostra vecchia fiamma che vi ha fatto soffrire. Voi:

a. La mettete in guardia. Lui non potrà che causarle guai
b. Tenete la bocca chiusa, ma la cosa non vi va giù e probabilmente avrà delle ripercussioni negative sulla vostra amicizia
c. Le dite che lui ha qualche buona qualità (deve averne, altrimenti perché ci avreste sprecato il vostro tempo?) e che sperate che il loro rapporto funzioni
d. Le dite che non lo sopportate perché è un idiota, ma che per lei potrebbe essere perfetto
e. Mentite spudoratamente dicendo che è eccezionale

5. Vi trovate in una situazione in cui qualcuno sta sparlando (pesantemente) di una vostra amica. Che reazione avete:

a. Replicate appena e riferite il pettegolezzo alla persona interessata
b. La difendete, ma evitate di metterla al corrente dell'accaduto
c. Ascoltate senza aprire bocca. Evitate qualsiasi commento
d. Vi allontanate; Non riuscite a sostenere il conflitto

6. Nella maggior parte delle vostre amicizie, voi:

a. Date troppo, e spesso finite col sentirvi delle vittime
b. Siete i più forti e in genere quelli più interessanti
c. Prendete dagli altri quanto date loro

7. Potreste essere amici di una persona intelligente che non è molto benvoluta perché perde spesso le staffe? (Dite la verità!)

a. Sì
b. No
c. Forse

8. Quando è stata l'ultima volta che avete ammesso con un amico di esservi sbagliati?

a. Questa settimana
b. Questo mese
c. Quest'anno
d. Sbagliate molto di rado, perciò non ricordate

9. La vostra amica ha un problema e vi chiede di aiutarla raccontando un'innocente bugia. Voi:

a. Rifiutate; non intendete venire meno ai vostri principi morali
b. Accettate di dire una piccola bugia
c. Replicate che farete finta di non avere sentito la sua proposta, non è cosa degna di lei

10. In fondo al cuore, siete convinte che la maggior parte delle amiche (dite la verità!):

a. Provino una grossa rivalità tra di loro, a prescindere da quanto siano affettuose
b. Vi staranno vicine, finché converrà loro
c. Non siano portate all'amicizia come gli uomini
d. Siano enormemente generose e comprensive, ma guai ad attraversare loro la strada
e. Niente di tutto questo

11. Rispondete sì o no:

a. Quando litigate con gli amici, vi scoprite a indagare più a fondo per tirare fuori le vere questioni, quelle taciute?
b. Potete perdonare tutto a un amico?
c. Vi sentite più a vostro agio con gli amici quando passano dei brutti momenti, di quando invece stanno bene?
d. Siete generosi ma fate fatica a tenere un segreto?

e. Vi sentite a disagio quando succede qualcosa di bello ai vostri amici e non a voi?
f. Pensate che un caro amico che vi delude una volta meriti una seconda possibilità?

12. L'amicizia richiede (segnate pure più risposte):

a. Senso di responsabilità nei confronti dell'altra persona
b. La condivisione di segreti e punti deboli
c. Lealtà
d. La disponibilità a prestare del denaro, se ne avete
e. Di non dire mai « no » all'altra persona
f. Di ascoltare il parere dell'altro, anche quando siete sicuri di avere ragione voi
g. Lo stesso stile di comunicazione: « parlare la stessa lingua »

13. Dopo avere litigato con un'amica o un amico, chi deve fare il primo gesto di riconciliazione?

a. Voi
b. Lei/lui
c. Nessuno, l'amicizia ormai è finita

14. Come cerchereste di riconciliarvi?

a. Scusandovi, a prescindere da chi aveva torto
b. Facendo un passo indietro, osservando la situazione dall'esterno e poi avviando il dialogo
c. Chiedendo aiuto a una terza persona che capisce il vostro punto di vista
d. Cercando di fare capire all'altra persona le vostre ragioni, prima che nascano altri equivoci

15. Una vostra cara amica è stata terribilmente ingiusta con voi e vi ha ferito profondamente. Che cosa succede, adesso?

a. L'amicizia è finita; vi aspettavate di più da un'amica
b. Non vi piace ciò che ha fatto o detto, ma cercate ugualmente di dimenticare tutto
c. Insistete, o almeno sperate, che vi porga le proprie scuse
d. Vi sforzate d'immedesimarvi in lei, di scoprire per quale motivo si è comportata così

16. Il/la vostro/a migliore amico/a direbbe che siete una persona (siate autocritici e segnate tutte le rispose del caso):

a. Fidata
b. Permalosa
c. Disposta al perdono
d. Ispiratrice
e. Prodiga di consigli
f. Insicura
g. Gelosa
h. Egoista
i. Leale
j. Falsa
k. Divertente
l. Che sa immedesimarsi
m. Che pensa a se stessa
n. Generosa

17. Volete bene ai vostri amici, ma spesso:

a. Sospettate di loro
b. Avete troppo da fare per vederli
c. Siete troppo stanchi per vederli
d. Li snobbate
e. Siete arrabbiati con loro
f. Vi irritano
g. Vi umiliano
h. Niente di tutto questo

18. Vi state vestendo per uscire con un'amica quando « lui » vi telefona e vi chiede che progetti avete per la serata. Voi (dite la verità!):

a. Rispondete « nessuno » e cancellate l'appuntamento: se è una vera amica, lei capirà
b. Dite che avete già un impegno

19. Verso gli amici più cari avete questo atteggiamento:

a. I legami di sangue hanno comunque la precedenza, anche sugli amici più stretti
b. Non vi fidate mai completamente di nessuno, a parte vostra madre

c. I buoni amici pensano sempre al vostro bene
d. Dovrebbero volervi bene senza condizioni
e. Non c'è niente di peggio di un rapporto d'amicizia veramente distruttivo e impositivo. Se doveste pensare questo di un amico, sarebbe colpa della collera che avete dentro, e che dovreste imparare a sbollire
f. Quando un amico vi fa arrabbiare sul serio, o fate finta di niente o rompete l'amicizia

20. La vostra migliore amica ha acquistato un vestito nuovo per un'importante riunione di lavoro. Purtroppo le sta malissimo. Voi:
a. Le dite che sta malissimo ma che nell'armadio avete un paio di abiti che le andrebbero a pennello e che siete disposte a prestarglieli
b. Le dite che il vestito le sta bene, l'importante è l'opinione che ha di se stessa
c. Non fate commenti

21. In una discussione, la cosa *più* importante è che le ragioni di ciascuno siano:
a. Ascoltate
b. Comprese
c. Condivise

Risposte e analisi

1. Secondo gli studi condotti dalla psicologa Jan Yager, le qualità principali di un'amicizia sono fiducia e onestà, seguite da fedeltà, lealtà, capacità d'ascolto e comunione d'idee. Io aggiungo la capacità di esprimere la collera, e successivamente di placarla dopo una discussione. Se avete segnato almeno cinque qualità su sette, *assegnatevi 20 punti* per questa domanda. Se avete segnato da due a quattro qualità su sette, *datevi 10 punti*.

2. Se associate all'amicizia da cinque a sette di queste qualità più importanti, *+20 punti*. Se ne associate da due a quattro, *+10 punti*.

3. Prima di tutto, *se avete contrassegnato la risposta* **e**, *-5 punti*.

Perché? Non siete stati del tutto onesti: è impossibile che non siate mai stati irriverenti nei confronti di un amico. Forse vi conviene tornare indietro e ricominciare il quiz dall'inizio, rispondendo sinceramente, questa volta: è l'unica cosa utile da fare. Ora, se *non* avete segnato le risposte **a**, **b**, **c**, **d**, **f** o **g**, e se siete stati onesti, *+20 punti*. *-2 punti* per ogni risposta contrassegnata.

4. *+10 punti per la risposta* **c**. Le risposte **a**, **b** e **d** potrebbero causare qualche ansia ai vostri amici, perché non è così che risponderebbe un vero amico. *Se avete risposto* **e**, *-5 punti*: non è onesto verso un amico.

5. *+10 punti per la risposta* **b**: è il modo più gentile e leale di rispondere. Tutto il resto è alquanto sleale, no? E se vi siete ritirati dal conflitto, dovete riflettere sulle vostre reazioni.

6. *+10 punti per la risposta* **c**. Se avete risposto **a**, non siete disposti a parlare dei vostri veri sentimenti (cosa indispensabile nell'amicizia); mentre se avete risposto **b**, significa che scegliete amici che potete dominare, non persone da trattare alla pari. (I casi sono due: o siete un po' prepotenti o alquanto insicuri, non credete?)

7. *+10 punti per la risposta* **a** *e + 5 per quella* **c**. Non siete spaventati dalla collera, perché ne valutate le sue buone qualità e sapete come gestirne gli eccessi.

8. *+10 punti per la risposta* **a** *o* **b**, *5 per la* **c**, *e -10 per la* **d**: dovete imparare a immedesimarvi di più nell'altro, a capire il suo punto di vista.

9. *+10 punti per la risposta* **b**. *Se avete contrassegnato la risposta* **a** *o* **c**, *-5* (siete talmente perfetti, forse un po' arroganti, no? Un difetto che veramente spinge i tasti dolenti degli altri).

10. *Se avete risposto* **e**, *+10 punti. Per qualsiasi altra risposta, -5.* Non capite molto le donne e i loro istinti. Forse queste risposte rispecchiano le vostre frustrazioni e non quelle degli altri. Rifletteteci.

11. *Se avete risposto sì alla domanda* **a**, *+10 punti. Se avete risposto sì alla domanda* **d**, *+5 punti. Se avete detto sì alla domanda* **b**, *-5 punti.* Anche qui non siete stati del tutto onesti. È dura, lo so, ma pensateci: perdonereste proprio tutto? In maniera così indiscriminata?

12. *+10 punti per ciascuna risposta* **a**, **b**, **c**, **d**, *e* **f**. *-5 se avete contrassegnato la risposta* **e**. Non ci siamo. L'amicizia, quella vera, vi permette di dire di no, vi permette di avere persino opinioni diversissime, sempre che poi parliate delle vostre divergenze. E l'amicizia non esige nemmeno di comunicare nello stesso stile (**g**): potete imparare a capire anche le diverse modalità di espressione degli altri, come vedrete.

13. *+10 per* **a**, il perché lo sapete, se siete stati attenti a quanto c'è scritto in questo libro.

14. *+10 per* **b**: ottimo. Scusarsi, se non si è convinti di doverlo fare (**a**), crea risentimento. Consultare una terza persona (**c**), può far nascere ostilità: in un conflitto acceso in genere si cercano degli alleati, ma vedendo qualcuno schierarsi con voi, il vostro interlocutore si arrabbierà ancora di più. La risposta **d** è decisamente sbagliata, perché la prima cosa da fare è ascoltare la campana dell'altro (vedi la Formula dei Cinque Passi).

15. *La risposta* **d** *vale +10.*

16. *Se avete contrassegnato almeno sei delle seguenti risposte* **a, d, i, k, l, m, o**: *+30. Con tre, quattro o cinque +5.*

17. *Se avete contrassegnato* **h** *+10. Inoltre, +2 per ogni altra risposta contrassegnata.*

18. *+20 per la risposta* **b** *e -5 per quella* **a** (sapete già il perché).

19. *+10 per la risposta* **d**: gli amici dovrebbero volersi bene nonostante i difetti. *Se avete risposto* **a** *o* **b**, *-5*: le vostre aspettative sono tremendamente basse. La risposta *c* è impossibile: non ve l'ha mai detto nessuno prima? La **e** è una risposta non corretta: alcune amicizie sono destinate a essere scartate, se producono più disagio che piacere. La **f** è triste: se avete risposto così, è la vostra incapacità di fare buon uso della rabbia che uccide l'amicizia, non la rabbia in sé.

20. *La risposta* **a** *merita un +10*: è l'unica veramente utile. La risposta **b** è sciocca e non realistica: essere vestita male non le sarà di nessun aiuto, e voi lo sapete, anche se la vostra amica ha una grande fiducia in sé.

21. *+10 per la risposta* **a** *o la risposta* **b**, *- 20 se le avete contrassegnate tutte e due.* Non è importante essere d'accordo con l'amico con cui state discutendo.

Avete totalizzato 240-320 punti?

In tal caso, non ve la cavate male. Le situazioni conflittuali non vi paralizzano perché le vibrazioni della collera non vi spaventano. Il tradimento di un amico potrebbe ferirvi, ma non causare la morte dell'amicizia, anche se entrambi avete bisogno di una separazione temporanea, di una costruttiva pausa di riflessione. Avete uno stile personale nello sfogare la collera e raramente attaccate l'altro senza pietà. Avete imparato a ridurre il dolore prodotto dalla pressione dei vostri tasti dolenti, che raramente esplodono. Perché i vostri amici vi apprezzano? Tenete conto dei loro problemi, sapete ascoltare e immedesimarvi: cercate sempre di ascoltare la loro campana.

Avete totalizzato 160-239 punti?

Siete dei buoni amici, ma non straordinari, probabilmente perché spesso trovate le amicizie minacciose o deludenti: giusto? Pur apprezzando il sostegno degli amici, non confidate loro spesso i vostri segreti e i vostri punti di debolezza. Cercate di mantenere i loro segreti, ma a volte siete tentati dal pettegolezzo.

Tuttavia siete pronti a imparare come essere grandi amici, perché siete intelligenti e onesti. Il problema più grosso è che quando vi arrabbiate, non sapete più come calmarvi. Vi sentite impotenti. E vogliamo dirla tutta, non vi fidate *veramente* degli strumenti per disattivare i tasti dolenti di cui avete letto negli altri capitoli di questo libro. Fidatevi. Provateli.

Avete totalizzato 80-159 punti?

È un punteggio basso, anche se dentro di voi, da qualche parte, avete la capacità di farvi ottimi amici e di esserlo per loro. Vi fidate ben poco degli altri (a causa dell'educazione ricevuta o delle vostre esperienze?) e il livello di autodifesa cui ricorrete basterebbe a farvi ottenere la cintura nera. Quel che è peggio è che avete difficoltà ad ascoltare gli amici che comunicano in maniera diversa dalla vostra; per esempio, non sopportate che la vostra amica vada avanti e indietro per la stanza mentre vi racconta qualcosa. E vi scoccia terribilmente se qualcuno v'imbarazza, magari parlando ad alta voce al ristorante o con dimostrazioni fisiche d'affetto.

Tuttavia, siete capaci di rischiare confidenze intime e di mostrarvi vulnerabili e dentro di voi morite dalla voglia di avere un confidente. Dovete imparare che l'amicizia è magica ma non è una magia. Gli amici non possono leggervi nella mente, perciò perdonateli se non capiscono le vostre intenzioni o fraintendono i vostri bisogni.

Avete totalizzato 79 punti o ancora meno?

Che cosa vi è successo? Sembra che parliate una lingua diversa da quella dei vostri amici; e non riuscite a individuare quello che vi irrita tanto spesso né a capire perché irritate così tanto gli altri. Non vi fidate praticamente di nessuno e le situazioni conflittuali vi fanno arrabbiare talmente che subito partite all'attacco o battete in ritirata. A volte gli amici sbagliano o hanno qualche debolezza e a volte raccontano persino i vostri segreti: non per questo dovete buttarli fuori dalla finestra! A volte chiedono il vostro parere, ma poi non ne tengono conto e questo vi fa imbestialire. Ma potete ugualmente imparare a dare un nuovo volto all'amicizia, un volto che vi sorride con calore.

I dieci detonatori più pericolosi nei rapporti d'amicizia

1. L'amico che cerca di manovrare la scelta del cinema o del ristorante.
2. L'amico che arriva sempre in ritardo agli appuntamenti.
3. L'amico che cancella gli appuntamenti senza motivo.
4. L'amico che prova antipatia per il nostro partner, e lo dimostra.
5. L'amico che taglia la corda all'arrivo dei guai.
6. L'amico che fornisce consigli gratuiti.
7. L'amico che divulga le nostre confidenze.
8. L'amico che non risponde alle nostre telefonate.
9. L'amico che nutre un rancore, e non perdona.
10. L'amico che predica bene e razzola male.

Le quattro grandi aree

Bene, e ora pensiamo alle quattro grandi aree che racchiudono tutti i detonatori fin qui elencati. Sono questi i problemi che mettono alla prova l'animo degli amici.

Quando i livelli della collera si alzano, è probabile che sia entrato in gioco uno dei seguenti problemi:

- Parlare chiaramente: sentite quello che l'altro sta cercando di dire?
- Fidarsi: potete contare sulla sua integrità?
- Perdonare: riuscirete mai a non nutrire più risentimento per l'amico che vi ha deluso?
- Verifiche dell'amicizia: potete sopportare irritazioni quali i mariti che non vanno d'accordo tra di loro o il ritardo cronico agli appuntamenti?

Parlare chiaramente

Parlare è la linfa vitale dell'amicizia. Non c'è modo di ricevere i profitti dell'immedesimazione, del contatto, dell'affinità e della condivisione, se non usate le parole al fine di esplorare diversità e caratteristiche comuni. L'intimità tra amici giunge all'apice mentre si parla, sia che si trasmettano sensazioni, idee e convinzioni politiche sia che si chiacchieri di avvenimenti mondani. In ogni pagina di questo libro vi spingo a cominciare un dialogo, a parlare quando scoppia un conflitto.

Ma quello che non ho ancora detto è che a volte la parola può diventare la causa prima di una situazione conflittuale.

Essere capiti è un lusso, ha detto Ralph Waldo Emerson, e non si riferiva a persone che parlano lingue differenti, come un inglese che parla con un cinese. A volte, pur essendo nati e cresciuti nella stessa città, è come se parlassimo in cinese con i nostri migliori amici, perché abbiamo stili di comunicazione molto diversi. Persino gli amici più stretti e più intimi usano modi di esprimersi che non combaciano e che interferiscono drammaticamente con il modo in cui i messaggi vengono recepiti. Basta un niente per fraintendersi e inasprire i rapporti. Le differenze nel modo di esprimersi possono essere talmente piccole da passare quasi inosservate, eppure sono ugualmente in grado di modificare l'intero messaggio. Ma anche se non riusciamo a individuarle con chiarezza, ci rendiamo ugualmente conto che c'è qualche cosa che non va.

Gloria e Paulette parlano due linguaggi diversi. Si piacciono, ma non riescono a capire cosa trovano d'irritante l'una nell'altra. Ascoltate le loro parole e scoprite i loro pensieri.

PAROLE IN LIBERTÀ

PAULETTE dice: Sono contenta di poterti parlare, anche se al telefono. So che sei occupata. Adesso hai un po' di tempo?

GLORIA dice: Certo.

PAULETTE dice: Morivo dalla voglia di raccontarti di questo ragazzo che ho conosciuto la settimana scorsa... (Decanta le sue qualità, poi cita un articolo di giornale e infine ricorda con parole entusiastiche la vacanza che lei e Gloria hanno fatto insieme in Grecia.)

GLORIA pensa: Ci risiamo, ricomincia a parlare a vanvera. Non ha nessun senso ed è così seccante: ho davvero del tempo da sprecare così?

GLORIA dice: Non ti seguo, Paulie. Prima attacchi a parlare di quel tizio, poi passi all'articolo di giornale e poi ancora alla nostra vacanza. Che cosa c'entra questo con lui?

PAULETTE pensa: Accidenti, non può aspettare che abbia finito di raccontarle tutta la storia prima d'interrompermi? Io non riesco a essere sintetica come lei.

PAULETTE dice: C'entra eccome. È il mio modo di esprimermi, porta un po' di pazienza! (A quel punto Paulette fornisce maggiori informazioni e fa i collegamenti, come il fatto che Steve è stato citato di recente in un articolo per il suo lavoro in Grecia, proprio il Paese dov'erano andate in vacanza!)

GLORIA dice: Ecco, adesso finalmente ho capito! Senti, pranziamo insieme appena ho un momento libero... Ti va bene martedì prossimo?

PAULETTE dice: Be', suppongo di sì. Forse si può fare. Credo che sia possibile, sì.

GLORIA pensa: Le voglio bene, ma mai che riesca a strapparle un semplice sì o no. Mi fa imbestialire.

GLORIA dice: Allora, è un sì o un no? Che giorno ti va bene? Perché non martedì? Hai già qualche impegno per martedì?

PAULETTE pensa: Eccola che ricomincia. Pensavo che potessimo essere grandi amiche, e invece è sempre pronta a mettermi alle strette. Vuole comandare lei.

PAULETTE dice: Ti farò sapere.

Che cos'è successo? Paulette e Gloria si vogliono bene, ma sono vagamente turbate da questa conversazione e non hanno la minima idea di cos'è che le disturba nell'atteggiamento dell'altra;

ed è già accaduto in precedenza! Gloria è irritata perché Paulette parla a ruota libera delle sue faccende e sembra incapace di assumere un banalissimo impegno. Paulette si è risentita perché Gloria è sempre brusca e impositiva.

Che cosa deve succedere? Tutte e due devono rendersi conto delle differenze dei loro stili di comunicazione e non offendersi personalmente se uno stile è diametralmente opposto all'altro. Se voi parlate con uno stile e il vostro amico con un altro, attivate dei potenziali tasti dolenti. Le due amiche in questo caso devono capire che è possibile superare queste differenze, abituarsi al modo di esprimersi dell'altra, senza giudicarla e giudicare i suoi messaggi sulla base delle proprie modalità di espressione.

Una volta capito questo, le differenze diventano apprezzabili. Il buon umore riaffiora e ognuna è in grado di puntare affettuosamente il dito sulle caratteristiche distintive del linguaggio dell'altra: « Paulie, ci risiamo. Basta che mi rispondi con un sì o con un no. È un ordine! » E Paulie replica: « Signorsì mio comandante: sì, sì e ancora sì! »

Esistono essenzialmente quattro coppie di stili di comunicazione:

1. **Lineare o circolare**
   Stile lineare: Io comunico trasmettendo le mie idee con un ordine diretto, chiaro, logico e sequenziale, che parte da un punto e arriva a un altro. « Questo piano funzionerà per due motivi. Il primo è che... Il secondo... »
   Stile circolare: Io parlo come penso. Quando racconto una storia e ho bisogno di elaborarla o di fornire esempi, divago. Può sembrare tutto sfocato ma alla fine ogni elemento del discorso trova la sua giusta collocazione. « Il piano funzionerà perché... ma senti, prima di parlare di questo, voglio che tu tenga conto anche... »
2. **Chiaro o vago**
   Stile chiaro: Dico le cose così come le vedo. Dico quello che ho in mente. Esprimo opinioni ben precise. Se qualcuno mi fa una domanda, gli fornisco una risposta diretta. Se mi chiedono se domani voglio mangiare cinese, rispondo di sì oppure di no.
   Stile vago: Sono perfettamente a mio agio con il linguaggio indefinito. Caratterizzo il mio modo di parlare (*forse*, *magari*). Per me è socialmente più accettabile che replicare con un sec-

co no. Se qualcuno mi domanda se domani voglio mangiare cinese, rispondo: « Forse. Dipende da come mi sentirò ».

3. **« Alternato » o interagente**
   Stile « alternato »: Aspetto che il mio interlocutore abbia finito di parlare. Non ritengo opportuno interrompere chi sta parlando.
   Stile interagente: Quando un altro sta parlando e a me viene un'idea collegata a quanto dice, trovo giusto inserirmi nel discorso. Sono cortese e attento come chiunque altro, ma considero l'interazione un modo per comunicare meglio con l'interlocutore. Se un'amica mi dice: « La scorsa settimana ho visto Marilyn... », io intervengo e replico: « Buffo che ne parli, ho appena ricevuto una sua e-mail ». Lei prosegue: « E in quella occasione mi ha detto della sua promozione », al che io replico ancora: « Non è favoloso? »
4. **Complessivo o dettagliato**
   Stile complessivo: Guardo il quadro generale e parlo delle questioni per grandi linee, anziché soffermarmi sui particolari secondari. Per esempio: « Ho in mente come organizzare la festa di beneficenza: la disposizione dei tavoli e il tema delle decorazioni ».
   Stile dettagliato: Mi piace fornire particolari a sostegno delle mie idee. Sarei a disagio a parlare d'idee vaghe. Ho bisogno di sicurezze per giungere a una conclusione. Per esempio: « Scendi nello specifico... Che colori e che tipo di decorazioni hai in mente? »

Riesaminate la conversazione tra Gloria e Paulette. Ora vi rendete conto che Gloria usa un linguaggio lineare e diretto mentre la sua amica preferisce quello circolare e indiretto. Inoltre, Gloria si esprime in modo chiaro, Paulette più vagamente.

Qual è il vostro stile di comunicazione? Ne usate uno con vostra madre e un altro con un vostro amico o con una collega? Per lo più siamo flessibili: siamo in grado di parlare con stili differenti, sovrapponendoli, a seconda delle circostanze.

CHE LEZIONE TRARRE?

Voi e la vostra amica avete stili comunicativi differenti, ve ne siete accorti. Come può aiutarvi questo a disinnescare i vostri tasti dolenti quando lei vi racconta qualcosa andando su e giù per la stanza?

Il semplice fatto di essere consapevoli di queste differenze vi aiuterà a limitare la frustrazione o l'irritazione nel momento in cui non riceverete la risposta che vi aspettate. Non date per scontato che almeno i vostri amici più cari usino gli stessi vostri modelli logici. Ascoltate attentamente per cogliere le varie differenze.

Non date la colpa all'interlocutore se non capite, non ascoltate o reagite bruscamente, quando in realtà egli sta semplicemente dicendo quello che vuole dire con le modalità che è abituato a usare da anni. A volte alla base delle differenze di stile troviamo delle differenze geografiche. Per esempio, gli abitanti di una grande città, che conducono una vita stressante, sono spesso ritenuti maleducati perché tendono a interrompere l'interlocutore. Quando parlano con chi conduce una vita più rilassata in qualche cittadina di provincia, vengono spesso fraintesi per le loro modalità di conversazione e considerati male perché non aspettano il loro turno per parlare.

Cercate di modificare il vostro stile espressivo, quel tanto che basta. Calibratelo di più per avvicinarlo a quello dell'interlocutore. Se usate uno stile diretto, accettate anche quello di chi dice « a volte » e « forse », perché, insistendo nell'esigere risposte nette e precise da chi ha uno stile circolare, non fate altro che accentuare il suo disagio, e finite col premere uno dei suoi tasti dolenti. Se invece avete uno stile circolare, sforzatevi coscientemente di arrivare al punto, di sintetizzare. Il concetto, elaboratelo dopo.

Infine, provate a fare in questo modo: sedetevi tranquilli con il vostro migliore amico e insieme valutate le coppie degli stili di conversazione. Qual è il vostro? Qual è il suo? Dove potrebbero sorgere potenziali equivoci? Quando uno dei due potrebbe arrabbiarsi con l'altro perché sembra che non parliate la stessa lingua?

Con questo esercizio siete sulla strada giusta per disattivare una delle principali cause della collera tra amici.

L'AMICO ATTENTO

Più indietro, in questo stesso capitolo, avete fatto un quiz per scoprire che tipo di amico siete. Per il bene della comunicazione spero che siate un amico attento. L'amico attento ascolta accuratamente, non si limita ad aspettare che l'altro abbia finito di parlare per prendere la parola fornendo consigli non richiesti o citando le proprie esperienze (un'abitudine decisamente irritante). Le sue repliche sono profondamente sentite, non egocentriche. Osservate gli esempi di comunicazione riportati qui di seguito che mettono a confronto risposte attente con altre invece irritanti:

La vostra amica dice	Risposta attenta	Risposta irritante
Mi sono sentita così indifesa quando Betty si è infuriata con me perché ho dovuto cancellare la nostra partita di bridge.	È una sensazione veramente orribile.	*Risposta di chi critica*: Certo che anche tu... L'hai già fatto anche con me.
Bob è stato un vero bastardo: alla riunione mi ha praticamente ignorata.	Chissà come ti sei sentita imbarazzata e svilita.	*Risposta di chi giudica*: Bob è molto corretto; stai esagerando. Forse hai bisogno dell'aiuto di un esperto.
Mi sento così in colpa verso mia madre che ha tanto bisogno di me, ma sembra che io non abbia una vita mia.	Mi rendo conto che è un problema spinoso. Vuoi che ne parliamo? Magari ti viene in mente una soluzione.	*Risposta egocentrica*: Oh, mia madre era ancora peggio. Ricordo ancora quando...
Mary mi irrita veramente e frena ogni mio slancio nei suoi confronti: sono proprio cattiva. Ma ormai è un anno che è divorziata. Non potrebbe rifarsi una vita? Quando fa la vittima non la sopporto!	Non sei cattiva, la tua è una reazione comprensibile. Come credi che possiamo aiutarla a ritrovare un equilibrio?	*Risposta di chi non ascolta*: Hai trovato i biglietti per il concerto? Io ho dimenticato di telefonare al botteghino.

Fidarsi

Per molti, nell'amicizia la fiducia è ciò che conta di più, anche più dell'affetto. La fiducia ci fa sentire a nostro agio e al sicuro quando siamo con un amico. Immaginate di essere amici di qualcuno di cui non vi fidate. Senza la fiducia non c'è legame. Vi fidate del fatto che la vostra amica vi vuole bene anche se casa vostra è in disordine, se avete un aspetto spaventoso, se non superate un esame, se venite licenziate o se vi rifiutate di prestarle l'auto. Vi fidate che non racconterà in giro ciò che le avete confidato: le vostre paure e le confidenze di altre persone. Vi fidate a togliervi finalmente le maschere e a mostrarvi per quello che siete realmente, senza trucchi e senza inganni. Vi fidate che la vostra amica non sia pericolosamente competitiva con voi. Vi fidate che non sia una predatrice (che metta gli occhi sul vostro uomo). E se lei delude la vostra fiducia, in uno qualsiasi dei suddetti modi, ecco che monta la collera.

Prendiamo in esame l'esempio della predatrice: tra amiche, il tradimento del tipo « ha rubato il mio uomo » è particolarmente incendiario.

Molte donne imparano a essere competitive circa gli uomini fin dall'infanzia. Ne volete una prova? Di recente, in un nido d'infanzia, una bambina di nome Belinda ha detto all'amichetta Nona, mentre giocavano con le bambole: « Lui è il mio ragazzo. Tu vai via, vai a pulire la cucina ». Quando l'interesse per lo stesso uomo divide due donne, la fiducia e la sicurezza tra buone amiche possono trasformarsi in rivalità e gelosia. Basta guardare il caso di Stephanie e di Evelyn.

Lei gli stava continuamente dietro

Stephanie ed Evelyn sono care amiche da molti anni. Di recente Stephanie ha rotto con Ron, suo ragazzo da tempo.

Una sera succede che Stephanie vede Evelyn e Ron uscire dal cinema. Prima che loro la scorgano, lei si defila con il cuore che le batte furiosamente. Da quanto tempo si frequentano? Perché Evelyn non le ha detto nulla?

Il mattino dopo, di buon'ora, casualmente Evelyn le telefona. Stephanie sbotta: « Ieri sera vi ho visto, tu e Ron! Ero così scioccata che non sono riuscita nemmeno ad affrontarti. Sei un'ipocrita e non voglio nemmeno sentire cos'hai da dire in merito. Non ci sono spiegazioni né scusanti per quello che hai fatto ». Le sbatte giù il telefono in faccia e accende la segreteria telefonica per evitare le chiamate angosciate dell'amica.

Ma Stephanie non riesce a dimenticare l'accaduto: deve ascoltare le ragioni di Evelyn. Freddamente, una settimana dopo, le telefona e fissa un appuntamento al centro commerciale.

STEPHANIE: Quello che mi fa più male è questo: perché non mi hai detto che uscivi con Ron?

EVELYN: Chiaramente ho sbagliato. Credimi, adesso l'ho capito. Era solo il nostro secondo appuntamento e non sapevo nemmeno se ce ne sarebbe stato un terzo. Volevo vedere come si mettevano le cose prima di dirtelo.

STEPHANIE: Intendi dire che se non vi foste più rivisti non ne avrei mai saputo niente? Me l'avresti tenuto nascosto? Dopo tutte le cose anche intime che ti ho confidato su Ron e me, come pensi che possa fidarmi ancora di te? Non possiamo nemmeno pensare di rimanere amiche.

Come dovrebbe rispondere Evelyn? Sicuramente non dovrebbe mettersi sulla difensiva e nemmeno accusare Stephanie di avere esagerato. La cosa migliore per lei sarebbe dire qualcosa del tipo: « Mi rendo conto che sei molto turbata, e sinceramente, se fossi al posto tuo, lo sarei anch'io. Possiamo parlare ancora di quanto è accaduto? » Questa risposta indica che sa di avere contribuito al problema e che s'immedesima nell'amica.

Una volta superato il primo scoglio e avere accettato di riparlare dell'accaduto per scoprire che cos'è che ha fatto infuriare Stephanie, forse Stephanie potrebbe porre all'amica alcune domande come queste:

- Perché non me l'hai detto? Come hai potuto non parlarmene?
- Non immaginavi che avrei sospettato che tu stessi dietro a Ron anche quando io stavo ancora con lui?
- Non capisci che effetto ha sulla nostra amicizia quello che hai fatto? L'ha distrutta per sempre!
- Che cosa intendi tu per fiducia? Probabilmente non riuscirò più a fidarmi di te.

Evelyn ascolta le domande senza interrompere. Quando Stephanie ha finito di parlare, Evelyn fornisce la sua versione dei fatti, ammettendo di avere indubbiamente sbagliato a decidere di non dirle nulla. Si assicura di replicare a tutti i presupposti di Stephanie, anche se sono sbagliati. Per esempio, le dice: « Mi sentivo leggermente in colpa per uscire con Ron a così breve distanza di tempo da quando vi eravate lasciati, perciò ho razionalizzato questa sensazione pensando: "È meglio che non le dica niente finché non saprò se questa storia andrà avanti". Ma avevo torto. Non pensavo proprio che tu ti saresti convinta che avessi delle mire su Ron fin da quando eravate insieme, anche se adesso capisco che per te era logico supporlo. Capisco anche che questo mette a dura prova la nostra amicizia, ma non credo proprio che debba finire. Per me è molto preziosa. Per piacere, dimmi cosa provi adesso e che cosa hai intenzione di fare».

Dopo avere eliminato i malintesi con queste premesse, Stephanie ed Evelyn sono in grado di ammettere quanto sia importante arrivare a un chiarimento in modo da riportare la fiducia nel loro rapporto di amicizia. Parleranno a lungo di quanto hanno sofferto, perché i sentimenti negativi sono restii a scomparire. La scottante impressione di essere stata tradita e la collera, che hanno assalito Stephanie, piano piano si riducono. Ora l'amicizia ha almeno una possibilità di sopravvivere. Prima che s'instaurasse il dialogo non ne aveva nessuna.

Se ritenete di essere capaci di confidare negli amici, voi stessi dovete essere degni di fiducia. Ma come si fa a essere considerati fidati?

- Sottraendosi ai pettegolezzi, soprattutto quelli riguardanti gli amici.
- Comportandosi in maniera attendibile.
- Dicendo sempre la verità.

UN SUGGERIMENTO

È una delle benedizioni dei vecchi amici quella di potersi permettere di fare gli stupidi con loro.
RALPH WALDO EMERSON

CINQUE PRINCIPI PER FAR SBOLLIRE LA RABBIA

La persona con cui dividete l'appartamento mette alla prova la fiducia che avete nei suoi confronti. Niente di grave, intendiamoci: ha dimenticato di comprare la verdura per la cena, dopo avervi assicurato che ci avrebbe pensato lei. Vi siete fidati, ma lei se n'è dimenticata e adesso la nuova dieta che avete appena iniziato va a farsi friggere, senza l'insalata prevista per la cena. Siete furiose – e sul punto di esplodere.

Aspettate solo un momento. Per evitare uno scatto d'ira è sufficiente ricordarsi di cinque semplici cose.

1. *Evitate i doppi presupposti.* Spesso attribuiamo il nostro comportamento a una specifica situazione o, nella peggiore delle ipotesi, a uno sbaglio occasionale, ma attribuiamo il comportamento del nostro amico a un suo personale, immodificabile difetto.
   Della vostra compagna di stanza dite: Beryl non ha preso la verdura per la cena perché è egoista, pensa esclusivamente a se stessa e ai suoi problemi. Non presta nessuna attenzione alle mie esigenze.
   Di voi stesse dite: Non ho comprato il dessert per la cena perché sono rimasta imbottigliata nel traffico e quando sono arrivata a casa i negozi erano già chiusi.
   Perciò riflettete: la mia amica ha fatto quello che ha fatto e ha tradito la mia fiducia perché è cattiva ed egoista, o avrei potuto comportarmi anch'io come lei, visto che a volte anch'io mi dimentico delle cose e sono un po' sbadata?
2. *Guardatevi dentro.* Spesso quando un amico tocca uno dei nostri tasti dolenti, subito diventa un mostro ai nostri occhi. Immediatamente cominciamo ad accusarlo: Tu hai fatto così... Tu sei... Tu, tu, tu. Noi siamo quelli bravi, lui quello cattivo. Come può parlarmi così? Gli ha dato di volta il cervello?
   Cercate invece di fare un passo indietro e di fare un esame di coscienza: Sono stato io a...? Ho fatto...? Non ho fatto...? Che cosa non ho fatto per calmare le acque?
   Ricordate sempre che ci sono due facce di una stessa medaglia. Ecco come un vostro amico potrebbe considerare il motivo di un battibecco e come invece potreste vederlo voi.

Dritto	**Rovescio**
Stavi flirtando con il mio ragazzo.	Cercavo di essere gentile con il tuo ragazzo per farti piacere.
Vuoi controllare tutto e tutti.	Mi piace che le cose siano fatte bene.
Sei stata cattiva con le altre mie amiche.	Sono onesta. Non posso raccontare bugie.
Sei così permaloso! Non ti si può dire niente!	Sono molto sensibile, e tu dovresti rispettare questa mia caratteristica.
Sei un'impicciona: chi ha chiesto il tuo consiglio?	Dovresti essermi grata per il consiglio che ti ho dato. Significa che mi preoccupo per te.

Hai raccontato in giro le mie confidenze perché sei crudele.	Ne ho parlato a un'altra persona perché ero sicura che potesse aiutarti.

3. *Allontanatevi e ricominciate da capo.* Voi e il vostro amico siete sul punto di sbottare: tutti e due siete furiosi e offesi. Provate a dire: « Se continuiamo così va a finire male. Ci conviene fermarci qui prima di rovinare definitivamente la nostra amicizia. Dammi retta, facciamo una pausa. Adesso esco di qui e ritorno tra un minuto. Va bene? »
   Ora fatelo. L'atto imprevisto di allontanarsi riesce sempre a modificare in meglio una situazione destinata a peggiorare. Il principio è simile a quello della Formula dei Cinque Passi, ma qui la distanza è fisica oltre che mentale. Allontanarsi dalla scena, anche per un paio di minuti, spesso fa miracoli. Quando ritornate, il conflitto riprende, ma con toni più attenuati.
   È un espediente da utilizzare una sola volta. Se prendete l'abitudine di eclissarvi nel bel mezzo di una discussione, di sicuro il vostro interlocutore si scoccia ancor di più.
4. *Sfruttate le risorse mentali di entrambi.* Date per scontato che esista una soluzione al problema, anche se siete entrambi terribilmente infuriati. Concordate di fornire tutti e due un paio d'idee per risolvere la questione: nessuno dovrà osare giudicare l'idea dell'altro né scartarla arbitrariamente, se non è stata considerata impraticabile da entrambi.
5. *Ammettete di essere dispiaciuto. Ammettete di sapere di avere contribuito in qualche modo al sorgere del problema.* Ammettere di non essere perfetti contribuisce a disattivare i tasti dolenti e a trovare delle soluzioni.

UN SUGGERIMENTO

La definizione di giusta indignazione? La vostra ira quando contrapposta allo scioccante caratteraccio degli altri.
ELBERT HUBBARD

Le nostre imperfezioni non dovrebbero bastare a contrassegnarci come traditori, falliti, indegni del rispetto o dell'amore degli altri, il che ci porta a parlare della terza grande area.

Perdonare

Errare è umano, perdonare divino. (forse)
Perdona e dimentica. (NO)
Amare significa non dovere mai dire mi dispiace. (NO)

I cliché si sprecano, ma la verità è una sola: se la capacità di perdonare può essere divina, nessun uomo può perdonare e dimenticare, a meno che non sia un clone di Madre Teresa. Di fatto, cercare di reprimere un dolore, dimenticandolo, spesso accresce la collera. In nessun modo Stephanie dimenticherà l'immagine di Evelyn e Ron che escono insieme dal cinema, ma non importa. Il ricordo si farà più labile se lei riuscirà a perdonare, anche senza dimenticare. Così facendo si sentirà tranquilla con se stessa e sarà molto apprezzata da Evelyn per la sua capacità di perdonare... sempre che ci riesca.

E chiunque abbia detto: « Amare significa non dovere mai dire mi dispiace », si sbagliava. Dire che ci dispiace è importante. Prosternarsi serve quando si è sbagliato... se si riesce a farlo.

Attenzione: essere disposti a perdonare è indispensabile per conservare l'amicizia. Personalmente ritengo che l'ultimo obiettivo salvifico delle nostre vite sia perdonare i torti subiti.

Credo inoltre che esistano determinati tipi di tradimento e di violenza che non si possono perdonare. Mi occupo di risolvere conflitti da una vita, ma se una donna va a letto con mio marito, se qualcuno abusa di un bambino o investe mio fratello con il camion, non ci sono storie: altro che perdonarlo! Ho l'impressione che in determinati rari casi, quando qualcuno ci spinge nel tunnel nero della disperazione più totale, siamo autorizzati a perdonarci per non riuscire perdonare. Dovrei essere una santa, e non lo sono di certo, per perdonare tutto.

Tuttavia dobbiamo sforzarci di perdonare, anche se in maniera selettiva. Perché? Perché perdonare, quando un'amicizia rischia di morire per il comportamento negativo di un nostro amico?

Prima di tutto, non perdonare può farci ammalare, fisicamente. Tenersi dentro la collera ci rende nervosi e risentiti. Facciamo bene a perdonare perché l'atto stesso del perdono è considerato dagli esperti un sistema per sbollire la rabbia, per alleviare il dolore. Chi porta il broncio a un amico finisce col ferirsi da sé.

In secondo luogo, spesso tutto dipende dal fatto che nessuno è perfetto e che nella vita occorre fare delle scelte. Non è meglio avere un rapporto d'amicizia traballante con un amico imperfetto che non averne nessuno? In genere sì.

> **UN SUGGERIMENTO**
>
> *Chi insegue la vendetta farà bene a scavare due fosse.*
> ANTICO PROVERBIO CINESE

Sono molti gli esempi di conflitti tra amici che richiedono il perdono, ma c'è una situazione che puntualmente continua a ripetersi: che cosa succede quando un amico ci racconta un segreto? Ascoltiamo la storia di Veronica e di Harriet.

Come hai potuto farmi questo?

Veronica e Harriet sono grandi amiche, tanto amiche da fare ogni anno le vacanze insieme. Quest'anno, tuttavia, Veronica ha progetti diversi ed è stata piuttosto evasiva nel motivarli. Harriet non è soddisfatta.

Alla fine Veronica si decide a confessare all'amica qualcosa che le ha tenuto nascosto per dieci anni: è la sola a lavorare in famiglia e il padre è alcolizzato. Proprio quest'anno egli sta cercando di disintossicarsi in una clinica costosa e ha più che mai bisogno della figlia, e dei suoi soldi. Dunque, niente vacanze per Veronica, la quale chiede ad Harriet di mantenete il segreto. L'amica accetta.

Un mese dopo, un'amica comune chiede ad Harriet se lei e Veronica andranno in vacanza nel solito posto e Harriet risponde: «Veronica quest'anno ha problemi economici e perciò non può andare in vacanza».

L'amica comune va da Veronica e le chiede se per caso ha bisogno di un prestito.

Veronica è mortificata. Telefona subito ad Harriet e le urla: «Ti avevo pregato di tenere il segreto. Come hai potuto andare a raccontarlo in giro? Sono profondamente umiliata e offesa!»

Harriet è sconvolta. Cerca di darle una spiegazione, ma Veronica interrompe bruscamente la comunicazione. Dopo numerose e-mail e svariate telefonate, Veronica accetta di malavoglia di parlarle.

Ecco il loro dialogo.

HARRIET: Non riesco a capire perché sei così turbata e arrabbiata. Che cos'ho fatto di tanto orribile?

VERONICA: Devi essere davvero stupida o senza un briciolo di sensibilità per non saperlo. Hai tradito la mia fiducia. Hai raccontato ad altri un segreto che ti avevo chiesto di tenere per te. Adesso lo sanno tutti. Mi pento amaramente di essermi confidata con te.

HARRIET: Senti, ho detto a Sheila che non saresti venuta in vacanza con me perché hai dei problemi economici. Solo questo, non ho nemmeno accennato a tuo padre!

VERONICA: Ti avevo raccomandato di non lasciarti sfuggire niente di quello che ti avevo raccontato. Niente! Devo sillabartele le parole per fartele entrare in testa? No, non ne varrebbe ugualmente la pena.

HARRIET: Non posso farci niente se sei così riservata. Un sacco di gente ha problemi economici o di dipendenza dall'alcol: non è più una cosa di cui vergognarsi. I tempi sono cambiati. Va bene, d'accordo, ho sbagliato, ma non aggredirmi in questo modo.

VERONICA: Non hai nessun rispetto per la sensibilità degli altri. Chi sei tu per giudicare quello che dovrei raccontare in giro senza vergognarmi? Scommetto che non è la prima volta che spifferi i fatti miei. Mia madre una volta me l'ha detto che hai la lingua lunga.

HARRIET: Senti, non avrei mai immaginato che reagissi in questo modo. Sono terribilmente dispiaciuta. Ormai il danno è fatto. Che cosa posso fare? Riuscirai mai a perdonarmi?

ANALISI

Aprirsi agli altri è una questione molto personale. Alcune persone non hanno difficoltà a svelare i segreti più personali della loro vita, altre invece tengono la bocca sempre perfettamente sigillata. Rivelare alcuni aspetti del loro passato per alcuni è molto penoso: esponendo i punti di debolezza si sentono tremendamente vulnerabili.

Veronica, la figlia di un alcolista, si assume il peso economico ed emotivo di questa condizione. I ricordi dei compagni di scuola che la tormentavano per i problemi del padre sono ancora vividi. A beneficio del mondo esterno, si è inventata una famiglia facoltosa e felice. Alla fine racconta ad Harriet la verità perché si fida di lei e non vuole più tenerle nascosta la vera causa delle sue difficoltà economiche. Per lei è un sollievo non dovere più fingere. Almeno con Harriet, può essere sincera sui motivi che le impediscono di andare in vacanza. Ha l'impressione di essersi tolta un grosso peso.

Ma quando Harriet svela il suo segreto, Veronica si sente tradita. Potrà mai perdonare l'amica, che non aspetta altro? Potranno riallacciare la loro amicizia?

Veronica deve riflettere sulle seguenti domande. (Se in questo momento siete furiosi con un vostro amico, sostituite il nome di Harriet con il suo.)

- Che cosa accadrebbe se perdonassi Harriet?
- Che cosa succederebbe se non perdonassi Harriet?
- Sono pronta a perdonare Harriet?

Se sospettate di non essere ancora pronti a perdonare, ma vi rendete conto che non perdonando diventereste ancora più tristi, allora è arrivato il momento di porvi l'ultima domanda:

- Che cosa devo fare per perdonare?

Prima di tutto, parlate con altre persone cui volete bene di quello che è accaduto. A volte si riesce ad attingere la forza necessaria da chi ci è vicino e vuole sinceramente il nostro bene. Queste persone possono aiutarvi dandovi nuove idee su come perdonare, su che parole usare. Inutile dire che è opportuno evitare quelli che invece godono dei conflitti e che sicuramente non farebbero che istigarvi ad adottare la linea dura.

Poi parlate con il vostro amico dei pericoli di una cattiva comunicazione. Harriet e Veronica hanno interpretato, ciascuna a suo modo, il significato della parola « segreto » e pertanto la loro comunicazione è stata difettosa. Harriet ne dava un'interpretazione più ampia. Era convinta, non nominando il padre alcolista, di non svelare nessun segreto. In fin dei conti, a chi non capita prima o poi di essere a corto di soldi? Ma per Veronica ogni parola detta all'amica faceva parte del segreto, senza eccezioni.

Siate chiari e precisi per evitare equivoci. Per esempio: non posso arrischiarmi a chiedere alla mia amica Eileen di tenere segreta una certa cosa al marito, al quale, per sua stessa ammissione, lei racconta sempre tutto. Per lei parlare col marito non significa raccontargli un segreto. Ma per me sì. Pertanto, se non voglio che Robert, suo marito, venga a conoscenza di qualcosa che mi riguarda, mi guardo bene dal confidarlo a Eileen. D'altro canto, se qualcuno mi fa una confidenza, io la tengo per me: non la dico a nessuno, nemmeno a mio marito. Cercate di conoscere le abitudini dei vostri amici e spiegate chiaramente quello che volete da loro.

Quando le due donne hanno discusso di questo punto, Veronica ha giurato che in futuro sarà cristallina circa quello che

Harriet può o non può rivelare sul suo conto. E Harriet ha giurato che ascolterà l'amica attentamente per evitare di fraintendere le sue parole. Poiché entrambe tengono alla loro amicizia, ecco che avviene il miracolo del perdono.

Quando vi apprestate a perdonare, spiegate chiaramente che cosa perdonate. Evitate di dire: « Tutto perdonato », o « Non ti preoccupare ». Concentratevi sull'atto specifico che intendete perdonare: « Trovo odioso che tu abbia raccontato ad altri il mio segreto, ma adesso mi rendo conto che non stavi spettegolando, perciò ti perdono. Mettiamoci una pietra sopra ».

Non aspettate finché non provate più alcun risentimento. Il perdono nasce da una decisione consapevole, non da un sentimento. Scegliete di perdonare e poi, gradatamente, lasciatevi prendere dal sentimento del perdono. La rabbia è l'ultima a svanire, ma alla fine anche lei se ne va.

Dimenticatevi dell'esistenza della congiunzione « ma ». « Ti perdono, ma... » non fa bene a nessuno dei due. Se avete deciso di perdonare, fatelo senza porre condizioni.

Se vi siete convinti di perdonare, mettete una pietra sul passato. Anche se non si può dimenticare l'offesa ricevuta, non è nemmeno il caso di rammentarla in ogni momento. Dire: « Ti ricordi quando hai raccontato in giro il segreto di mio padre? », serve solo a spingere di nuovo i tasti dolenti già disattivati una volta.

Non aspettate nemmeno le scuse dell'altra persona. Il perdono non c'entra niente con la giustizia o col pretendere che l'altro strisci ai nostri piedi. Se le scuse arrivano, meglio. Se non arrivano, va bene lo stesso.

A proposito di scuse: se siete stati voi a tradire la fiducia di qualcuno, sforzatevi di dire che vi spiace. Il perdono non deve dipendere da un atto di evidente pentimento, tuttavia la frase « mi dispiace » aiuta. Tutt'altro che stranamente, gli uomini tendono ad avere più difficoltà a scusarsi, delle donne.

Evitate di scusarvi continuamente: è ancora più irritante che non scusarsi mai. L'amico che insiste a comportarsi male nei vostri confronti e che si aspetta di essere perdonato perché ogni volta dice « Mi dispiace », finisce con l'esasperarvi.

Se siete riusciti a perdonare, siate soddisfatti di voi. Avete fatto una cosa difficile ma utile. Perdonando avete deciso quale evoluzione avrà la vostra vita, evitando che sia la collera a stabilire la strada da imboccare.

UN SUGGERIMENTO

Perdonare non significa dimenticare, ma ricordare e lasciare perdere.

Le prove di amicizia

Sono molte le cose che mettono alla prova un'amicizia. Vi irrita che la vostra amica vi chieda in prestito dei soldi, sia troppo dipendente o abbia qualcosa che voi non potete avere, come un figlio? Un vostro amico vi fa sempre aspettare tutte le volte che avete un appuntamento: c'è niente di più seccante e irritante? Be', forse dà ancora più fastidio l'amica che cancella puntualmente gli appuntamenti, e sempre all'ultimo istante. O l'amica il cui marito non sopporta il vostro. O l'amico che vi trascina in una sua discussione con un altro e vi chiede di prendere le sue parti.

Il vero aspetto sorprendente dell'essere buoni amici è continuare a esserlo. Non ci sono molte cose capaci di causare la rottura di un'amicizia, anche se gli scontri sono all'ordine del giorno quando il rapporto con una persona cara è messo alla prova. L'affrontare i punti deboli di qualsiasi relazione fortifica ambedue le persone coinvolte, sempre che provino affetto l'una per l'altra e si rispettino a vicenda. L'amico che arriva sempre in ritardo merita di essere messo al corrente del problema. Forse ricevendo in regalo un orologio dal quadrante bello chiaro capirà l'antifona. Idem per l'amica che annulla gli appuntamenti all'ultimo minuto. Se volete avviare un dialogo con lei, fate in modo che si metta temporaneamente nei vostri panni e che capisca perché non è il caso di prendere impegni che probabilmente dovrà cancellare. E l'amico che vi chiede sempre di difenderlo? Anche qui una franca chiacchierata è indispensabile. A tutti piace avere degli alleati, ma essere trascinati in una discussione tra amici e doversi schierare da una parte o dall'altra, può risultare deleterio per tutti e tre.

UN SUGGERIMENTO

Quando due amici litigano, non fatevi coinvolgere. Rimanete fuori dalla linea di fuoco e comportatevi lealmente con entrambi.

In ultima analisi, è sempre il dialogo – parlare – che disattiva i tasti dolenti.

Prendiamo in esame una delle prove più frequenti dell'amicizia e vediamo come due donne sono riuscite a cementare un rapporto che rischiava di rompersi.

Quando i mariti si detestano

Cindy e Kate sono buone amiche fin dalle elementari. Cindy è sposata con Tom, un insegnante d'inglese delle superiori, da otto anni, mentre Kate si è sposata sei mesi prima con Neil, un consulente politico.

Devono ammetterlo: i rispettivi mariti non si sono mai piaciuti. Neil è un tipo energico e amante dello sport, soprattutto del golf, mentre Tom è uno più contemplativo, amante della musica e dell'arte. Quando le due coppie si separano dopo avere fatto qualcosa insieme, inevitabilmente tutti e due dicono alle rispettive mogli: « Dobbiamo proprio ripetere questo supplizio? » Cindy e Kate non sono felici della situazione. Si sforzano continuamente di migliorare il clima che si crea tutte le volte, ma senza risultati.

Alla fine, anche loro risentono della tensione e cominciano a pensare che la colpa sia del marito dell'altra, unico responsabile della crepa che minaccia la solidità del loro rapporto. Le telefonate, che per anni si sono scambiate regolarmente, diminuiscono di numero di mese in mese.

Dopo un anno di rapporti sempre più distaccati, le due coppie tentano nuovamente di uscire insieme. Ma è un disastro.

Il giorno seguente Cindy pranza con Kate per capire se è possibile salvare la loro amicizia un tempo solida.

CINDY: Perché non dici a Neil di piantarla di parlare tutto il tempo di politica? Non lo sa che è un argomento che a Tom non interessa proprio?

KATE: E da quando bisogna intrattenere Tom?

CINDY: Questa è una cattiveria bella e buona e tu lo sai. Che cos'hai da ridire su di lui? Ci tengo alla nostra amicizia, ma se continui così mi offendo.

KATE: Ma tu perché scarichi tutte le colpe su Neil? Dopo tutto, Tom non fa che starsene lì seduto a fumare la pipa, senza dire una parola. Neil almeno si sforza di fare conversazione.

CINDY: Tom non riesce proprio a inserirsi nella conversazione! Neil è talmente preso dal suo lavoro che nemmeno si accorge se c'è qualcuno che ascolta i suoi soliloqui.

KATE: Questo è un colpo basso e sai una cosa? Noto una punta d'invidia nelle tue parole.

EVELYN: Invidia? Invidia di che? Ti ha dato di volta il cervello?

Non c'è bisogno di un indovino per capire come andrà a finire questa conversazione: sempre più insulti, più recriminazioni fino all'esplosione finale. In realtà, la tensione si sta accumulando da mesi e adesso rischia di scaricarsi tutta in una volta.

Cindy e Kate potevano essere legate da un bella amicizia prima di sposarsi, ma ora come ora incontrano qualche problema. In fondo, ciascuna teme di perdere l'altra, ma nessuna delle due sa come interrompere questa escalation di accuse reciproche. La loro grande amicizia viene messa alla prova, guarda caso proprio dai loro mariti. A chi devono dimostrarsi fedeli?

Ebbene, stanno per acquisire una capacità chiave nella soluzione dei conflitti, che non richiede loro di scegliere il marito a scapito dell'amica.

Il feedback sociale: fate le domande giuste

Il feedback è una capacità essenziale nei rapporti interpersonali per sollecitare maggiori informazioni. Con gli amici, di solito consiste nell'ottenere e fornire reazioni al loro comportamento e nel vedere come queste influiscano su di noi o come le consideriamo. Dimostrandoci disposti a fornire e a ricevere un certo feedback, comunichiamo all'amico il nostro interesse per quanto pensa e prova, il che è molto accattivante. Il vantaggio maggiore del feedback? Permette a ciascun amico di scoprire meglio il vero pensiero dell'altro e consente dunque a entrambi di trovare un punto d'intesa e soluzioni comuni.

Il feedback migliore si ottiene facendo una domanda, ma una domanda amichevole, non ostile. Una domanda, che col suo tono accusi o provochi l'interlocutore, non fa che peggiorare la situazione. Questa, per esempio, *non è* una domanda amichevole: « Ti aspetti davvero che i tentativi di Neil di mettersi in mostra convincano Tom ad ammirarlo? »

Questa invece *è* una domanda amichevole: « Come ti sei sentita quanto Tom e Neil hanno dato chiari segni di annoiarsi tra di loro? »

Se adeguatamente sollecitato, il feedback non suscita critiche o atteggiamenti difensivi. Al contrario, incoraggia la condivisione delle conoscenze e delle emozioni utili per risolvere un problema: « Come pensi che sia andato il nostro incontro di ieri sera? Avrei potuto agire in maniera diversa? »

A quanto pare Cindy e Kate non si sono scambiate nessun feedback, nonostante l'amicizia di lunga data che le lega, e così al primo segno di forte tensione si ritrovano nei guai. Ecco invece come Cindy e Kate potrebbero far pratica di feedback nel tentativo di rinsaldare il loro rapporto.

Ponete domande che sollecitino informazioni

- Ieri sera c'è stato qualcosa che ha funzionato?
- Che cosa avremmo potuto fare per sfruttare i momenti positivi della serata?
- In passato, abbiamo fatto qualcosa che ha impedito ai nostri uomini di comunicare meglio?
- C'è qualcos'altro che dovrei sapere sugli interessi di Neil (o di Tom) e che posso dire a mio marito?

Trovate soluzioni creative

Cindy e Kate, grazie all'aiuto del feedback, scoprono di essersi concentrate sulle diversità dei loro mariti senza valutare la possibilità che avessero qualcosa in comune. Ecco invece tre carte che avrebbero potuto giocare:

- Cindy spiega a Kate che Tom è coinvolto nel progetto di apprendistato degli studenti nella sua scuola e che uno dei suoi studenti migliori vorrebbe fare il suo apprendistato come aiuto di un senatore. Cindy lo considera un ottimo spunto per avviare la conversazione su un possibile progetto che richiederebbe il parere esperto di Neil e forse il ricorso a qualche suo contatto.
- Kate parla a Cindy di un cliente di Neil interessato ad avvicinare gli studenti al mondo della politica. Tom sarebbe perfetto per aiutarlo.
- Le due donne, ascoltando le reazioni fornite dall'altra, decidono che essere sposate non significa dovere stare appiccicate al marito. Pertanto programmano di vedersi più spesso da sole, magari di andare qualche giorno alle terme, come facevano

prima di sposarsi e sono ampiamente soddisfatte della loro decisione.

UN SUGGERIMENTO

Nessuno vuole consigli, solo collaborazione.
JOHN STEINBECK

Divorziare da un amico

A volte è troppo doloroso. Voi o il vostro amico vi rendete conto che l'amicizia non funziona più. Dopo troppi conflitti, non vi sentite più completamente sicuri a parlare onestamente della vostra vita personale, o siete stanchi di ricordare sempre il passato, perché il rapporto attuale non vi soddisfa più, o semplicemente non vedete più alcun futuro per la vostra amicizia.

È arrivato il momento di concordare che è finita. Siete autorizzati a farlo, e dovete farlo senza sensi di colpa perché non avete fallito nel risolvere un conflitto, in quanto qui non si tratta di semplici divergenze ma di enormi differenze di valori o d'interessi.

Non divorziate da un amico non ricambiando le sue telefonate, annullando appuntamenti o semplicemente eclissandovi. Fatelo dignitosamente, parlatene e concordate di prendere una pausa di riflessione.

Siate certi di volere il divorzio. Letty Cottin Pogrebin, autrice di *Among Friends* («Tra amici»), suggerisce, a chi è in procinto d'interrompere un'amicizia dopo un litigio, di porsi queste domande:

- Sono stato giusto? Ho concesso al mio amico il beneficio del dubbio? Mai troncare un'amicizia basandosi sui sentito dire.
- Non ne posso proprio più di quello che ha detto o fatto?

Se siete voi l'amico scaricato dopo una grossa discussione e volete riallacciare il rapporto, ponetevi questi interrogativi:

- Posso ammettere di avere sbagliato per cattiveria o per difesa?
- Dovrei farlo per telefono, per lettera, con una e-mail o di persona? Sul mio territorio, sul suo o in territorio neutro?

- Se prometto di cambiare, sarò in grado di mantenere la promessa?
- Possiamo imparare a non essere d'accordo e continuare a essere amici, o è solo questione di tempo prima di scontrarci di nuovo?

Se la rottura è definitiva, perdonate il vostro amico per non avervi perdonato. E perdonate voi stessi per non essere stati capaci di disattivare i tasti dolenti, vostri o suoi che fossero. Poi andate avanti.

9

I TASTI DOLENTI E IL LAVORO

Non c'è persona che lavori che non si sia mai arrabbiata sul lavoro.

Magari a causa di una valutazione negativa di un superiore, di una richiesta che non poteva soddisfare, di qualcuno che ha frainteso le sue parole, di qualcuno che lo ha denigrato ingiustamente, della collega che nel cubicolo vicino parla tutto il giorno e a voce alta dei fatti suoi al telefono... a prescindere dal motivo, i tasti dolenti toccati nell'ambiente lavorativo producono effetti diversi da qualsiasi altro. Provare rabbia per la persona amata, per un amico – anche per un bambino – è terribile, ma a soffrirne è solo il vostro rapporto con loro. La collera sul lavoro minaccia anche il pane che vi guadagnate.

Ultimamente le tensioni in ambiente lavorativo sembrano aumentate e tutti sono diventati più suscettibili. Basta fare un commento, anche piccolo, e subito ti saltano addosso. Com'è possibile? Succede perché attraversiamo...

Periodi belli e periodi brutti

I periodi belli

Diamo un'occhiata al quadro complessivo. Il vostro ambiente di lavoro non è come l'ufficio di vostro padre. Per molti versi, ora che siamo entrati nel nuovo millennio, è nettamente migliore.

Sia che lavoriate per una grossa compagnia o per una piccola ditta, il mercato è in espansione e l'economia continua a crescere a un buon ritmo. Questa è anche l'era delle fusioni, e non c'è quasi più nessuna azienda che non sia collegata a un'altra per aumentare i profitti. Abbiamo assistito alla globalizzazione dei mercati, alla diffusione in tutto il mondo delle informazioni e all'avvento di una rapida innovazione tecnologica. Siamo collegati con il mondo. Da questo punto di vista, stiamo attraversando uno dei periodi migliori.

BUONE NOTIZIE ANCHE PER LE DONNE

C'è di più. In misura sempre maggiore, gli uomini non sono più l'unica, o quantomeno la primaria, fonte del reddito delle famiglie. Da una statistica statunitense, per esempio, emerge che l'80 per cento delle madri riprende a lavorare quando i figli più piccoli cominciano ad andare a scuola. E un sorprendente 64 per cento di tutte le donne sposate, con figli di età inferiore ai sei anni, fa parte della forza lavoro, rispetto al misero 18,6 per cento del 1960. Le donne oggi costituiscono il 47 per cento circa della forza lavoro complessiva. E questo ci dà potere. Anche se a parità di mansioni non siamo retribuite come gli uomini, noi donne ci siamo, sollecitiamo cambiamenti e otteniamo dei risultati; più lentamente di quanto vorremmo, ma pur sempre dei risultati.

I periodi brutti

La prosperità comporta nuove pressioni.

L'impatto negativo dei cambiamenti, anche di quelli positivi, sulla forza lavoro è allarmante. Quasi tutti sono toccati, direttamente o indirettamente, da ridimensionamenti, riorganizzazioni e riconversioni. Le nuove parole d'ordine sono « ridurre all'osso », « tagliare », « ottimizzare » che, tradotte in parole povere significano che le aziende stanno eliminando molti livelli intermedi di personale al fine di competere nell'economia globale e di migliorare i bilanci.

La mania delle fusioni e delle acquisizioni forse funziona per le aziende, ma i cambiamenti innervosiscono sempre i dipendenti. Non è raro leggere sui quotidiani di licenziamenti su larga scala. Per esempio, è stato previsto che la fusione Exxon/Mobil, alla fine, avrà lasciato a casa 14.000 persone (pari al 12 per cento dell'organico): un fatto che acuirà indubbiamente la tensione negli uffici della compagnia.

Anche se siete sopravvissuti a una fusione, sarete sicuramente nervosi e irritabili. I dipendenti che hanno dovuto trovarsi un altro lavoro o che sono stati trasferiti hanno prodotto un traumatico effetto di cinismo sui colleghi, scampati momentaneamente al pericolo, che pensano:

- Riuscirò a imparare a usare il nuovo sistema informatico?
- Mi toccherà quel direttore dispotico dell'altra azienda con la quale ci siamo fusi?
- So di uno che otteneva valutazioni di produttività più positive delle mie e che è stato ugualmente licenziato.
- Chi sarà il prossimo che lasciano a casa? Quando toccherà a me?

Lo stress sul posto di lavoro è enorme. Si fa presto a perdere la calma.

SAPERSI DESTREGGIARE

La scarsità di manodopera ha attirato nell'insieme della forza lavoro attiva un maggior numero di membri dei vari nuclei famigliari. Soddisfare speciali esigenze sta diventando prioritario per gli uomini, e ora anche per le donne, che si preoccupano della vita famigliare. Guardare il proprio figlio che interpreta il ruolo dell'albero nella recita della scuola materna, improvvisamente ha acquisito una notevole importanza. Orari flessibili, condivisione delle mansioni, telelavoro sono tutte opzioni sempre più ambite da molti, ma che sottopongono a un'enorme tensione i lavoratori che cercano di conciliare le esigenze della casa, dei figli e dei genitori con le sfide lanciate costantemente dall'attività lavorativa. Chi comanda brontola, perché costretto a riconoscere che i dipendenti hanno una loro vita fuori dall'ufficio. Anche i colleghi non sono contenti: quelli che devono addossarsi le mansioni di chi ha subito il ridimensionamento si sentono minacciati e sfruttati. Chiunque, anche la persona che riesce a destreggiarsi bene, alla fine perde la pazienza.

Gli orari sono diventati sempre più « flessibili », e molte persone finiscono col lavorare anche sessanta ore alla settimana. Per molti, la settimana di quaranta ore è ormai un lontano ricordo.

In una recente inchiesta condotta su 400.000 dipendenti americani, la maggior parte ha sostenuto che il carico di lavoro è eccessivo e che l'incertezza che serpeggia nell'aria crea non pochi problemi. Le tensioni sono sul punto di scoppiare. I tasti dolenti premuti non si contano.

Disattivare questi tasti dolenti è dunque necessario alla sopravvivenza.

Dov'è che appendete il cappello?

Chi lavora in un'azienda di una certa dimensione avrà sentito parlare dell'« organizzazione illuminata ». Il termine indica l'azienda i cui capi e dirigenti ambiscono a figurare sugli elenchi annuali dal titolo: « Le aziende migliori per cui lavorare », cioè ambienti in cui i dipendenti vengono ascoltati, capiti e apprezzati. In queste organizzazioni, quando si manifesta un conflitto, si ricorre a tutta una serie di strumenti per risolverlo.

Dov'è che appendereste il cappello: in un posto dove è probabile che i tasti dolenti siano premuti a ripetizione, o in uno che promuove un clima lavorativo rispettoso delle esigenze di tutti? È facile scoprirlo grazie al quiz che segue.

LA VOSTRA ORGANIZZAZIONE È PREDISPOSTA AI TASTI DOLENTI O NE È IMMUNE?

Valutate le seguenti affermazioni secondo la scala sotto riportata:

Assolutamente falso = 1
Falso = 2
Non saprei = 3
Vero = 4
Assolutamente vero = 5

1. Il mio capo mi rispetta come individuo; non sono solo una rotella di un ingranaggio.
2. Il mio capo riconosce i miei contributi, per esempio dicendomi quando faccio un buon lavoro.
3. I miei colleghi per lo più collaborano tra loro.
4. Il mio capo è giusto nell'assegnare incarichi speciali.
5. I colleghi rispettano la mia opinione.
6. Anche quando non sono d'accordo col mio capo, sono certo di non subire ritorsioni.

7. Confido che il mio capo mi sosterrà.
8. Il mio capo valuta equamente il mio rendimento.
9. Prima di apportare cambiamenti, il capo chiede il mio consiglio.
10. La maggior parte dei colleghi apprezza chi ha origini diverse dalle sue.
11. La maggior parte dei colleghi si rispetta vicendevolmente.
12. Il capo è sensibile alle esigenze della vita.
13. Il capo aiuta a risolvere i conflitti e a ridurre le tensioni tra colleghi.
14. Non ricordo di essermi risentito per un conflitto sul lavoro questa settimana.
15. Non ricordo di essermi risentito per un conflitto sul lavoro questo mese.

Sommate i punti.

AVETE TOTALIZZATO 60-75 PUNTI?

La vostra organizzazione è a prova di tasti dolenti, e dovreste essere orgogliosi di lavorarci. Il vostro operato sembra essere apprezzato e la direzione interessata al vostro benessere. Sincero anche l'impegno di tutti a creare un'atmosfera lavorativa armoniosa e comprensiva per quanto concerne una soluzione costruttiva dei conflitti. Fiducia, rispetto ed equità permeano tutti i reparti. La collaborazione qui non è un sogno ma una realtà. Il feedback è ricercato e fornito ampiamente e generosamente. Quando sorge un problema, la collera viene gestita con l'aiuto della direzione. Avete un posto di lavoro molto buono!

AVETE TOTALIZZATO 45-59 PUNTI?

La vostra organizzazione almeno ci prova. Anche se è ben lontana dall'essere perfetta, la direzione riconosce l'esistenza di problemi e non si sottrae all'incremento di cambiamenti per creare condizioni in grado di risolverli. Le difficoltà si manifestano in qualsiasi organizzazione e quella che cerca di addolcire gli atteggiamenti ostili e di accrescere la fiducia tra i dipendenti è aperta alla trasformazione.

Con un po' più d'impegno da parte di tutti potrebbe essere un posto ragionevole in cui lavorare. La chiave sta nell'evitare di cadere in atteggiamenti e comportamenti che innescano sensazioni d'impotenza. La direzione deve accentuare la propria capacità di ascolto nei confronti delle esigenze dei dipendenti.

AVETE TOTALIZZATO 30-44 PUNTI?

Troppo poco. La vostra organizzazione è predisposta ai tasti dolenti. Non devo dirvelo io che i problemi in questo ambiente di lavoro sono tanti. La comunicazione è limitata e la creatività soffocata perché non ci si ascolta. Anche il rispetto per le diversità è scarso.

I dipendenti non si fidano tra di loro e non fanno fronte comune. Non si considerano trattati giustamente e non vedono soddisfatte le loro esigenze personali. La direzione sta troppo addosso ai dipendenti o al contrario adotta un atteggiamento lassista: due approcci che determinano frequenti malintesi e dissapori.

Riuscendo ad aumentare la comunicazione, il clima all'interno dell'organizzazione migliorerebbe drasticamente. Ma... ce ne vuole!

AVETE TOTALIZZATO MENO DI 30 PUNTI?

Per chi lavorate, per Gengis Khan? Questo punteggio evoca un ambiente di lavoro il cui clima è regolato da giochi di potere, gerarchie ferree e manovre politiche. I leccapiedi abbondano, pensieri e iniziative personali invece sono messi al bando. Ma, quel che è peggio, la tensione cresce e i tasti dolenti esplodono, lo si voglia o no. Tutti sono ai ferri corti con tutti: un posto non molto divertente in cui lavorare.

Se non riuscite a convincere la direzione ad ascoltare i suggerimenti per cambiare e per risolvere i conflitti, prendete in considerazione l'idea di cambiare lavoro. Attualmente si va diffondendo la tendenza ad abbandonare le grandi organizzazioni e a entrare in aziende di medie e piccole dimensioni che lasciano più spazio all'espressione delle personalità individuali: sono ambienti meno tossici e maggiormente aperti alla collaborazione.

Il processo della collaborazione

Il tema della collaborazione è centrale in un'organizzazione a prova di tasti dolenti. Per i profitti non c'è niente di meglio di quando i singoli dipendenti, unendo le forze per collaborare insieme, fanno sì che tutti provino un senso di realizzazione. Ma perché il processo di collaborazione funzioni, occorre seguire alcune regole base del lavoro di squadra.

Ora vi dimostrerò come far funzionare il processo di collaborazione mediante l'esempio di una tipica causa di conflitto nell'odierno mondo del lavoro: il grosso problema delle fusioni e delle acquisizioni. Anche se gli utili in genere aumentano, durante una fusione i mal di testa si sprecano. I dipendenti vengono licenziati o trasferiti, compaiono nuovi dirigenti e scoppiano conflitti sulle differenti modalità operative. È un momento difficile per chi ci si trova in mezzo.

Il risentimento è maggiore nell'azienda acquisita, soprattutto se inferiore all'altra per dimensioni. Dipendenti e dirigenti vengono spesso convinti di non sapere risolvere i loro problemi. Nella maggioranza dei casi, i manager e il personale dell'organizzazione più piccola non sono consultati riguardo ai cambiamenti che potrebbero subire le loro vite, pur essendo i diretti interessati. Il clima è favorevole all'incomprensione e alla collera. Lo spirito di collaborazione si dilegua.

La storia che segue si ripete puntualmente, in una forma o nell'altra, in migliaia di aziende. Vi ci riconoscete? Sta succedendo anche a voi?

Bisogna cambiare musica

Arthur James è un dirigente di una grossa ditta farmaceutica che recentemente ha acquisito un'azienda più piccola. Per il momento, Arthur è stato temporaneamente trasferito nella sede dell'azienda acquisita per assicurarsi che l'organizzazione adatti organico e amministrazione alle politiche dell'azienda maggiore.

Maureen Avery, la controparte di Arthur nell'azienda piccola, prova sentimenti contrastanti nei confronti dell'acquisizione. Il suo affezionato capo è stato sostituito e lo staff è molto insicuro sul futuro che lo attende. Maureen non ha mai incontrato il nuovo superiore e non vede di buon occhio il suo parigrado dell'azienda acquirente che sta arrivando per dare ordini, cioè Arthur.

ARTHUR: Voglio che vi adeguiate alle nuove politiche aziendali in tempo per la prossima riunione del consiglio.

MAUREEN: Un momento! Si aspetta che cambiamo l'intero sistema informatico dall'oggi al domani? Ma vuole scherzare? Dovrò anche avere il tempo di avvertire i clienti dei cambiamenti... Senta, un lasso di tempo così limitato non è assolutamente accettabile. Non è realistico, tenuto conto della nostra situazione.

ARTHUR: Mi dispiace, ma non abbiamo tempo da perdere. Bisogna cambiare musica. Entro il prossimo mese dobbiamo raggiungere gli obiettivi che ci siamo posti. Abbiamo bisogno di coinvolgere i vostri dipendenti in un nuovo progetto di ricerca, ma non possiamo farlo finché i sistemi non sono stati adeguati. Siamo una sola organizzazione adesso, perciò deve abituarsi all'idea.

MAUREEN: Lei non mi sta ascoltando. Sono disposta a collaborare, ma ci fate sentire l'ultima ruota del carro e siamo tutti stressati...

ARTHUR (interrompendola): La smetta di lamentarsi. Completi il nostro programma, poi penseremo a risolvere le nostre divergenze.

MAUREEN: Il vostro programma, le vostre scadenze. Be', non si può fare. I colleghi con cui ho parlato vogliono che presenti il problema alla prossima riunione della direzione. Ho intenzione di dire ai grandi capi che state facendo troppe pressioni e troppo in fretta; e non tralascerò di sottolineare che non apprezzo affatto il suo atteggiamento paternalistico.

ARTHUR: Sta facendo un grosso errore. Proprio grosso.

MAUREEN: Mi assumo le mie responsabilità. Francamente, non mi va che sia venuto qui a dare ordini a tutti. Lei non è il mio supervisore. Non ancora, per lo meno.

ANALISI

Maureen ha toccato alcuni tasti molto dolenti di Arthur James.

Ha messo in dubbio la sua competenza, minacciandolo di sottoporre la questione al suo capo: un vero colpo al cuore.

Pur minacciandosi a vicenda, Arthur ha toccato i tasti dolenti di Maureen in maniera diversa. Non ascoltandola, non riconoscendo i suoi timori, l'ha fatta sentire inadeguata e impotente.

Arthur deve intervenire alla svelta prima che il conflitto diventi incontrollabile. Perché Arthur? Perché spetta a lui dare avvio al disinnesco dei tasti dolenti. Arthur vuole qualcosa da Maureen e perciò ha la responsabilità di trovare una soluzione pacifica.

Ecco come dovrà agire per riparare la frattura, risolvere il conflitto e far funzionare il rapporto. Deve adottare il processo di collaborazione, un approccio ai problemi non offensivo. I problemi si risolvono solo quando le persone condividono i loro timori e, insieme, si sforzano di elaborare modi per lavorare fianco a fianco e trovare un terreno comune. Anche se la vostra azienda non è in procinto di acquisirne un'altra o di essere acquisita, la collaborazione è una tecnica eccezionalmente valida da usare in qualsiasi disputa acrimoniosa.

A prescindere dal fatto che la disputa sia il risultato della mania per le fusioni, o più semplicemente dello scontro tra due persone dall'ego particolarmente forte, queste fasi del processo di collaborazione possono indicarvi la strada da seguire.

1. Mostrare disponibilità all'ascolto

Arthur cercherà di placare la rabbia di Maureen dimostrandosi molto interessato e disposto ad ascoltarla con attenzione. Potrebbe dirle: « Mi sono reso conto di non averle ancora dato la possibilità di parlarmi dei problemi che avete qui. Vuole farlo adesso? Può dirmi esattamente quali sono le questioni che ritiene più critiche? »

Arthur esplora questi problemi e le sensazioni personali della collega ponendole una serie di domande e ascolta con attenzione le risposte che lei gli fornisce: « Nello specifico, che cos'è che impedisce al suo staff di rispettare la scadenza della prossima riunione del consiglio per apportare i cambiamenti richiesti al sistema informatico? In che modo posso aiutare lo svolgimento di questo processo? »

2. Sollecitare la collaborazione

Arthur deve sottolineare il tema « siamo tutti sulla stessa barca », cioè quello della collaborazione. Dovrebbe inoltre assumersi parzialmente la responsabilità del problema, cosa cui non ha ancora pensato. Potrebbe dire: « Avrei dovuto essere in grado di prevedere che avrebbe avuto dei problemi, e parlarne con lei prima di questa visita ». Oppure: « Ora che mi rendo conto del problema, vedo anche che dobbiamo aiutarvi ad adottare i nostri sistemi e, se questo significa fornirvi maggiori risorse, assegnarvele senza fare difficoltà, visto che si tratta di un'emergenza ».

3. Condividere vulnerabilità e preoccupazioni

Lo scopo qui è essere più umani con l'interlocutore e permettersi di mostrare la propria vulnerabilità. Arthur potrebbe dire: « Lo sa che cosa m'infastidisce davvero? Sono piuttosto nervoso perché mi sento giudicato: ho gli occhi della direzione puntati addosso e se non riesco a produrre una certa armonia qui, mi tagliano le gambe. Che cosa ne dice di ricominciare tutto da capo e di aiutarci a vicenda senza lanciarci più accuse e critiche? »

4. Elaborare nuove idee e nuove opzioni, insieme

Questo è un passo importante del processo di collaborazione, perché quando ognuno produce delle idee, spesso ne saltano fuori altre più creative. Arthur e Maureen concordano di scambiarsi i loro pensieri, di dirsi come intendono risolvere il problema.

5. Trovare soluzioni

Una volta elaborate varie idee, Arthur e Maureen scelgono le migliori. A questo punto Maureen ammette che forse riusciranno a rispettare i tempi se:

Arthur si ferma più del previsto per assistere lo staff.

Arthur organizza una videoconferenza tra Maureen, il suo staff e l'ufficio informatico della sede principale per eliminare le restanti differenze.

Come va a finire? Arthur accetta le richieste di Maureen. Rimane più di quanto avesse previsto, conosce i nuovi dipendenti e stringe buoni rapporti con loro. Il processo di collaborazione ha dato i suoi frutti. Entrambi hanno raggiunto il loro scopo.

TABELLA DI MARCIA

Se pensate di voler adottare il processo di collaborazione, chiedete a un collega con il quale siete in disaccordo di riflettere con voi sulle seguenti domande:

- Com'è cominciato il nostro conflitto?
- Quali tasti dolenti sono stati toccati? I tuoi? I miei?
- Quali tue esigenze non vengono soddisfatte?
- Di che cosa ho bisogno effettivamente?
- Quali sono i tuoi obiettivi?
- Che cosa, di quello che faccio o dico, ostacola il raggiungimento dei tuoi obiettivi?
- Quanto ci costerebbe non risolvere il problema? Cerca di essere preciso.
- Quanto ci guadagneremmo a risolvere il problema? Cerca di essere specifico.
- Che cosa sei disposto a fare per risolvere il problema? Cosa posso fare io?
- Da che parte possiamo cominciare?

Risposte sincere sapranno accelerare il processo e avviare il dialogo tra voi e il vostro collega. Siete sulla buona strada per collaborare!

L'effetto farfalla

Siete in grado di cambiare le cose. Una sola persona ragionevole basta ad apportare un cambiamento, anche piccolo, ma in grado di modificare in meglio il clima di un'organizzazione predisposta ai tasti dolenti. Poi possono succedere cose meravigliose. Il cambiamento prende piede. Una persona comincia ad ascoltare di più, un'altra a fornire utili reazioni, un'altra ancora a mostrare interesse nei colleghi e piano piano il morale migliora. Si crea fiducia reciproca. Prende forma un ambiente di lavoro più rilassato.

L'ho visto accadere molte volte. Lo chiamo l'« effetto farfalla ». Lo sapevate che il battito d'ali di una farfalla dorata nella giungla amazzonica può modificare i venti, in maniera infinitesimale ma definitiva, al punto da creare una tempesta di sabbia a Topeka, in Kansas, o un uragano a Miami? Solo le ali di una farfalla... provate a immaginare! Potete essere voi quella farfalla. Potete far scattare voi il cambiamento. Forse ci vorrà del tempo, ma se v'impegnate, succederà.

Per cominciare, se ricoprite mansioni direttive, abbiate cura dei vostri subordinati: non siate ossessivamente professionali, non fate i duri. Assegnate ad altri parte del vostro potere: vi ritornerà decuplicato. Delegate le responsabilità per dimostrare fiducia. Fornite sostegno e favorite la creazione di un clima che valorizzi lo stile individuale. Mostrate interesse per la vita extralavorativa dei dipendenti, stabilite rapporti personali ma non invadenti. Così facendo, ridurrete la frustrazione e creerete uno staff disposto a tutto per difendere voi e le vostre idee.

Se non siete in posizione direttiva, non temete di preoccuparvi dei colleghi: chi vi sta accanto ha bisogno di attenzione, come tutti, del resto. E non esitate nemmeno a riconoscere i meriti dei vostri superiori. L'arte della sincera adulazione – quando specifica e rivolta a piccoli dettagli – è un lubrificante essenziale in ogni azienda e a ogni livello. Alla gente piace avere una buona opinione di sé e, se aiutate qualcuno a considerarsi positivamente, anch'egli tenderà a fare altrettanto nei vostri confronti. Scrivete un biglietto di elogio a chi ha fatto qualcosa di buono per l'azienda. Complimentatevi quando serve. Anche i tipi più duri si trasformano in gattini se li accarezzate; ma quel che più conta, la cordialità verso i superiori stabilisce un precedente che i capi spesso seguono. Non sono stupidi, non per altro sono loro al comando.

Sia che siate un dirigente o un dipendente, cercate di coinvolgere i collaboratori nelle vostre attività che influiscono su di loro. In questo modo viene soddisfatta l'esigenza comune di avere il controllo della propria vita e se vi aiutano a prendere le decisioni, i colleghi saranno meno propensi a criticarvi.

A prescindere dalla posizione che occupate, condividete, ascoltate, rispettate le diversità e lavorate secondo coscienza. Prendete qualcuno sotto la vostra ala. Fategli da mentore. Allacciate e mantenete rapporti. Fidatevi degli altri e date suggerimenti ai colleghi. In questo modo, la collera nel vostro ufficio scomparirà quasi del tutto. Sollecitate la collaborazione: non siete tenuti ad amare i collaboratori, ma cercate almeno di non metterli gli uni contro gli altri.

Se lavorate in un'organizzazione dove ci si arrabbia facilmente, agitate le ali, siate voi la farfalla decisiva.

L'escalation dei conflitti

I conflitti che non vengono risolti con buona pace di tutti, si trascinano. I piccoli dissapori s'inaspriscono, assumono una vita propria e crescono, trasformandosi in grossi guai. I conflitti irrisolti non migliorano mai: degenerano. La gente o li ignora o si affretta a trascurarli, appena sono parzialmente risolti, ma le questioni di fondo riaffiorano ugualmente e più minacciose di prima. Allora ci si arrocca sulle proprie posizioni e si adottano in pianta stabile atteggiamenti negativi. L'avversario viene demonizzato e si cerca in tutti i modi di farsi degli alleati, persone che stiano dalla nostra parte. Ben presto l'ufficio diventa un campo di battaglia. Il risentimento si trasforma in desiderio di vendetta o di rappresaglia. È l'inizio di un circolo vizioso. La rabbia scoppia.

I conflitti nell'ambiente di lavoro si risolvono affrontandoli apertamente, in maniera collaborativa. La chiave è la direzione e l'organizzazione delle attività.

Il cuore dell'organizzazione

Il rapporto dirigente/dipendente è vitale per l'organizzazione. È questo l'ingrediente chiave per promuovere o inibire un clima a prova di tasti dolenti. Rapporti congeniali e basati sull'immedesimazione possono rendere sopportabili le pressioni, mentre rapporti ostili rendono tossica l'atmosfera. Dovrebbero saperlo tutti, no? Eppure, in un'indagine del 1999, condotta su un campione di 500 persone, ha evidenziato che il 95 per cento dei dipendenti che si erano licenziati l'aveva fatto a causa dei cattivi rapporti con i superiori.

Un buon rapporto tra dirigenti e personale, in ultima analisi, richiede solo quattro qualità per ottenere l'impegno dei dipendenti e per ripristinare la lealtà:

- Fiducia. La fiducia dev'essere duplice. Direzione e dipendenti confidano gli uni negli altri?
- Rispetto. Tutti abbiamo bisogno di vedere riconosciuta la nostra competenza. Il dirigente, a parole o per iscritto, dimostra riguardo e apprezzamento per il lavoro del dipendente?

- Coinvolgimento. Il dirigente tiene conto delle opinioni e del benessere del dipendente nel prendere decisioni che lo riguardano?
- Imparzialità. Essere imparziali significa dare a tutti le stesse opportunità di riuscire. Il dirigente crea un'atmosfera imparziale, uguale per tutti, ed è obiettivo nel valutare il rendimento dei dipendenti?

Provate a capire se questi quattro requisiti sono stati presi in considerazione nell'esempio che segue.

Annie e Joe

Joe Hunt è direttore generale di un'azienda alimentare da una ventina d'anni. Da un anno, su suo suggerimento, il consiglio d'amministrazione ha approvato la gestione «di squadra» della produzione. Joe ha incaricato una delle sue dipendenti, Annie Parker, di dirigere tale squadra. L'azienda sta per lanciare un nuovo prodotto e la scadenza è ormai prossima.

ANNIE: Gli obiettivi di produzione che hai fissato sono disumani. Non si può lavorare così in fretta!

JOE: È per questo che abbiamo creato la squadra, per accelerare il processo.

ANNIE: Nessuno però ci ha chiesto se pensavamo che fosse una buona idea. Francamente, non funziona: alcuni lavorano più lentamente di altri. Alcuni non hanno nemmeno i requisiti necessari: non hanno mai ricevuto un addestramento adeguato. Possono solo svolgere una mansione alla volta, mentre far parte di una squadra richiede la capacità di eseguire più compiti. E inoltre c'è la questione della sicurezza. I membri del gruppo cominciano a tirarsi indietro.

JOE: Non discutere. Lo sai qual è il tuo compito: dire agli altri cosa fare. Se dimostrassi di avere più polso, forse ti ascolterebbero di più. Questo nuovo approccio deve funzionare, altrimenti a rimetterci il posto sarò io. Mi domando se ho fatto bene ad assegnarti questo incarico.

ANNIE: Hai messo una delle mie collaboratrici migliori nel secondo turno e così la produzione ne ha risentito: non riusciamo a lavorare quanto dovremmo. Non hai tenuto conto delle sue esigenze personali e questo non ha avuto un buon effetto sui colleghi. Si può sapere perché hai deciso così?

JOE: In quel turno c'era bisogno di qualcuno che avesse esperienza, che trascinasse gli altri. Erano indietro con gli obiettivi.
ANNIE: Be', grazie tanto per avermi avvertito del cambiamento.
JOE: Il sarcasmo non serve. Dovevo prendere una decisione, e in fretta. Il responsabile qui sono io e se la cosa non ti va, sai cosa fare.
ANNIE: Va bene, va bene, hai ragione tu. Sei tu il capo. Mi dispiace di avere sollevato la questione. Adesso me ne torno al lavoro. Mi arrangerò.

● ●

ANALISI

Che cosa è accaduto in questo caso

Fiducia, rispetto, imparzialità qui non sono state nemmeno prese in considerazione.

Annie e Joe stanno avendo due conversazioni separate. Quella di Annie verte sulla qualità della vita nello stabilimento. Dopo qualche frase, si rende conto che obiettare o lamentarsi con Joe è inutile.

Joe si preoccupa di raggiungere gli obiettivi stabiliti. Vuole che tutto sia fatto... per il giorno prima! Non s'immedesima in Annie, non rispetta la sua posizione. Non le ha mai domandato – e nemmeno agli altri membri della squadra – se era contenta del nuovo approccio imposto dalla direzione, e adesso pensa di dover fare il duro anziché ammettere una sua parziale responsabilità.

Una situazione come questa genera ostilità. Direzione e dipendenti sembrano lavorare fianco a fianco, ma invece sono ai ferri corti.

● ●

Ripensate la Formula dei Cinque Passi (pag. 24). È utile fare un passo indietro, mettersi nei panni dell'altro e vedere cosa succede. In questo caso, qual è la scena che avete davanti? Se siete « entrati nella parte », dovreste vedere i due punti di vista: quello di Joe, il capo, e quello di Annie, la dipendente.

PUNTI DI VISTA

Joe	Annie
• Perché non capisce a che pressioni sono sottoposto?	• Come fa a non capire che mi sta chiedendo l'impossibile?
• Non hanno *iniziativa*!	• Mi toglie senza dire niente la mia collaboratrice più esperta e pretende che raddoppiamo la produzione? Adesso tutti ce l'hanno con *me*.

- Non lo sanno che penso ai loro interessi?
- Fanno di me il cattivo. Ma non è colpa mia. Io devo rendere conto ai miei superiori.
- Faccio del mio meglio per il loro bene; questo nuovo approccio avrebbe dovuto aumentare la produttività.

- Gli dico quello che vuole sentirsi dire: è l'unica cosa da fare.
- Che senso ha? A prescindere da quello che dico, non cambia mai niente. Non gli interessa nulla di noi, pensa solo ai risultati.
- Ma che bisogno c'era di tutto questo? Potevamo dirglielo noi che la squadra non avrebbe funzionato senza le appropriate risorse.

Ecco il resto della storia di Annie e Joe... tranne che ora diventa quella di Annie e Bryan.

Annie e Bryan

Joe va in pensione: è stanco di sopportare frustrazioni e non sa come vincerle. Se ne va.

Lo sostituisce Bryan, il quale ha un concetto diverso del potere rispetto al suo predecessore. Per lui il potere serve per convincere, non per comandare; non ricorre al sarcasmo né alle minacce. Quando Bryan entra in scena, sa di doversi rapportare diversamente con la squadra originariamente gestita da Joe, perché al suo interno percepisce ostilità e sfiducia. La sua prima mossa: nel giro di due settimane, pone queste domande ad Annie, la donna che sa di avere bisogno come alleata:

- Qual è il problema più grosso qui?
- Ha qualche idea su come risolverlo?
- Che cosa vuole che faccia per aiutarla a risolvere questo problema?
- Come possiamo coinvolgere gli altri membri della squadra?
- Fino a che punto il team è d'accordo con il suo punto di vista? O fino che punto è contrario?
- Qual è il risultato di cui è più fiera, ottenuto con l'aiuto della squadra?

UN SUGGERIMENTO

Il conflitto riguarda il controllo: chi ce l'ha? Chi lo vuole?

ANALISI

Facendo le domande giuste, Bryan ha portato Annie a individuare il problema maggiore. Non è stato fatto abbastanza per aiutare gli operai meno produttivi, e quelli più bravi, dovendo lavorare il doppio, sono risentiti. Bryan trasmette ad Annie la sensazione che egli tiene al suo parere e che si comporterà in maniera imparziale, che terrà conto delle esigenze degli operai. Insieme collaborano per trovare una soluzione senza giudicare, senza provare rancore, senza accusare nessuno.

- Concordano che il problema più grosso è l'esigenza di migliorare le capacità dei dipendenti. Bryan e Annie stabiliscono di lavorare fianco a fianco per
- sponsorizzare una serie d'incontri per l'aggiornamento dei dipendenti;
- avviare un programma informale di orientamento;
- mettere a punto una nuova procedura d'imballaggio che li aiuterà a rispettare le scadenze.

Bryan ora può tornare dal consiglio d'amministrazione e spiegargli che, con una minima spesa, sono state trovate delle soluzioni per lanciare il prodotto nei tempi stabiliti. Inoltre, che sarà possibile eliminare gli attriti che minacciavano di sabotare la produzione. La buona notizia fa dormire sonni più tranquilli ai consiglieri.

Il lieto fine

Grazie alla collaborazione tra Annie e Bryan, la squadra di Annie ha raggiunto il più alto livello di produttività e qualità dell'ultimo trimestre e ha vinto il premio messo in palio dalla compagnia alla festa annuale. Annie e Bryan sono stati invitati a rappresentare la squadra e a ritirare il premio durante la manifestazione.

Tutto questo è accaduto veramente.

Chi punta un raggio laser direttamente sul vostro tasto dolente?

I colleghi, i superiori e i subordinati che più vi irritano hanno specifiche personalità conflittuali proprio come voi, come avete scoperto con il quiz di pagina 70. Questi stili possono essere simili al vostro o risultare completamente differenti. Se riuscite a individuare quali sono gli stili conflittuali dei colleghi, riuscirete anche a imparare a gestire i vostri rapporti con loro in modo da deviare i raggi laser che puntano sui vostri tasti dolenti più vulnerabili.

Ecco come fare. Rifletteteci da soli: chi v'infastidisce sul lavoro? Elencate le caratteristiche che vi irritano maggiormente. Ora, leggete quanto segue per disporre in anticipo delle strategie per limitarle o disattivarle in modo che non possano dominare il vostro ambiente di lavoro. (*Nota*. A mirare ai tasti dolenti naturalmente sono sia gli uomini che le donne, ma in questa sede abbiamo arbitrariamente preso a esempio solo queste ultime.)

La dominatrice del mondo

La dominatrice del mondo vive per comandare. Non teme nulla e in genere parla ad alta voce e in tono aggressivo. Più di tutto, le piace fare il capo, anche se è vostra parigrado. Alle riunioni, cerca di primeggiare: ha una soluzione per tutti i problemi e trova da ridire su qualsiasi idea diversa dalla sua. La dominatrice del mondo tocca i tasti dolenti degli altri perché è antipatica e vuole controllare tutto e tutti.

Ecco cosa non dovete fare: replicare; perché a lei piace e state sicuri che è capace di parlare a voce più alta, con maggiore veemenza e probabilmente in maniera più persuasiva di voi perché spesso è intelligente. Non accettate le sue provocazioni.

Ecco cosa fare: state calmi e ragionate, ricordatevi del risultato che volete ottenere. Riconoscete lei e le sue preoccupazioni. Ditele che pensate al bene dell'azienda, come lei del resto, ma che vi è impossibile continuare a starle accanto se non la smette d'interrompervi. Non criticatela, non accusatela, non mancatele di rispetto. Agite dando per scontato che sia una persona ragionevole. A volte, è una profezia che si realizza da sé.

Se ci si aspetta che gli altri si comportino bene, in genere si comportano bene.

La pettegola

Lei sì che vi fa uscire dai gangheri. Sparla di voi, racconta i vostri segreti, e tutto dietro le vostre spalle. Perché va dicendo in giro quelle cattiverie sul vostro conto? La pettegola spesso finge di essere vostra amica, ma solo per estorcervi le informazioni che poi userà contro di voi.

C'è un solo modo di trattare la pettegola: bisogna affrontarla direttamente.

Prima di tutto, cercate di sapere da un'amica fidata che cosa sta dicendo esattamente sul vostro conto. L'informazione vi pone in posizione di vantaggio.

Aspettate il momento giusto, poi, a quattr'occhi, ditele tranquillamente quello che avete saputo. «Beverly, voglio essere franca con te a proposito di una cosa che m'infastidisce. Varie persone mi hanno riferito che tu hai detto... di me.» Così facendo avrete il coltello dalla parte del manico. Alla pettegola non piacciono i confronti diretti, perciò è probabile che menta e replichi che non è vero niente. La conversazione può proseguire così: «Sono indubbiamente sollevata nel sentire che non è vero, però ci tengo a dirti che se qualcosa di quello che ho sentito corrisponde alla verità, ed è stato detto a causa di un malinteso tra di noi, allora voglio che ne parliamo».

In questo modo date alla pettegola una scappatoia, l'opportunità di salvare la faccia, il modo di parlare dello sgarbo o di qualsiasi offesa ella pensi che le abbiate arrecato. Così avete disattivato i suoi tasti dolenti.

La pacificatrice

Simile a chi vuole la pace a tutti i costi, la pacificatrice non esita a dire di sì a tutto, col sorriso sulle labbra; ma attenti a voi: non fidatevi che mantenga le promesse. Più di qualsiasi cosa, la pacificatrice ha paura di essere rifiutata.

Perché è tanto irritante? Vi fa infuriare perché è così maledettamente viscida e sleale.

Ecco cosa fare: costringetela a fare quello che deve fare, gentilmente ma con fermezza. «Susan, puoi portarmi quel rapporto entro le sei?» «Beryl, apprezzerei molto se mi passassi le indicazioni per la prossima riunione dello staff.» «Lucy, mi pare che tu abbia avuto un'idea eccezionale (lei non si fa mai avanti). Parlamene, così vediamo come possiamo metterla a frutto.»

Le pacificatrici lavorano meglio se vedono apprezzato il loro lavoro ancor prima di averlo svolto. «Lynne, sono sicura che il capo andrà in visibilio quando leggerà il rapporto che devi stendere, è talmente importante.»

La pittima

Le pittime hanno bisogno di lamentarsi continuamente. Lasciatele fare. Magari lei non vi ascolta, ma voi prestate attenzione alle sue lamentele, ai suoi piagnistei e alle sue critiche. Datele retta, anche se le sue ciance cominciano a minare la collaborazione. Fatele capire che la ascoltate con il linguaggio del corpo: chinatevi verso di lei, annuite. Confermate di avere sentito ciò che ha detto a voi e al gruppo. Anche se non le date ragione, fatele sapere che rispettate la sua posizione e che capite perché se la prende tanto a cuore.

Poi domandatele: « Che cosa vuoi che succeda? » Spingetela a passare dalle esternazioni e dalle lamentele al proporre un piano d'azione. Riconoscete la validità delle sue idee e domandatele se le dispiace che voi e altri le integriate con suggerimenti personali.

Ma che cosa fare se la pittima è davvero impossibile e rifiuta di valutare qualsiasi cosa positivamente? Spiegate brevemente perché il suo comportamento è dannoso per il morale dell'ufficio. Cercate di farlo con intelligenza: la vostra posizione ne esce rafforzata, se gli altri concorderanno con quanto dite. Le pittime devono capire che il loro comportamento irritante e uggioso produce conseguenze ben precise.

L'elusiva

L'elusiva è una persona che non vuole farsi coinvolgere nelle dinamiche dell'ambiente di lavoro, perché ha stabilito che meno se ne interessa, meno guai passa. Tocca i tasti dolenti altrui perché agisce in maniera così smaccatamente passiva. Vi evita quando le chiedete di prendere posizione, non dice di sì, ma nemmeno di no. Le elusive in genere non hanno rispetto nemmeno per se stesse e probabilmente non si considerano apprezzate e nemmeno apprezzabili. Raramente s'impegnano in ciò che spetterebbe a loro. Quando una elusiva prende una decisione, invariabilmente sostiene la parte negativa, dicendo: « Non può funzionare », o: « Anche se funzionasse, creerà solo altri problemi ».

Se siete suoi superiori o dovete lavorarle accanto, datele sempre due possibilità di scelta, nessuna delle quali le permetta di defilarsi completamente (« Che cosa vuoi fare: scrivere al cliente o preparare le fatture? »). Nelle riunioni, anziché permettere che la sua negatività o la sua ritrosia vi diano sui nervi, mettetela alle strette. Fatele una domanda e restate in silenzio quando lei non risponde immediatamente. Cercate di spingerla all'azione, aumentando gradualmente la vostra partecipazione e facendo leva sulla vostra positività. È sorprendente vedere come le persone eccessivamente passive spesso non possano fare a meno d'imitare chi è più forte e attivo di loro.

Infine, provate a confrontarvi con lei, ma con delicatezza: « Che cosa consideri importante per te in questo progetto? Come possiamo ottenerlo? » È difficile eludere qualcuno che ti parla direttamente e che ti sorride.

Dimmi la verità: il feedback aziendale

Il feedback aziendale è l'arma segreta di tutti i manager oltre che uno strumento aziendale fondamentale. Un feedback costruttivo è in grado di disattivare più tasti dolenti di quanti possiate immaginare, e sottilmente. Il feedback fornisce al dirigente l'accesso alle esigenze e ai pensieri dei dipendenti, e a questi ultimi la consapevolezza del loro rendimento. Quando un superiore mi dice come pensa che io stia operando all'interno di un dato progetto, io recepisco l'informazione, mi rendo conto di come considera il mio lavoro, sono incentivata a fare meglio e sicura di muovermi nella giusta direzione. Il feedback può incoraggiarmi e spronarmi ad andare avanti, spingermi a riflettere su quello che ho fatto o, nel caso di feedback non costruttivo, scoraggiarmi da ulteriori tentativi. E qui scatta la collera.

I ricercatori hanno scoperto che le persone veramente inette di solito hanno una grande fiducia nelle loro capacità, molto più, in effetti, di chi inetto non è. L'inetto possiede meno « capacità di autovalutazione ». Questo accade per mancanza di feedback critico. Le norme sociali impediscono alla gran parte delle persone di dire a qualcuno « Hai fatto schifo », e anche le peggiori figuracce sono generalmente ignorate. Nessuno dice agli inetti la verità sul loro operato. Nessuno vuole urtare i sentimenti degli altri, così nessuno riceve un feedback onesto. E allora, come fanno queste persone a monitorare se stesse?

Quella del fornire un feedback specifico è una questione spinosa, che crea i momenti più astiosi nei rapporti tra direzione e dipendenti. Proprio perché strettamente collegato al bisogno di riuscire, di vedere riconosciuto il proprio operato e di autostima, se trasmesso nel modo sbagliato, il feedback spinge i tasti dolenti. Molti manager proprio non sanno quanto sia importante, e perciò non lo forniscono nemmeno. Altri trasmettono feedback crudeli e pertanto inefficaci. I feedback scadenti, o la loro assenza, potenzialmente accentuano i conflitti perché i dipendenti hanno l'impressione di lavorare in un grande vuoto e che il loro apporto non sia nemmeno notato. I feedback inadeguati sono una vera e propria mancanza di rispetto, e chi non viene rispettato s'arrabbia.

I feedback costruttivi, per contro, offrono la grande promessa di raggiungere gli obiettivi dell'ambiente di lavoro, per non parlare della fiducia, del rispetto e dell'imparzialità. E sono enormemente importanti nell'identificare potenziali problemi e nel soffocare sul nascere sentimenti astiosi.

Ascoltate Kevin parlare del suo capo, Melinda, che fornisce un pessimo feedback.

Cerchiamo di essere specifici, per favore!

Sono uno dei responsabili del sistema informatico aziendale, e delle tre possibili valutazioni – *soddisfa le aspettative*, *supera le aspettative* ed è *al di sotto delle aspettative* – il mio capo mi assegna annualmente il solito *soddisfa le aspettative*. La prossima volta voglio ottenere una valutazione migliore, perciò ho chiesto a Melinda di fornirmi dei feedback relativi a tre aree: capacità tecniche, abilità nel gestire e motivare il mio staff e servizio al cliente.

La sua risposta? Mi ha detto che per avere una valutazione migliore devo fare meglio in tutte e tre le aree.

Ma cosa voleva dire veramente? Le ho chiesto con molto tatto di essere più specifica.

Con lo sguardo vitreo, chiaramente desiderosa di concludere al più presto la riunione, mi ha risposto di consultare il manuale aziendale. Poi, con riluttanza, è scesa nei particolari (secondo lei) e mi ha detto che avevo un buon rapporto con gli addetti alle vendite.

Tutto qui? Che cosa dovrei pensare? Che è restia a dirmi quali sono i miei difetti? E non è la prima volta che succede. Ho il diritto di sapere come posso migliorare. Voglio fare carriera in questa azienda, ma da lei non ho nessun riscontro, né positivo né negativo. Di questo passo non combinerò mai niente e la cosa mi scoccia da morire. Mi rendo conto che faccio scontare la mia frustrazione ai miei subordinati, ma sono talmente infuriato...

Che cosa fare?

Se siete dirigenti, fornite un feedback valido. Mi raccomando: è importante. Ci sono tre tipi di reazioni.

IL FEEDBACK DI SUPPORTO

Il feedback di supporto è una semplice lode che dice che avete fatto bene qualcosa. Conferma positivamente il vostro rendimento e il vostro comportamento. I dipendenti non si sentono mai abbastanza lodati. La lode è un grosso stimolo e molte ricerche indicano che questo tipo di feedback vale tanto oro quanto pesa. Perché il capo è così avaro di complimenti? si lamentano i dipendenti. Preferisce andare dal dentista che dire a qualcuno che ha lavorato bene!

Assicuratevi che la lode rivolta al dipendente sia specifica. Il capo di Kevin gli ha detto che ha un buon rapporto con gli addetti alle vendite. Una frase che non vuole dire niente. Invece, avrebbe potuto dire: « Comunichi veramente bene con i venditori. Il modo in cui poni loro le domande dimostra che ti interessi ai loro progressi. Mi piace come riesci a portarli a definire i loro specifici obiettivi di vendita ». Questo feedback fornisce a Kevin informazioni più tangibili, utili per contare sui suoi punti di forza e su quelli del suo staff.

IL FEEDBACK SPECIFICO

Vi dice dove avete bisogno di migliorare o dove non avete raggiunto i vostri obiettivi.

Oltre a lamentarsi per la scarsità di elogi, i dipendenti si lamentano che i superiori spesso sono vaghi nelle loro critiche. Tutti vogliamo sapere esattamente che cosa ci serve per migliorare. I dipendenti vogliono sapere la verità.

Il feedback è una cosa estremamente personale e perciò va fornito diplomaticamente, tenendo ben presenti i punti di debolezza e i punti di forza della persona che lo riceve. I dirigenti tendono a dare poche indicazioni specifiche nel timore che siano male interpretate (a nessuno piace ricevere una brutta notizia). Un manager che sa il fatto suo usa il guanto di velluto ma non risparmia le critiche sincere.

Melinda avrebbe dovuto fornire informazioni concrete.

Avrebbe potuto dire: « Kevin, in una riunione dove si cercano nuove idee, non pretendere che intervengano tutti. Leo non è svelto come gli altri: ha bisogno di più tempo per trovare qualcosa di buono. L'idea è di apprezzare i contributi di tutti, per diversi che siano. Come pensi di organizzare la cosa? »

Kevin desiderava anche avere un'indicazione sulle sue capacità tecniche, e in tal caso Melinda avrebbe potuto dirgli: « Hai bisogno di sapere quali sono gli strumenti più innovativi, basati sullo sviluppo dell'informatica, per poter comprendere i codici ».

IL FEEDBACK SUL COMPORTAMENTO PERSONALE

Il feedback non riguarda esclusivamente il rendimento: è importante fornire ai dipendenti informazioni sul loro comportamento in generale. Incomprensioni e risentimenti legati alle azioni di un dipendente a volte assumono vita propria e toccano i tasti dolenti di tutti. I bravi dirigenti non permettono mai che le azioni scorrette di un dipendente passino inosservate: « Tom è così. Sembra intollerante, ma in realtà è innocuo ». Un atteggiamento di questo tipo è distruttivo. State pur certi che Tom farà infuriare qualcun altro, e allora sì che avrete una bella gatta da pelare.

I problemi si possono evitare fornendo feedback relativi al comportamento personale, nelle riunioni di staff e di squadra e nei colloqui privati con i colleghi. Se vi capita di vedere un dipendente anziano mettere il braccio sulle spalle di una collega più giovane – un uomo che è cresciuto in un mondo in cui le molestie sessuali non erano state ancora definite chiaramente – aiutatelo a scansare una furiosa accusa dandogli un'indicazione che lo aggiorni sulle nuove norme.

UN SUGGERIMENTO

Buone o cattive che siano, dammi delle notizie.

Il potere

Vi sono due tipi di potere, nel mondo del lavoro: potere di dominio e potere di persuasione. Il potere di dominio è di gran lunga inferiore a quello di persuasione.

Il potere di dominio

Molte aziende sono gestite come se fossero eserciti. In questi ambienti di lavoro, i dirigenti spesso non hanno potere decisionale: ubbidiscono semplicemente ai loro superiori e, nella scala gerarchica, trasmettono ordini ai subordinati. Apparentemente sono dirigenti incuranti degli altri, perché quando esercitano quel poco potere che possiedono non vogliono essere contestati: se qualcuno mettesse in dubbio la loro autorità, potrebbe saltare fuori che in realtà di potere non ne hanno. I dirigenti che usano il potere per comandare a bacchetta i dipendenti danno troppo peso alle regole, col risultato di far sentire questi ultimi degli automi costretti a lottare contro il sistema per imporsi. Dirigenti di questo tipo concedono speciali privilegi a una cerchia ristretta di persone in cambio del loro sostegno. Eccovi alcuni esempi di potere di dominio e di come viene adoperato.

- Dominando: sono il tuo capo, che ti piaccia o no. Urlerò, minaccerò e ti farò retrocedere se contesterai le mie decisioni.
- Ignorando: quando non ubbidisci ai miei ordini, ti tratto come se non esistessi, come se fossi meno di niente. Non tengo conto dei tuoi suggerimenti, non li sento nemmeno.
- Cavillando: troverò qualcosa che non va in ogni tua decisione, in ogni atto. Ti tormenterò con la mia pignoleria. Ti ridicolizzerò davanti ai colleghi e ti darò la colpa se qualcosa andrà storto.
- Sabotando: cancellerò la fiducia che hai in te umiliandoti in ogni modo. Non ti aiuterò e fingerò di dimenticare le promesse che ti ho fatto.

Non occorre essere dei geni per capire che i conflitti, in un ambiente di lavoro in cui prevale il potere di dominio, rischiano più che altrove di esplodere quando dirigenti insicuri e sottoposti a pressioni eccessive esercitano insensibilmente la loro autorità sui dipendenti. Collaborazione? Questi dirigenti non ne hanno mai nemmeno sentito parlare.

Un posto sconsigliabile in cui lavorare.

Il potere di persuasione

Le organizzazioni illuminate insegnano ai loro dirigenti l'uso del potere di persuasione, una maniera molto più intelligente di comandare. A questi dirigenti vengono assegnati molti più poteri, anche se li si incoraggia a condividerli. Il potere di persuasione richiede che si influenzino gli altri coinvolgendoli nel processo decisionale. Il dipendente è stimolato a mostrare iniziativa Il manager pone domande che costringono i suoi collaboratori a esprimere se stessi, a dare informazioni, a sentirsi apprezzati e a risolvere i problemi. Il dirigente persuasivo, che condivide il potere e dimostra di avere fiducia nei dipendenti, genera rispetto.

Il lamento del manager

Anche i dirigenti di medio livello a volte si sentono solo rotelle di un ingranaggio. La direzione generale spesso non dimostra di considerarli capaci di pensare autonomamente. Superiori e inferiori li bersagliano con il loro cinismo.

Il più delle volte la direzione generale blandisce i dirigenti di medio livello con gratifiche che hanno il solo scopo di tenerli tranquilli. Invece, dovrebbe fornire loro l'opportunità di prendere decisioni: questo sì che è vero potere. Quelle che seguono sono alcune delle lamentele più comuni tra i dirigenti di medio livello.

- *Sovraccarico di lavoro*: vogliono che faccia di più con meno. Due anni fa avevo sotto di me ventiquattro dipendenti. Oggi, sono diventati quarantuno. Che aiuto posso dare a ognuno di loro?
- *La sindrome « a quarant'anni sono finito »*: ho paura che mi sostituiscano con uno più giovane e che gli costa meno. Temo che la mia carriera finisca con la mezza età.
- *Richieste sempre più impegnative di mobilità e disponibilità*: cellulare, e-mail e fax: devo essere rintracciabile ventiquattr'ore su ventiquattro.

Non c'è dubbio, i dirigenti hanno i loro problemi ed è facile che la collera che provano venga alimentata fino a crescere a dismisura. Sono talmente tanti gli aspetti che sfuggono al loro controllo, le variabili che non si possono gestire direttamente. Se siete dei dirigenti, la cosa più importante è mantenere la pace nell'ambiente di lavoro, sia per la vostra salute mentale che per quella dei dipendenti. Ecco alcuni modi per rovinare o promuovere la fiducia dei vostri subordinati.

Mantenere la pace nell'ambiente di lavoro

Le azioni che distruggono la fiducia	**Le azioni che stimolano la fiducia**
Ciò che i dirigenti fanno per rovinare la fiducia dei dipendenti.	*Ciò che i dirigenti fanno per aumentare la fiducia dei dipendenti.*
I dirigenti...	I dirigenti...
• Non mantengono le promesse.	• Forniscono feedback specifici sui punti di forza dei dipendenti e sul loro positivo operato.
• Chiedono cose di cui non tengono conto.	• Forniscono feedback sui problemi: aiutano i dipendenti a correggere gli errori prima che sia troppo tardi.
• Pretendono dai dipendenti standard che loro non seguono.	• Coinvolgono i dipendenti nelle decisioni che li riguardano.
• Favoriscono alcuni a scapito di altri.	• Indicano chiaramente quale rendimento ci si aspetta dai dipendenti.
• Agiscono come se i dipendenti fossero rotelle di un ingranaggio.	• Risolvono tempestivamente i conflitti: intervengono quando si accorgono di risentimenti, disaccordi tra i dipendenti.
• Fanno i misteriosi: lasciano che siano i dipendenti a immaginare di agire bene o male.	
• Sono sarcastici, giudicano, sminuiscono.	

La diversità: sfide e promesse

Gli ambienti di lavoro eterogenei – cioè le organizzazioni in cui lavorano persone differenti in termini di sesso, età, razza, etnia, religione, classe, educazione, handicap, orientamento sessuale, valori, stile di lavoro e origini – tendono ad attirare e a trattenere al loro interno i talenti migliori e più brillanti. Queste persone si dimostrano più produttive sia che lavorino in catena di montaggio sia che occupino invece una poltrona nella sala del consiglio d'amministrazione, perché la varietà di opinioni e di stili di lavoro produce invariabilmente decisioni più creative. Queste sono le organizzazioni che figurano sempre ai primi posti degli elenchi delle « Aziende migliori in cui lavorare ».

Ma la diversità ha un suo difetto. Nel momento in cui le organizzazioni chiedono a persone molto differenti di collaborare, ecco che si manifestano i primi attriti. I dipendenti tendono a rifiutare le informazioni che contrastano con i valori in cui credono. Reagiscono ai punti di vista altrui in maniera istintiva. Diverse origini culturali e di educazione possono erigere spessi muri tra loro, mentre cattiva comunicazione e fraintendimenti aprono la strada alla nascita di conflitti.

Anche i meglio intenzionati possono inconsciamente nutrire sentimenti vagamente razzisti, sessisti o etnocentrici: giudicare cioè le persone appartenenti a culture differenti in base ai valori della propria cultura. Costoro possono trovarsi a disagio all'interno di gruppi eterogenei e cercare di evitare simili situazioni. Senza averne l'intenzione, possono dire o fare cose offensive per altri. Un occasionale commento razzista o sessista passa anche inosservato, ma, se si ripete, finisce col toccare dei tasti dolenti e innescare dei conflitti che producono collera inespressa che aspetta solo di esplodere.

A voi non potrebbe mai succedere? Verificatelo.

Un dirigente, un uomo, bianco, picchia il pugno sulla scrivania ordinando che le scadenze siano rispettate. È considerato un capo intransigente, ma corretto. Ma dite la verità: vi sentireste in colpa o inconsciamente di parte, giudicando:

- una donna che si comporta nello stesso modo, come una maledetta dispotica?
- una donna di colore che fa lo stesso, come una ricattatrice?
- un trentenne che si comporta nello stesso modo, come uno che non sa nemmeno quello che dice?
- un omosessuale che fa lo stesso, come un capriccioso?
- un anziano che si comporta così, come uno smargiasso?

Uno degli strumenti più efficaci per disattivare i tasti dolenti vostri e degli altri è la consapevolezza. Sia che siate un dirigente o un dipendente, quel che conta è sapere come si possono toccare i tasti dolenti altrui. Avete mai osservato i seguenti comportamenti (o altri simili) nel vostro ambiente di lavoro? Ecco le questioni e alcune possibili soluzioni.

I TASTI DOLENTI DELLA DIVERSITÀ: COME GESTIRLI

La questione	La lamentela	Come rimediare
Sfida alla competenza.	*Una donna dice*: Mi hanno detto che non ero pronta per la promozione mentre un collega maschio, con la mia stessa esperienza, l'ha avuta.	Parlate col dirigente e domandate specificatamente quali capacità dovete sviluppare per ottenere la promozione. Chiedete una stima dei tempi e frequenti reazioni. Insistete.
Discriminazione dovuta al peso	*Una donna robusta si domanda*: Perché sono stata scartata per il lavoro di receptionist per il quale sono qualificata? Perché devo stare in archivio, nel retro dell'ufficio?	Andate dal responsabile delle risorse umane e spiegate che pensate di essere stata scartata a causa del vostro peso. Il dirigente dovrebbe dimostrarsi vostro alleato, mettere in dubbio la decisione e chiedere chiarimenti.
Contributi sottostimati.	*Una donna di origine slava dice*: Nelle riunioni nessuno tiene conto dei miei commenti, credo dipenda dal mio accento.	Parlate con la persona che tiene la riunione, prima del suo inizio. Spiegatele che andrebbe a vantaggio della squadra se poteste esprimere le vostre idee in maniera più efficace. Chiedetele se ha qualche suggerimento da fornirvi per riuscirci.
Essere un simbolo	*Una donna asiatica dice*: Sono a disagio perché sono stata scelta per fare una presentazione pubblicitaria solo perché sono asiatica. Ma di pubblicità so ben poco: la mia specializzazione è la ricerca.	Chiedete di consultare la squadra su qualunque argomento inerente al mercato asiatico, e poi spiegate al dirigente che la vostra esperienza darebbe frutti migliori nel reparto ricerca.
Essere destinati a fallire	*Un uomo di origini africane dice*: Mi hanno dato l'incarico di raggiungere un certo risultato, ma senza assegnarmi né personale né risorse, e si aspettano che faccia miracoli.	Aiutate i vostri superiori a capire che, se avrete successo, sarà tutto nel loro interesse e specificate chiaramente di quali risorse economiche e umane avete bisogno per svolgere l'incarico.

Valere più di quanto pensino gli altri	*Una donna di origini mediorientali dice*: I miei colleghi si sorprendono sempre quando sanno che sono laureata.	La prossima volta che succede, domandate gentilmente il perché di tanta sorpresa. Sempre gentilmente, scuotete le loro convinzioni citando altri mediorientali che come voi hanno ottenuto risultati encomiabili.
Basarsi su stereotipi	*Un uomo ultracinquantenne dice*: Perché mi assegnano sempre gli incarichi più facili? Solo perché ho cinquantadue anni non significa che non possa imparare le nuove tecnologie; e mi ignorano sempre quando c'è l'occasione di seguire un corso di formazione sull'argomento.	Dimostrate di conoscere le nuove tecnologie. Informatevi sul prossimo corso e motivate l'intenzione di parteciparvi.
Eccessiva condiscendenza	*Una donna costretta sulla sedia a rotelle dice*: Il mio capo pensa che, non potendo camminare, mi manchi qualcosa per avere successo. Mi fa infuriare quando si complimenta con me per le cose più banali, come se fossi una bambina lenta di comprendonio.	La prossima volta che succede, ringraziate per il complimento, ma spiegate che preferireste che si aspettasse qualcosa di più da voi per darvi il modo di dimostrargli quanto valete.

Se volete contribuire a creare un ambiente armonioso ed essere un paladino delle diversità nel vostro ambiente di lavoro, ecco alcuni passi da intraprendere.

LE AZIONI DA INTRAPRENDERE

1. Sforzatevi di riconoscere i successi di chi è diverso da voi per origini, cultura o livello d'istruzione.
2. Addossatevi parte della responsabilità di qualcosa che è andato storto in un altro gruppo.

3. Ascoltate attentamente le persone di gruppi culturali differenti dal vostro con cui siete in disaccordo.
4. Dimostrate rispetto per chi parla la vostra lingua in maniera meno fluente di voi e considerate un pregio la conoscenza di più lingue.
5. Educatamente, dissentite con chi esprime pregiudizi.

Qual è la ricompensa per essere riusciti a sintonizzarci su onde diverse dalle nostre? Più produttività, più pace e più profitti per tutti.

UN SUGGERIMENTO

Non considerate le diversità una voce passiva, bensì positiva.

Un decennio fa molta differenza

Ecco un'altra differenza che spesso crea conflitti in ambito lavorativo: quando persone di età diverse sono costrette a lavorare fianco a fianco, possono scatenarsi conflitti anche seri, e questo perché il punto di vista sullo stile di lavoro e sui valori a esso associati è molto differente. Dedicare molto tempo a quelle che dovrebbero essere collaborazioni fattive diventa difficile, perché chi appartiene a una generazione spesso non capisce gli atteggiamenti e gli approcci al lavoro di chi appartiene a un'altra. E i contrasti sul modo in cui le persone di età differente si rapportano con il lavoro a volte divengono terreno fertile per la nascita di equivoci e fraintendimenti.

Nell'odierno mondo del lavoro, gli adulti nati prima del 1945 condividono la giornata lavorativa con chi è nato tra il 1945 e il 1964 (i figli dell'esplosione demografica, del *baby boom*) e con i più giovani, quelli nati dopo il 1964 (quelli della Generazione X, considerati apatici, non motivati, materialisti). Un esempio di quello che può accadere? Eccovelo.

Il *baby boomer* e la rappresentante della Generazione X

Paul ha quarantasei anni e lavora con Louise, che di anni ne ha ventotto, nel reparto formazione di una società di vendita al dettaglio. Paul telefona a casa alla collega per informarla che sabato dovrà lavorare per terminare la stesura di un manuale sull'addestramento del personale, visto che sono indietro con i tempi.

PAUL: Qui siamo proprio nei guai, perciò ti aspetto sabato alle otto. Ci saranno anche George e Sally. Lavoreremo fino a mezzogiorno, poi avremo il resto della giornata libero.

LOUISE: Niente affatto! Non è assolutamente necessario. Posso lavorare stando a casa mia, mandarvi il materiale con la posta elettronica e discuterne in teleconferenza. È il sistema più efficiente.

PAUL: Solo che non funziona. Dobbiamo risolvere dei problemi sul posto. Louise, le tue priorità mi sembrano completamente sbagliate.

LOUISE: Sei tu che sbagli, invece. Vedi le cose solo dal tuo punto di vista. Non mi hai mai dato retta sulla possibilità di usare le nuove tecnologie.

PAUL: Non è questo il punto. Non parliamone più: ti aspetto qui sabato.

LOUISE: Perché dovrei perdere quarantacinque minuti a venire fin lì quando posso fare quel lavoro anche da casa e più velocemente? Ti telefono sabato in ufficio, Paul. Tu rimani pure della tua idea, ma io non vengo.

ANALISI

Paul e Louise sono vittime dello scarto generazionale e si vedono come attraverso due diverse lenti deformanti. Interpretano entrambi i commenti dell'altro in modo negativo, caricandoli di significati che non hanno.

Paul è convinto che Louise cerchi di sottrarsi al lavoro che le spetta. Pensa che lei non capisca che quella è una vera emergenza. Secondo lui Louise pensa più alla propria vita privata che al lavoro e non è fedele all'azienda come invece è lui.

Louise considera Paul un fissato del comando, uno che vuole avere sempre il controllo della situazione. La informa a cose fatte, impedendole di prendere parte alle decisioni. Lo ritiene un uomo testardo e inflessibile, con un'ottica limitata.

Dopo la telefonata, sono entrambi furiosi.

Il loro scontro ha una duplice origine, in quanto sovrappone a un conflitto di valori un conflitto riguardante lo stile di lavoro, entrambi derivanti dall'educazione ricevuta.

Il conflitto di valori

Paul, figlio dell'esplosione demografica, crede più in un approccio tradizionale al lavoro. Quello che conta è il tempo che ci si dedica. Apprezza gli incontri *personalizzati*, per scambiarsi le informazioni e realizzare gli obiettivi aziendali. Ritiene che questi incontri siano il modo più efficace per prendere le decisioni giuste. Infatti preferisce di gran lunga parlare di persona con l'interlocutore su specifici argomenti, piuttosto che in teleconferenza.

Louise, anch'essa figlia del suo tempo, è convinta che le persone vadano giudicate in base ai risultati del loro lavoro, non da quante ore al giorno restano in ufficio. Crede che le decisioni efficaci siano quelle prese sul momento, mediante riunioni informali e con teleconferenze. Appena può scansa le riunioni sul posto di lavoro, perché le considera solo una perdita di tempo, poiché è sicura che le decisioni importanti siano già state tutte prese in precedenza.

Il conflitto riguardante lo stile di lavoro

Paul non vive proprio nel Medio Evo, ma usa la tecnologia principalmente per mandare e-mail e fare ricerche tramite Internet, e non ha familiarità con i più recenti approcci multimediali ai programmi di addestramento. Paul non accetta le nuove tecnologie in parte perché non le capisce, e in parte perché non vede quali vantaggi porterebbero nel caso dei sistemi utilizzati nella sua azienda, sistemi apprezzati da chi li usa quotidianamente. In pratica, si domanda che bisogno c'è di aggiustare qualcosa che non si è ancora rotto.

Louise è cresciuta con i computer e sfrutta senza nessun timore le nuove tecnologie. Sa che la tecnologia consente di lavorare meglio e più velocemente. Le nuove tecnologie di formazione sono utili perché la gente può imparare stando a casa propria o in classe e andrebbero integrate con i programmi già esistenti.

Come affrontare questo problema che minaccia di rovinare il clima nel loro ambiente di lavoro?

Tanto per cominciare, Paul dovrebbe adottare una mentalità più aperta ed essere più flessibile in termine di richieste. Prima di giudicare le idee di Louise, dovrebbe ascoltarle. Poi dovrebbe chiederle come intende rispettare la scadenza grazie alla tecnologia.

Louise potrebbe ascoltare tutte le obiezioni di Paul al suo progetto e rispondere a ognuna di esse. Dovrebbe spiegargli quali altri vantaggi deriverebbero dal portare a termine il compito mediante la posta elettronica e la teleconferenza. Infine dovrebbe mostrarsi disposta a recarsi in ufficio di sabato se non riesce a convincere Paul.

Entrambi stabiliscono di ascoltare il punto di vista dell'altro senza giudicarlo, al fine di elaborare un piano per il completamento del programma di addestramento. Paul accetta che Louise metta in pratica l'idea della teleconferenza. Louise accetta di recarsi in ufficio presto il lunedì mattina per rivedere gli ultimi eventuali dettagli. Infine Louise propone a Paul di assistere insieme a lei a una conferenza sulle tecniche di direzione nell'era digitale. Lui ci sta e dice che si farà accompagnare da un altro collega della sua stessa età.

UN SUGGERIMENTO

Il conflitto, quando viene affrontato con attenzione, offre alle persone l'opportunità di creare nuove e innovative soluzioni che superano qualsiasi differenza di età.

Che cosa dite o fate quando qualcuno vi prende alla sprovvista?

A volte succede di lavorare in organizzazioni che proprio non ce la fanno, in ambienti che sono veri e propri campi minati in quanto alla presenza di tasti dolenti. Magari c'è qualcuno che vi ridicolizza, che sminuisce pubblicamente il vostro rendimento o che vi mette nei guai perché si sottrae ai compiti che dovrebbe svolgere. Magari vi sentite oberati da responsabilità e incarichi ma sapete anche che alla minima lamentela sareste puniti. In tal caso, le vostre emozioni devono avere prodotto una o più delle seguenti reazioni:

La sensazione di		
Paura	vi ha costretti a pensare	Meglio tenere la bocca chiusa.
Rabbia	vi ha costretti a pensare	Mi sembra di essere diventato una bomba a orologeria.
Frustrazione	vi ha costretti a pensare	Adesso mi metto a urlare!
Irritazione	vi ha costretti a pensare	Stai lontano da me, arrangiati, lasciami in pace!
Impotenza	vi ha costretti a pensare	Non c'è niente che possa fare.
Alienazione	vi ha costretti a pensare	Sono tagliato fuori, nessuno si accorge che esisto.
Indegnità	vi ha costretti a pensare	Non valgo niente, sono stupido e incapace.
Sfruttamento	vi ha costretto a pensare	Sono solo una rotella dell'ingranaggio, di cui si fa uso e abuso.

Ma, come la maggior parte dei colleghi, amate il vostro lavoro e non disprezzate certo lo stipendio che ne ricavate. Quello che non vi piace invece è il comportamento di alcuni colleghi o superiori. I risultati? Volete rimanere lì e cercare di modificare la situazione conservando la vostra dignità.

Ritengo che la forma di aiuto migliore a volte consista nel suggerire risposte specifiche alle persone che toccano i vostri tasti dolenti. Cercate di riconoscere negli esempi che seguono le molle che vi fanno scattare.

Quando nasce un conflitto, ecco cosa bisogna fare in generale per adottare un atteggiamento mentale utile a disattivare i tasti dolenti.

- State calmi, non perdete la calma.
- Non cadete nel tranello di mettervi sulla difensiva.
- Pensate al compito che doveva essere svolto, non alle responsabilità che hanno acceso il conflitto.
- Dite qual è il vostro punto di vista e ascoltate quello dell'interlocutore, senza voler stabilire chi ha ragione e chi torto.
- Affermate e riaffermate qual è il punto.
- Siate costruttivi e concentratevi sulla soluzione.

Ora provate queste reazioni alla luce dei seguenti conflitti, divisi in problemi tra dirigente/dipendente e dipendente/dipendente.

Conflitti generati dai dirigenti

IL DIRIGENTE: Lei è l'unico che si è lamentato del nuovo sistema di registrazione dei costi del personale. Ha sollevato un gran polverone.

VOI: Intendevo solo essere utile, non certo mancare di rispetto. Forse sono stato il solo a esprimere un parere negativo perché i colleghi non hanno ancora letto le nuove direttive. Lo ripeto, il mio commento voleva essere un suggerimento, non una lamentela. (*Non dovete sempre rispondere a ogni punto negativo. Siate fermi e dignitosi.*)

IL DIRIGENTE: Ha fatto un errore di fatturazione e non è la prima volta che succede. Dove aveva la testa? Sembra che lo faccia apposta.

VOI: Prima di tutto, mi mostri dove ho sbagliato in modo che possa correggere subito l'errore. Poi vediamo anche quando è accaduto in passato. In futuro, apprezzerei ricevere un certo feedback in modo da evitare problemi. (*Ignorate il sarcasmo, a meno che sia eccessivo e offensivo, nel qual caso, replicate a tono: « Sono sorpreso che pensi questo di me. Mi dica perché mi considera in questo modo ».*)

IL DIRIGENTE: Dedica troppo tempo ad alcuni clienti e ne fa aspettare altri. Non è gentile.

VOI: Sappiamo entrambi che alcuni clienti hanno bisogno di maggiore attenzione di altri. In questo modo si stabilisce un buon rapporto e il cliente è incoraggiato a ritornare. In futuro cercherò di non fare aspettare troppo gli altri. (*Non mettetevi sulla difensiva – sapete di stare facendo la cosa giusta – ma tenete anche conto della sua preoccupazione per gli altri clienti.*)

IL DIRIGENTE: Non lo sa che dobbiamo fare subito questa spedizione? È troppo lenta e ne risente il ritmo di lavoro di tutti.

VOI: So che è una situazione di emergenza. Ma ricordo che, quando ha suddiviso il lavoro, ne ha dato più a me che agli altri, e questo perché pensava che fossi più veloce di loro. Non possiamo trovare insieme il modo di risolvere questa questione? (*Sottolineate l'importanza di collaborare alla soluzione del problema specificando al contempo come stanno realmente le cose.*)

IL DIRIGENTE: Sono tentato di raccontare al vice presidente che è lei la responsabile dello scambio di appunti. Per lei sarebbero guai grossi.

VOI: Vedo che la pensiamo diversamente su chi è responsabile di cosa. Cerchiamo prima di tutto di risolvere il problema, poi facciamo chiarezza sulla questione in modo che non ci siano equivoci in futuro. (*Non cadete nel tranello di cercare a ogni costo un colpevole, non reagite alle minacce e concentratevi sul futuro.*)

I conflitti tra dipendenti

Una vostra collega e voi vi siete proposte per la stessa promozione. Ora lei si comporta ostilmente e non vuole più sedervi vicino a mensa.

VOI dite: Capisco che vogliamo entrambe la stessa posizione, ma non voglio che questo influisca sul nostro rapporto e ci faccia litigare, perché mi trovo molto bene con te e rispetto il tuo lavoro. Qualche volta ti andrebbe di andare ancora a mangiare insieme?

Un collega viene alla vostra scrivania e vi passa una pratica su cui ha scritto: « Il capo me l'ha passata per errore. Spetta a te occupartene ».

Voi dite: Forse c'è stato un malinteso. Solo per sicurezza, domandiamolo a lui chi dei due deve pensarci, affinché il lavoro sia svolto nel migliore dei modi.

La collega che vi istruisce è molto curiosa di sapere i fatti vostri, fornisce consigli gratuiti a raffica e lascia intendere di essere più brava di voi ad allevare i figli.

Voi dite: Alcuni tuoi consigli sono indubbiamente utili e so che hai molta più esperienza di me per quanto riguarda i bambini. Tuttavia la mia situazione è diversa dalla tua e sono sicura che saprò cavarmela lo stesso. Grazie comunque per l'interessamento.

Una collega fa troppi intervalli per andare a fumare e voi dovete tutte le volte rispondere anche al suo telefono.

Voi dite: Rispetto la tua esigenza di fumare, ma per prendere nota dei messaggi telefonici che ti arrivano sto rimanendo indietro con il mio lavoro. Non possiamo trovare il modo di risolvere la questione?

Un collega vi scavalca e si lamenta con il vostro superiore per il vostro lavoro.

Voi dite: Ho sentito che sei andato a lamentarti di me col capo. Senti, forse avevi validi motivi per fare quello che hai fatto, ma non sarebbe stato meglio parlarne prima con me? La prossima volta, cerca di ricordarlo. Io sono disposto ad ascoltarti e a correggermi, se necessario.

Una collega ha costantemente delle emergenze per cui deve assentarsi e vi chiede sempre di aiutarla, svolgendo parte del suo lavoro.

Voi dite: Senti, abbiamo tutti delle scadenze da rispettare, non credi? Mi spiace molto ma questa volta non posso darti una mano, perché ho promesso ai miei che non avrei fatto tardi per cena. Spero che tu capisca.

Un appunto al direttore, al boss, al capo...

Le ricerche condotte negli ultimi cinque anni mostrano che, chi lavora, assegna la massima priorità non tanto allo stipendio e ai benefits quanto agli elementi « meno oggettivi » della loro occupazione: essere trattati con rispetto come individui, ottenere equi riconoscimenti e partecipare al cambiamento. Quando un superiore mostra di avere fiducia per chi lavora per lui, comunicando, condividendo, chiedendo aiuto, ammettendo i propri errori ed eliminando le differenze di status e di gerarchia, crea una di quelle famose « aziende migliori in cui lavorare » citate sulle riviste.

Dovreste essere anche consci dei costi derivanti dal *non* risolvere i conflitti in ambito lavorativo. Abbiamo scoperto che il 25 per cento circa del tempo dei dirigenti superiori è dedicato alla gestione di problemi interpersonali legati alle mansioni, molti dei quali derivano direttamente da difficoltà di comunicazione, equivoci, incompatibilità di carattere e collera dovuta al rendimento. Tanto più in alto il conflitto sale nella scala gerarchica, quanto più diventa pericolosamente radicato. Direzione e dipendenti si schierano su fronti opposti e sviluppano rapporti che nulla hanno di collaborativo, e a risentirne è subito la produttività. I conflitti ignorati o aggirati all'interno delle organizzazioni tendono a crescere autonomamente.

UN SUGGERIMENTO

Un'azienda, al pari delle persone, dovrebbe prosperare sul conflitto e sfruttare le diversità per rinnovarsi. Risolvere produttivamente i conflitti determina un nuovo coinvolgimento, una maggiore vitalità.

Non è fantascienza

Negli anni dal 1996 al 1998, negli Stati Uniti, sono stati risolti 311.000 casi di discriminazione con un costo complessivo di 700 milioni di dollari. Si trattava di casi di discriminazione per razza, colore della pelle, età, religione, sesso, origini e handicap, che riguardavano assunzioni, promozioni, licenziamenti, retribuzioni e privilegi. La collera in questi procedimenti si sprecava.

Oltre ai costi visibili delle cause e degli accordi extragiudiziali, c'erano i costi occulti dei conflitti che incidevano sugli utili aziendali.

Ecco che si consiglia di fare ai dirigenti per evitare problemi di questo tipo:

1. Prestate attenzione. Dimostrate di volere essere tenuti al corrente, sia delle buone che delle cattive notizie. Sfatate il mito della « famiglia felice ».
2. Ascoltate attentamente. Ascoltate i differenti punti di vista, a tutti i livelli dell'organizzazione. Muovetevi all'interno dell'ambiente di lavoro e fate capire chiaramente che volete sapere la verità su qualsiasi aspetto problematico. Diventate collezionisti di conflitti... suona male, ma funziona bene.
3. Intervenite per rimediare al problema. Appena sentite che sta succedendo qualcosa di strano o che c'è qualcosa che non va, correte ai ripari e scoprite di chi è la responsabilità.
4. Una volta posto rimedio al problema, informatene i dipendenti. Fate in modo che sappiano che prendete sul serio i loro commenti e che vi state dando da fare per risolvere la cosa. Lasciate che le informazioni fluiscano.

UN SUGGERIMENTO

Tutte le volte che chiedo ai partecipanti al mio seminario chi è che li fa arrabbiare maggiormente sul lavoro, le prime tre risposte, invariabilmente, sono

- le persone che non mi ascoltano
- le persone che non mi rispettano
- le persone che cercano di controllarmi.

Domandate al Conflict Coach

Collera, sempre collera

All'inizio del nuovo millennio vediamo in giro sempre più facce tese. I corsi di gestione della collera si moltiplicano ovunque. Ogni ambiente di lavoro ha la sua quota di dipendenti furiosi, e non crediate che quelli più ricchi di noi siano immuni al problema.

Da molti anni, i partecipanti al mio seminario mi chiamano la loro *Conflict Coach*, la loro « allenatrice al conflitto ». Tale titolo all'inizio mi faceva ridere, ma ora ho imparato ad amarlo e a reclamarlo. Nella maggior parte dei seminari, in genere mi si domanda come ricucire una situazione conflittuale. Le risposte che fornisco hanno essenzialmente lo scopo di spingere le persone a prestare attenzione a come affrontano i momenti problematici, e di fare capire che se uno agisce, anziché reagire, quando qualcuno tocca un suo tasto dolente, allora riesce a fare un passo indietro, a farsi il quadro generale della situazione e a scegliere le sue risposte, anziché dare una replica piena di rabbia e impulsiva, che non serve certo a calmare nessuno.

Ecco un esempio di alcune delle domande che mi hanno posto quest'anno. Se anche voi volete domandare qualcosa al Conflict Coach, potete farlo collegandovi al mio sito Web all'indirizzo www.SybilEvans.com.

Cara CC,

il mio capo mi ha chiesto di fornirgli dei suggerimenti per rivedere il manuale dei dipendenti. Io ho raccolto qualche buona idea e gli ho spedito il tutto con la posta elettronica. Quando il manuale è uscito, mi sono resa conto che non aveva usato nessuno dei miei suggerimenti. Come se non bastasse, non mi ha nemmeno ringraziata per l'impegno dimostrato. Mi è rimasta dentro una brutta sensazione di vuoto. Ignorarmi è stato come darmi uno schiaffo in pieno viso e adesso ribollo di rabbia. Che cosa posso fare?

Ignorata e sminuita

Cara Ignorata e sminuita,

certo che meriti dei complimenti per esserti esposta con i tuoi suggerimenti. Il tuo capo sembra proprio un'insensibile testa di legno, ma forse non ti ha ignorato intenzionalmente. Concedigli il beneficio del dubbio, ma parlane con lui, perché un problema in effetti c'è: un capo che chiede a un dipendente di fornirgli dei suggerimenti e poi non ne tiene conto, è demoralizzante per l'ambiente lavorativo. Purtroppo, succede spesso.

Devi parlargliene nel tuo interesse, devi essere il difensore di te stessa.

Quali sono i tuoi obiettivi? Ti serve un feedback nell'ambiente di lavoro. Vuoi non essere ignorata e svilita mai più.

Prima di tutto, fagli sapere che hai accolto favorevolmente la pubblicazione del nuovo manuale. « Mi sembra fatto bene, e si legge facilmente. » Poi ricordagli gentilmente che gli hai spedito i suggerimenti che ti aveva chiesto e rinfrescagli la memoria su quelli che consideri migliori.

Potresti dirgli: « Non ha trovato utile *nessuna* delle mie idee? » Se risponde affermativamente, cerca di farti spiegare quali gli sono piaciute e perché, poi chiedigli come mai allora le ha ignorate. Se risponde di no, scopri perché non gliene andava bene nemmeno una. Chiedi sempre indicazioni e commenti sul lavoro svolto, negativo o positivo che sia, e fatti dire con degli esempi come puoi migliorare.

A prescindere dalla sua risposta, vedrai che parlare ti farà sentire meglio. Se non altro, avrai fatto capire al tuo capo che il tuo tempo è prezioso e che non deve chiederti suggerimenti se non è sicuro di quello che fa.

Cara CC,

ho domandato al mio capo se potevo uscire dal lavoro un'ora prima, per portare mio figlio alle prove di un concerto scolastico, nessun altro poteva farlo. Lui mi ha risposto: « Io non dirigo una scuola materna. Siamo in un momento critico. Ma se ha così tanto da fare, perché non ci resta definitivamente, a casa? »

Quel commento mi ha lasciato a bocca aperta. Avrei voluto ucciderlo, davvero. Per favore, dimmi cosa devo fare.

Pronta a uccidere

Cara Pronta a uccidere,

hai a che fare con un superiore irascibile e che scarica la sua frustrazione saltando addosso agli altri. Non aggredirlo anche tu, ma non rimangiarti quello che hai detto, non scusarti e non metterti sulla difensiva perché così non faresti che indebolire la tua posizione.

Il tuo errore è stato quello di non presentargli subito un'alternativa per dimostrargli che sai pensare in maniera responsabile.

Il tuo obiettivo? Fargli sbollire la rabbia e ottenere il permesso. Fallo riconoscendo le sue preoccupazioni e placando le sue paure. Ripeti quello che ti ha detto in maniera neutrale. « Siamo tutti in pensiero per la scadenza così vicina e m'impegno a lavorare sodo per completare il lavoro. Ho un piano che potrebbe funzionare. Domani potrei venire un paio d'ore prima e fermarmi finché non ho finito di fare tutto.»

Non devi replicare a tutto quello che ti ha detto, parola per parola. Anche se il commento alla «scuola materna» è stato odioso, lascia perdere. Non pensarci. Spostando la conversazione sul piano della produttività dell'azienda, il tuo impegno in futuro non sarà più messo in dubbio.

Cara CC,

sono un addetto alle vendite e un collega di un altro reparto non fa che prendere in giro e raccontare barzellette sugli omosessuali e sulle unioni tra omosessuali. Nessuno, oltre a me, sembra infastidito: quasi tutti, infatti, ridacchiano e stanno al gioco. Personalmente la cosa mi ferisce molto e non so cosa fare. Mio fratello è omosessuale e tutte quelle battutine mi sembrano un'offesa a me e a tutta la mia famiglia. Sono arrivato al punto che vorrei prendere a pugni tutti, non solo quel mio collega.

Ferito e infuriato

Caro Ferito e infuriato,

hai tutto il diritto di essere preoccupato, perché nell'odierno ambiente di lavoro non dovrebbero essere tollerati commenti razzisti, sessisti o omofobici. Spesso chi dice cattiverie lo fa perché sa che c'è qualcuno che lo ascolta, e più il suo pubblico è ricettivo, più si sente autorizzato a dire cose sgradevoli.

Non starlo a sentire, anche se sei l'unico a dissentire. In assenza di personale preposto a impedire ai dipendenti di denigrare gli altri, hai comunque due alternative. Puoi rivolgerti ai responsabili delle risorse umane, sottoporre loro il problema e sentire cos'hanno da dire. Personalmente però ti consiglierei di affrontare di persona il tuo collega, di spiegargli quello che provi e che col suo comportamento fa del male agli altri. Trova il momento giusto per dirgli: «Mi fai arrabbiare quando prendi in giro gli omosessuali. Tu non lo puoi sapere, ma qualcuno di noi ha degli amici o dei famigliari che lo sono. Mio fratello è gay. Io gli voglio bene e quando parli in quel modo mi ferisci, e invii un messaggio negativo a quelli che sono riluttanti a dirti che non la pensano come te. Per piacere, d'ora in poi evita questo tipo di commenti».

Cara CC,

faccio la cameriera nella mensa di un'azienda e un mio collega maschio mi ha detto di non propormi per un lavoro aggiuntivo perché ho un marito che può mantenermi, mentre a lui quei soldi in più servono. Sono fuori di me. Mi ha fatto imbestialire! Che cosa devo rispondere a quel tizio?

Ho bisogno di lavorare

Cara Ho bisogno di lavorare,

il tuo collega vive nella preistoria e tocca a te dirgli che i tempi sono cambiati. Tipi come lui purtroppo ce ne sono ancora in giro. Ma fai attenzione a quello che *non* è stato detto. Potrebbe avere qualche grave problema economico. Per scoprirlo devi cercare di capire il suo punto di vista e, se vuoi continuare a lavorare al suo fianco, devi cercare di calmarti, calmando al contempo anche lui.

Digli qualcosa del tipo: « Sembra che tu sappia già come usarli quei soldi in più. Per caso stai attraversando un momento particolare? »

Potrebbe spiegarti che il figlio ha bisogno di ripetizioni o che la sorella gli ha chiesto con urgenza un prestito. Qualunque cosa ti dica, mostragli di capirlo e d'immedesimarti in lui. Ma poi spiegagli qual è il punto vero: « Tutti quelli che lavorano, come noi, cercano sempre di fare di più per le loro famiglie ed *entrambi* meritiamo questo posto, visto che facciamo lo stesso lavoro, siamo pagati nello stesso modo e abbiamo gli stessi benefici ».

Poi, proponi un piano costruttivo: « Perché non domandiamo al capo che possibilità ci sarebbero per *tutti e due*? »

Facendo valere i nostri diritti con fermezza ma amichevolmente diventiamo più forti.

Cara CC,

l'altro giorno un collega più giovane, scherzosamente, mi ha detto: « Ehi, vecchietta, cominci a fare un errore dietro l'altro. Non sei più sveglia come una volta ». Altri colleghi si sono messi a ridere. « Questi pivelli che pensano che chi ha superato gli anta abbia già un piede nella fossa, mi stanno sullo stomaco. Non riesco a tollerare battute del genere. Che cosa posso fare?

Furiosa

Cara Furiosa,

non essere furiosa. Ridi di una battuta tanto stupida. E replica sullo stesso tono: « Già, mi sento decrepita proprio come Cher e Susan Sarandon ».

Tuttavia, capisco che commenti del genere, se ripetuti, possono essere alquanto seccanti. Se il burlone insiste, prendilo in disparte (affrontalo sempre a quattr'occhi: se lo fai davanti ad altri, si sentirà costretto a ribattere per dimostrare a tutti che non gli fai paura). Digli che non vuoi rivolgerti davvero alla direzione (coglierà il messaggio implicito). Poi domandagli di suggerire come entrambi potreste rendere meno ostile l'atmosfera lavorativa. Fagli capire chiaramente che non starai lì a prendere le sue stupide frecciatine. La prossima volta ci penserà due volte prima di parlare.

Cara CC,

sono la segretaria di un regista e ultimamente mi pare che il mio capo sia sempre più irritabile. Ma quello che è peggio, è che ha cominciato a darmi ordini contrastanti. L'altra settimana mi ha dato da svolgere un dato compito, e quando l'ho terminato, mi ha detto che quella stessa cosa era già stata fatta impeccabilmente da Nancy, una collega. Pensa un po': mi sono sbattuta per quattro ore quando lui aveva già passato l'ordine a un'altra! Questa settimana, a metà di un nuovo progetto, mi ha ordinato di lasciar perdere e d'iniziarne un altro. Mi sta facendo impazzire, e la confusione che crea mi fa commettere un errore dopo l'altro.

La cosa peggiore è successa un'ora fa. Mi ha detto: « Non capisco cosa c'è che non va con te. Continui a dimenticare quello che ti dico di fare, e questo perché non mi ascolti mai quando parlo ». C'è mancato poco che scoppiassi a piangere. Ho dovuto correre in bagno a ricompormi.

Destinataria di messaggi contrastanti

Cara Destinataria di messaggi contrastanti,

questo è un problema comune negli ambienti di lavoro: la pressione che i manager subiscono viene convogliata sui subordinati. Io la chiamo la sindrome del « lascia perdere questo, fai quello ». I dirigenti non capaci trasmettono spesso messaggi incongruenti e non esprimono chiaramente quello che si aspettano dagli altri. Le conseguenze negative di un simile atteggiamento sul rendimento, per non parlare di quelle sul morale, sono ovvie. A chi piace essere accusato ingiustamente?

Disinserisci il pilota automatico. Non lasciarti trasportare dalla tua frustrazione verso reazioni istintive. Anziché crollare e andare a pezzi la prossima volta che il tuo boss ti bersaglia con messaggi contrastanti, fai un profondo respiro e di' a te stessa che sei forte e concentrata. Prendi i tuoi pensieri negativi e buttali via. Inserisci una nuova cassetta, quella della fiducia nelle tue forze. Poi, per fare sbollire la collera che provi e calmare anche il tuo capo, sforzati di trovare un punto d'incontro. Devi fargli capire che con il suo modo di agire non ti consente di fornire il meglio di te e il modo per riuscirci è dimostrargli che avete entrambi gli stessi obiettivi.

Prova a dire: « Tu e io vogliamo la stessa cosa. Tu vuoi ottenere da me il massimo in termini di rendimento, e io voglio dartelo. Ma per ottenere questo risultato, ho bisogno di avere indicazioni più coerenti da te. Immagino che ultimamente tu sia stato sottoposto a notevoli pressioni, perché ci sono state varie volte in cui prima mi hai detto una cosa e dopo un'altra in contrasto con la precedente. E quando fai così, mi irriti e mi fai sbagliare. Mi dispiace per gli errori che posso avere commesso, ma come possiamo intervenire tutti e due per lavorare meglio e più rapidamente? »

I conflitti sfuggono di mano quando non vengono riconosciuti. Esponendo chiaramente il problema, prendiamo l'iniziativa e chiariamo che la responsabilità è di entrambi.

Cara CC,

sono veramente in un pasticcio: ho commesso un errore madornale. Vorrei scusarmi, ma non voglio ingoiare il rospo o sembrare debole. Che cosa mi suggerisci?

Imbarazzato

Caro Imbarazzato,

buon per te: i tuoi istinti sono assolutamente corretti. Quando hai torto, scusati prima di essere scoperto e prima che gli altri ti chiedano di farlo. Questa, oltre a essere la cosa giusta da fare, è la migliore strategia per impedire che i sentimenti negativi ti si appiccichino addosso. La gente ti rispetterà per questo e imiterà la tua correttezza.

Sono molti i modi in cui puoi addossarti le tue responsabilità senza perdere la faccia. E ricorda: *non è* indispensabile che le scuse contengano la frase « mi dispiace », se pronunciarla ti costa troppa fatica.

Prima di tutto, inserisci sempre alla fine delle scuse la promessa di agire positivamente in futuro. Poi prova qualcosa del genere:

- Mi dispiace di essermi dimenticato di avvertirti della riunione. Capisco di averti messo nei guai con il tuo capo. Che cosa vuoi che faccia per rabbonirti? La prossima volta, prenderò nota di tutto.
- Hai ragione. Le stime dei costi non erano precise, proprio come dicevi. Ho sbagliato i calcoli, ma la prossima volta starò più attento.
- Avrei dovuto consultarti prima di approvare il memorandum del capo. Non succederà mai più.
- Quello che sostenevo è sbagliato e mi rendo conto che adesso sei nei guai. Spero che questo non rovini il nostro rapporto. Me lo dirai se in futuro dirò ancora qualcosa che ti crea problemi? Per me è importante se riusciamo a comunicare meglio.

UN SUGGERIMENTO

Come si risolve un conflitto? Controllandone gli esiti e concretizzando rapidamente le soluzioni.
È la vostra risposta definitiva?
SBAGLIATO!
L'approccio migliore: fare un passo indietro, analizzare il problema, capire che cosa è andato storto, immedesimarsi con l'interlocutore per comprendere il suo punto di vista, sostenere sinceramente il proprio e sollecitare il raggiungimento degli interessi comuni.

10

LA MAGIA DELLA VOSTRA MENTE

UN SUGGERIMENTO

Non c'è divertimento nell'odiare quando tutta la collera è schierata da una sola parte.

P.B. SHELLEY

Quando gli altri non rispondono alle vostre telefonate o alle vostre e-mail, quando vi interrompono continuamente, quando bevono l'ultima tazza di caffè senza prepararne dell'altro, o quando urlano ai quattro venti che il vostro politico preferito è un idiota, senza darvi modo di replicare, arriva il momento in cui scatta qualcosa.

Ecco alcune meravigliose discipline cui potete attingere dalla vostra fantastica mente in qualsiasi momento. Sperimentatene una, provatene tante, finché non trovate quella capace di calmare la collera che provate, di farvi rilassare e di disattivare i vostri tasti dolenti. In fondo al volume troverete i titoli di alcuni libri che spiegano nei particolari le varie tecniche. Potete ricorrere a esse in metropolitana, quando un altro passeggero vi dà una spinta; in auto, quando un altro automobilista vi manda a quel paese perché non siete partiti un istante prima che scattasse il verde; in aereo, quando il tizio seduto davanti a voi reclina quasi orizzontalmente lo schienale del suo sedile, imprigionandovi al vostro posto; e persino quando siete in bagno. Sta a voi scegliere. Dipende dalla vostra scelta e dalla vostra mente.

La meraviglia è proprio questa. Avete bisogno solo della vostra mente. Potete scegliere di essere furiosi, come di mantenere la calma. Solo che stare calmi è meglio.

L'attenzione

Thich Nhat Hanh, il famoso monaco buddista vietnamita, insegna come introdurre un'attenta meditazione nella vita quotidiana. Suggerisce di usare tutto quello che ci succede, comprese le scocciature di tutti i giorni – gli ingorghi, le critiche del nostro superiore, ecc. –, come utili segnali per ritrovare il nostro vero io. Facendo attenzione al « qui e ora » anche le azioni più banali della quotidianità, come aspettare che scatti il semaforo o osservare le bolle di sapone che scoppiano mentre laviamo i piatti, è possibile trasformarle in esperienze cariche di stupore e calma. L'energia dell'attenzione al « qui e ora » è capace di tramutare – nella vostra mente – il commento di quell'automobilista infuriato nel canto di un usignolo. Fare attenzione al modo in cui percepite nella vostra bocca la frescura dell'acqua di una fontanella, o alle volute di vapore che si sollevano dalla tazza di caffè che avete davanti, riesce a disattivare i vostri tasti dolenti.

Meditazione trascendentale

La meditazione trascendentale è una tecnica tradizionale indù, diffusa in Occidente dal monaco induista Maharishi Mahesh Yogi, che sembra indurre uno stato di « calma vigilanza » e che si può praticare ovunque: andando al lavoro, nel vostro cubicolo, nella sala d'attesa dell'aeroporto. Un maestro di MT vi assegna un mantra personale, di solito una parola o un suono, che dovrete ripetere mentalmente solo per quindici, venti minuti al giorno. Come la precedente, anche questa tecnica aumenta le energie e ha effetti calmanti.

Pensate diversamente

Trasformare i pensieri negativi e autodistruttivi in pensieri positivi e stimolanti è possibile, realmente.

Prima di tutto, tirate il freno di sicurezza. Quando qualcuno vi fa arrabbiare oltre ogni limite, trattenete l'impulso di rispondergli per le rime. Frenate. Se non potete allontanarvi fisicamente, fatelo almeno mentalmente. Per almeno una decina di secondi, pensate ad altro. Poi visualizzate l'immagine del posto più incantevole o della persona più piacevole che conoscete: una spiaggia tropicale? Venezia al tramonto? Il viso della persona amata? Concentratevi su quell'immagine per qualche minuto. Avete riacquistato almeno in parte il vostro equilibrio? Bene.

Ora, trasformate i vostri pensieri.

Anziché pensare...	**Pensate...**
Mi trattano come se fossi spazzatura.	Spiegherò al capo come mi sento quando fanno così – poi chiederò educatamente di essere trattata meglio. Posso farlo.
Sono così villani nei miei confronti. Mi hanno umiliato troppo, ma adesso ci penso io a fargliela pagare.	Scommetto che riuscirò a controllare la situazione affinché si concluda a mio favore.
Osi tagliarmi la strada? Ti insegnerò io a farlo!	Vai per la tua strada, donnetta triste e senza amici che non sei altro. Magari tutta l'ostilità che hai dentro ti ha anche fatto venire un brutto male. Mi fai pena, ecco la verità.
Ho chiesto una bistecca ben cotta. Perché nessuno mi dà mai retta? Piantare una grana è troppo imbarazzante, altrimenti...	Non c'è nessun bisogno di dare in escandescenze, dirò quello che ho da dire con calma ma con fermezza. Ho tutto il diritto di rimandare indietro il piatto. Difendere il mio diritto mi renderà più forte e contenta di me e gli altri mi rispetteranno di più.

Non pretendete la perfezione. Al massimo sentirete sbollire in parte la rabbia che avete dentro. Non riuscirete mai a trasformare completamente i vostri pensieri, non è possibile farlo. E poi occorre far pratica. Ma quando avrete imparato a usare questa tecnica, vi sentirete indubbiamente meglio. La grandezza della vostra mente può sganciarvi dai pensieri di rivalsa e farvi sentire soddisfatti di voi stessi e delle vostre forze.

Tirate il fiato

Il sistema più semplice per sbollire la rabbia è respirare a fondo, lentamente e ritmicamente, secondo la Miriam M. Gottlieb, autrice del libro *The Angry Self* (« Il Sé arrabbiato »). Inspirate lentamente dal naso fino a riempire completamente i polmoni. Poi espirate ancor più lentamente ancora dal naso o dalla bocca. Adottare un ritmo costante ed evitate di respirare così velocemente da entrare in iperventilazione o tanto lentamente da rimanere senz'aria. Provate questa tecnica prima che qualcuno tocchi i vostri tasti dolenti. Visualizzatevi in una situazione stressante (l'automobilista fuori di testa che vi manda a quel paese?). Lasciate che la collera monti dentro di voi, poi cominciate a respirare ritmicamente.

Fate qualcosa di pratico

A volte il corpo riesce a compiere miracoli, proprio come la mente. Una mia assistita mi ha detto che quando è furiosa rompe qualcosa, qualche oggetto. Metodicamente e deliberatamente straccia un vecchio asciugamano finché non se lo ritrova lacerato ai suoi piedi, e allora si sente meglio. Alcuni pitturano una stanza della casa, altri puliscono il giardino dalle erbacce, altri ancora fanno dieci giri di corsa attorno al parco, fanno una ventina di flessioni o tirano qualche colpo di boxe. L'attività fisica, di qualunque tipo sia, calma.

Non sprecate la vostra collera con la persona che odiate

Un suggerimento: quando vi trovate in una situazione che vi fa infuriare sul serio, non sprecate la rabbia che provate sull'automobilista che vi ha mandato a quel paese, o sulla persona che vi ruba il tavolo migliore al caffè. La collera dà energia e fa sentire più vivi, più attivamente coinvolti. Perciò, incanalate la sua energia, la scarica di adrenalina, l'improvvisa perdita di controllo, in un'azione che vi gratifichi e non si ritorca contro di voi.

- Suonate lo strumento musicale preferito: lo suonerete con molta più passione.
- Scrivete una lettera di lamentele o d'amore: entrambe saranno spontanee e incisive.
- Cantate a voce alta, soprattutto se siete in auto. Non vi capiterà più di cantare meglio di così.

Cambiate vita: tenete un diario dei tasti dolenti

Tutto quello che leggete o vedete di significativo dovrebbe modificarvi la vita in una maniera o nell'altra. Che cosa potete far vostro di quello che avete letto finora? Esattamente, che cosa farete per modificare il vostro modo di affrontare i conflitti?

Ecco un semplice ma utile sistema per cambiarvi la vita: tenete un diario dei tasti dolenti. Annotate tutte le volte che qualcuno vi fa infuriare o quando siete voi a toccare i tasti dolenti altrui, e non vorreste farlo. Registrate i vostri progressi seguendo questa scaletta:

- Che cos'è che mi ha fatto saltare i nervi oggi?
- Qual è stata la mia reazione fisica o verbale?
- Come ho fatto a toccare i tasti dolenti di qualcun altro?
- Che cosa è successo?
- Magari, la prossima volta provo a... (oppure Ho fatto bene a provare... questa volta?).

Ecco cosa succederà: gradualmente vi abituerete ad affrontare il conflitto in maniere più soddisfacenti perché comincerete a riconoscere dei modelli ben precisi nel modo in cui esprimete la vostra frustrazione. Per esempio, quando siete arrabbiati, replicate aspramente o vi tenete tutto dentro? Soffrite spesso di mal di testa, e nemmeno il vostro medico ne capisce la causa? Avete la sensazione che un mucchio di gente ce l'abbia con voi? È possibile che il modo in cui affrontate i conflitti vi stia facendo ammalare o vi renda tristi?

Isolando i modelli nel diario e capendo quali sono gli elementi che più vi fanno arrabbiare, passate in posizione di vantaggio. Da quel momento in poi potrete addirittura prevedere che cosa toccherà i vostri tasti dolenti, o come toccherete voi quelli degli altri.

Essendo consapevoli di quello che succede, potete scegliere di ridurre la collera che provate, rivedendo il modo in cui trattate le persone o le situazioni irritanti della vostra vita. Non possiamo riscrivere il passato o cambiare un avvenimento già accaduto. Ma se vi è capitato di arrabbiarvi al punto da sbattere la porta in faccia alla persona che amate, o di troncare la comunicazione quando qualcuno al telefono vi dice qualcosa che non vi piace, potete modificare il corso di questi conflitti in futuro. Scegliendo di risolvere un conflitto anziché farvi prendere dall'ira, vi sentirete forti. Vi sentirete molto bene.

Ve lo prometto.

L'ULTIMO SUGGERIMENTO

Quanto più duro è il conflitto, tanto più glorioso sarà il trionfo.
THOMAS PAINE

Ora che possedete gli strumenti per gestire il conflitto, uscitene trionfanti!

SUGGERIMENTI DI LETTURA

Adams, Lisa K., *Dealing With Arguments*, New York, Rosen, 1997.

Anderson, Kare, *Getting What You Want*, New York, Penguin/Plume, 1994.

Borisoff, Deborah e Victor, David A., *Conflict Management: A Communications Skills Approach*, Englewood Cliffs (NJ), Prentice Hall, 1989.

Brawner, Jim e Suzette, *Taming the Family Zoo*, Colorado Springs, Navpress, 1998.

Cloke, Kenneth e Goldsmith, Joan, *Resolving Conflicts at Work*, San Francisco, Josey-Bass, 2000.

Cohen, Sherry Suib, *Secrets of a Very Good Marriage*, New York, Penguin, 1993.

Cornelius, Helen e Faire, Shoshana, *Everyone Can Win*, Simon & Schuster, 1989.

Covey, Stephen, *I sette pilastri del successo*, Milano, Bompiani, 1993.

Crum, Thomas F., *The Magic of Conflict*, New York, Touchstone, 1987.

Denenberg, Richard V. e Braveman, Mark, *The Violence Prone Workplace*, Ithaca (NY), Cornell University Press, 1998.

Easwaran, Eknath, *Quando hai fretta cammina lentamente*, Milano, TEA, 1999.

Elgin, Suzette Haden, *How to Disagree Without Being Disagreeable*, New York, John Wiley & Sons, 1997.

Ellis, Albert, *Addio nevrosi. Manuale per essere sereni e assertivi*, Verona, Positive Press, 2000.

Evans, Sybil, *Resolving Conflict in a Diverse Work Place*, Amherst (MA), Amherst Educational Publishing, 1997.

Fisher, Roger e Brown, Scott, *Getting Together: Building Relationships As We Negotiate*, New York, Penguin, 1989.

Fisher, Roger e Ury, William, *L'arte del negoziato*, Milano, Mondadori, 1994.
Gottlieb, Miriam, *The Angry Self*, Phoenix, Zeig, Tucker & Co., 1999.
Gottman, John, *Why Marriages Succeed or Fail*, New York, Simon & Schuster, 1994.
Gray, John, *Conoscersi capirsi amarsi*, Milano, TEA, 2001.
Gray, John, *Gli uomini vengono da Marte, le donne da Venere*, Milano, Sonzogno, 1996.
Hanh, Thich Nhat, *Il miracolo della presenza mentale*, Roma, Astrolabio, 1992.
Hendrix, Harville e Hunt, Helen, *Come essere felici insieme per tutta la vita*, Milano, Sonzogno, 1998.
Horn, Sam, *Tongue Fu!*, New York, St. Martin's Press, 1996.
Kabat-Zinn, Jon, *Dovunque tu vada, ci sei già*, Milano, TEA, 2001.
Kottler, Jeffrey A., *Beyond Blame*, San Francisco, Jossey-Bass, 1994.
Lerner, Harriet, *La danza della rabbia*, Milano, TEA, 1998.
Lieberman, David J., *I rapporti con gli altri*, Milano, TEA, 2001.
Maharishi Mahesh Yogi, *La scienza dell'essere e l'arte di vivere*, Roma, Astrolabio, 1970.
Märtin, Doris e Boeck, Karin, *Spazio ai sentimenti*, Milano, TEA, 1997.
Pearsall, Paul, *La ricetta della gioia*, Milano, TEA, 1999.
Pogrebin, Letty Cottin, *Among Friends*, New York, McGraw-Hill, 1987.
Scott, Gini Graham, *Resolving Conflict*, Oakland (CA), New Harbinger, 1990.
Stone, Douglas, Bruce Patton e Sheila Heen, *Difficult Conversations*, New York, Viking, 1999.
Tannen, Deborah, *Ma perché non mi capisci?*, Milano, Frassinelli, 1992.
Williams, Redford e Virginia, *Anger Kills*, New York, HarperPerennial, 1993.
Wilmot, William e Hocker, Joyce L., *Interpersonal Conflict*, New York, McGraw-Hill, 1998.
Wilson, Paul, *Il grande libro della calma*, Milano, TEA, 2000.
Yager, Jan, *Friendshifts*, Stamford (CT), Hannacroix Books, 1997.

TEA PRATICA

Ultimi volumi pubblicati

205 Fassler e Dumas, *Aiutami, sono triste*
206 Dahlke, *Piccolo oracolo della salute*
207 Ford, *Shopping-terapia*
208 Yager, *Quando l'amicizia fa male*
209 André e Lelord, *La stima di sé* (2ª ediz.)
210 Levy e O'Hanlon, *Bambini che fanno i capricci* (2ª ediz.)
211 Sauteraud, *Non riesco a fare a meno di...*
212 Hendricks, *La consapevolezza del giocatore di golf*
213 Caputo, *Di cosa parlano le donne quando parlano d'amore*
214 Corneau, *L'amore possibile*
215 Nairn, *Che cos'è la meditazione*
216 Lilley, *Lavorare con persone difficili* (2ª ediz.)
217 Reinhardt, *Donne senza figli*
218 Brofman, *Guarisci la tua vista*
219 Lerner, *Lezioni di voce* (2ª ediz.)
220 Martinet, *L'arte della gaffe*
221 Morpurgo, *Il convitato di pietra*
222 Girod de l'Ain, *Come farsi sposare*
223 Bessant, *Cosa vogliono i gatti anziani*
224 Cope, *Genitori soli e forti*
225 Biddulph, *Il segreto delle coppie felici*
226 Rossi, *Il libro del profumo*
227 Paungger e Poppe, *L'agenda della luna 2005*
228 McMahon, *Analizza te stesso* (2ª ediz.)
229 Altmann, *Come si diventa il venditore numero uno*
230 Ehrhardt, *Donne cattivissime*
231 Field, *Difendere i figli dal bullismo*
232 Pert, *Molecole di emozioni*
233 Tromellini, *Un corredo per la vita*
234 Chassériau-Banas, *60 consigli antietà*
235 Borrel, *60 consigli anticolesterolo*
236 Pallardy, *La salute viene dalla pancia* (2ª ediz.)
237 Panigatti, *Guariti*
238 Berg, *Il potere della Kabbalah* (2ª ediz.)
239 Whaley, *Cento modi per il cane di addestrare il proprio umano* (2ª ediz.)
240 Haddon, *Cento modi per il gatto di addestrare il proprio umano* (2ª ediz.)
241 Klein, *La formula della felicità*
242 West, *Perché gli uomini vengono così in fretta e le donne fanno sempre finta*
243 Naumann, *L'arte della diplomazia*
244 Nardone, Verbitz, Milanese, *Le prigioni del cibo*
245 Nardone, *Non c'è notte che non veda il giorno*
246 Paungger e Poppe, *L'agenda della luna 2006* (2ª ediz.)
247 Borowitz e Siegler, *Mamma, non rompere!*
248 Forni, *Piccola filosofia del vivere civile*
249 de Béjar, *Il piacere è tutto mio*
250 Yager, *Come incontrare il grande amore*
251 Frankel, *Le brave ragazze non fanno carriera*
252 Dodman, *Se solo potessero parlare*
253 McKenna, *Cambia vita in sette giorni* (2ª ediz.)
254 Lelord, *La forza delle emozioni*
255 Bernardi e Scaparro, *La vita segreta del bambino*
256 Reiter, *Come smettere di darsi la zappa sui piedi*
257 Mepham, *Super Kakuro*
258 Branden, *I sei pilastri dell'autostima*
259 Lichterman, *28 giorni. L'oroscopo degli ormoni*
260 Paungger e Poppe, *La luna e l'arte della ginnastica*
261 Seiwert, *La strategia dell'orso*
262 Pierson, Cohen, *Mamma, dimmi che sono bella!*

TEA PRATICA

SOLUZIONI CREATIVE PER VINCERE

FRANK NAUMANN
L'ARTE DELLA DIPLOMAZIA NELLA VITA QUOTIDIANA

È finita l'epoca delle trattative segrete, delle valigette nere e dei documenti scottanti custoditi in cassaforte. Non è più la ricerca d'informazioni riservate la principale occupazione di ambasciatori e ambasciatrici, bensì la cura dell'immagine del loro Paese, e con questi nuovi compiti rinasce l'antica arte della gestione vincente dei contatti umani. Ma non soltanto in ambito diplomatico! Ovunque ci siano interessi divergenti che si scontrano e persone che cercano di conquistare appoggi, la spunta chi riesce a mettere in campo stile, eleganza e capacità di argomentazione. Con questo libro lo psicologo della comunicazione Frank Naumann inizia i propri lettori ai segreti di un'arte che torna a fiorire: quella del successo nelle relazioni umane. Qualsiasi individuo che impari a usare con destrezza le «20 leggi del raffinato vincitore», qui svelate e spiegate, potrà diventare un abile diplomatico e raggiungere i propri obiettivi in qualsiasi campo.

TEA

TEA PRATICA

50 TRAPPOLE TIPICHE SUL POSTO DI LAVORO
E COME EVITARLE

WILFRIED REITER
COME SMETTERE DI DARSI LA ZAPPA SUI PIEDI E AVERE SUCCESSO

«La nostra vita lavorativa è più che mai stressante, le richieste aumentano, il tempo a disposizione diminuisce, gli obiettivi si fanno di anno in anno più irraggiungibili mentre le risorse finanziarie e i budget si riducono a vista d'occhio. Pochi collaboratori si trovano a svolgere incarichi sempre più numerosi e intanto il lavoro diventa più complicato, più impegnativo, complesso e ingestibile. Forse... Forse, però, al giorno d'oggi, siamo anche vittime di una delle illusioni più gravi del Ventesimo secolo. La vita in generale e il lavoro in particolare, a uno sguardo veramente obiettivo e da un punto di vista storico, non sono davvero più complicati – siamo noi a renderli tali! Ci complichiamo la vita, spesso senza rendercene neppure conto! Siamo diventati dei veri esperti dell'autosabotaggio, acrobati nell'arte di darci la zappa sui piedi.»

TEA

Finito di stampare
nel mese di giugno 2006
per conto della TEA S.p.A.
dal Nuovo Istituto Italiano d'Arti Grafiche - Bergamo
Printed in ItalyPrinted in Italy

502-0056-0